Ancrées dans le Nouvel-Ontario, les Éditions Prise de parole appuient les auteurs et les créateurs d'expression et de culture françaises au Canada, en privilégiant des œuvres de facture contemporaine.
La collection « Agora » publie des études en sciences humaines sur la francophonie, en privilégiant une perspective canadienne.

Éditions Prise de parole
C.P. 550, Sudbury (Ontario)
Canada P3E 4R2
www.prisedeparole.ca

La maison d'édition remercie le Conseil des Arts de l'Ontario, le Conseil des Arts du Canada, le Patrimoine canadien (programmes Développement des communautés de langue officielle et Fonds du livre du Canada) et la Ville du Grand Sudbury de leur appui financier.

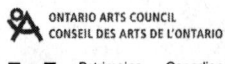
 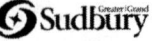

Écrire au féminin au Canada français

De la même auteure

avec Lucie Hotte (dir.), *Introduction à la littérature franco-ontarienne*, Sudbury, Prise de parole, 2010.

avec Lucie Hotte (dir.), *Thèmes et variations. Regards sur la littérature franco-ontarienne*, Sudbury, Prise de parole, 2005.

Écrire au féminin au Canada français

Sous la direction de
Johanne Melançon

COLLECTION AGORA
Éditions Prise de parole
Sudbury 2013

Conception de la couverture : Olivier Lasser

Tous droits de traduction, de reproduction
et d'adaptation réservés pour tous pays.
Copyright © Ottawa, 2013
Imprimé au Canada.

Diffusion au Canada : Dimédia

Catalogage avant publication de Bibliothèque et Archives Canada
Écrire au féminin au Canada français / Johanne Melançon, directrice de la publication.
(Collection Agora)
Articles issus d'un colloque tenu à l'Université Laurentienne en mai 2008.
Comprend des références bibliographiques.
Publié en formats imprimé(s) et électronique(s).
   ISBN 978-2-89423-294-1
1. Écrits de femmes canadiens-français – Histoire et critique – Congrès.
2. Littérature canadienne-française – 20e siècle – Histoire et critique – Congrès.
3. Littérature canadienne-française – 21e siècle--Histoire et critique – Congrès.
I. Melançon, Johanne, 1961-, éditeur intellectuel de compilation
II. Collection : Collection Agora (Sudbury, Ont.)
   PS8089.5.W6E37   2013   C840.9'9287   C2013-903697-0
                                                                                C2013-903698-9

ISBN 978-2-89423-294-1 (Papier)
ISBN 978-2-89423-736-6 (PDF)
ISBN 978-2-89423-828-8 (ePub)

REMERCIEMENTS

Cet ouvrage n'aurait pu être publié sans l'appui financier du Conseil de recherches en sciences humaines du Canada et de l'Université Laurentienne.

Mes remerciements vont également à l'Institut franco-ontarien, à son directeur Gratien Allaire ainsi qu'à Lise Carrière pour l'organisation du colloque tenu à l'Université Laurentienne à Sudbury qui a constitué le point de départ de ce recueil de textes.

Enfin, je souhaite remercier le comité scientifique formé de Lucie Hotte, Marie-Linda Lord et Pamela V. Sing.

INTRODUCTION
QUAND ELLES ÉCRIVENT...

Johanne Melançon

À l'origine de ce recueil d'articles, il y a d'abord un constat. À l'époque où l'on parlait encore de littérature canadienne-française, les voix d'Antonine Maillet, de l'Acadie, et de Gabrielle Roy, du Manitoba, s'étaient imposées. Or, dans l'émergence des littératures francophones au Canada français, depuis le début des années 1970, plusieurs femmes ont pris la parole en Acadie, en Ontario français et dans l'Ouest, mais peu d'œuvres ont été jusqu'à maintenant étudiées. S'en est suivi une question: Qu'en est-il de l'écriture au féminin au Canada français? ou si l'on veut: Quels thèmes abordent les écrivaines du Canada français et comment le font-elles? Bref, il était grand temps que l'on se penche sur les textes de ces écrivaines pour tenter de cerner les thèmes, les styles qui les caractérisent, pour faire le point sur des œuvres bien établies ou pour découvrir les nouvelles voix qui émergent, qu'elles soient celles de romancières, de nouvellistes, de poètes ou de dramaturges.

Ce recueil, qui regroupe 14 textes, dont 13 études qui se penchent sur l'œuvre de 9 écrivaines, ne peut certes pas prétendre à une parfaite représentativité ou à une quelconque exhaustivité. Il ne cherche pas non plus à déterminer l'existence ou non d'une écriture féministe au Canada français, pas plus qu'il ne tente d'en faire l'histoire. Il constitue cependant un premier point de rencontre entre des universitaires qui ont abordé des œuvres de femmes, selon différentes approches. Car il ne s'agissait pas de proposer un ensemble de « critiques au féminin », mais de se pencher sur l'écriture de ces femmes. Le hasard a voulu que ce soit surtout l'œuvre de romancières qui a attiré l'attention, comme pour donner raison à Lori Saint-Martin, qui remarquait dans son introduction à *L'autre lecture. La critique au féminin et les textes québécois* que « [d]epuis toujours, le roman est un domaine féminin[1] ». Cela ne signifie pas que les autres genres soient écartés, puisque la poésie, la nouvelle, le récit poétique, voire le conte érotique, sont aussi l'objet d'analyses.

Les études sont ici rassemblées par régions, soit l'Acadie, l'Ontario français et l'Ouest, suggérant non pas un parcours, mais plutôt une mosaïque où se font entendre diverses voix. Lorsque plusieurs textes portaient sur la même auteure, ils ont été regroupés. Si ce choix a des avantages – le principal étant de mettre en perspective différentes lectures d'une même œuvre –, il a aussi ses inconvénients, c'est-à-dire que certains éléments pourront sembler répétitifs. La suppression de ces redondances se serait faite au détriment de l'autonomie des textes.

En ouverture de ce recueil de textes, il allait de soi de céder la parole à une femme qui nous parlerait de son expérience d'écriture. Ainsi, Lise Gaboury-Diallo, poète et professeure, s'est demandé : Que se passe-t-il quand *elle* écrit ? – sujet qui a d'ailleurs inspiré le titre de cette introduction. Dans ce texte, la poète franco-manitobaine évoque son expérience d'écriture – « qu'est-ce qu'écrire "je" quand ce "je" est féminin ? » Sa réponse s'organise autour de la multi-identité, de l'impermanence des rôles et des statuts, de la relation aux marges sexuelles, sociopolitiques et linguistiques, et convoque d'autres voix féminines venant de l'Ouest, mais aussi de l'Acadie et de l'Ontario français. En guise de conclusion et de sujet de réflexion, elle nous offre le poème « écrire je ».

---

[1] Lori Saint-Martin (dir.), *L'autre lecture. La critique au féminin et les textes québécois*, tome 1, Montréal, XYZ éditeur, 1992, p. 13.

Dans la section suivante, « Écrire au féminin en Acadie », Marie-Linda Lord propose une lecture de l'urbanité dans le roman *Les confessions de Jeanne de Valois* (1995) d'Antonine Maillet, texte qui raconte, selon elle, « l'acadianisation de Moncton ». Dans son analyse, elle tente de cerner comment une parole au féminin contribue à l'émergence d'une Acadie moderne et urbaine dont Moncton serait le centre.

Ensuite, Benoit Doyon-Gosselin se penche sur l'œuvre romanesque de France Daigle, dans laquelle il distingue deux périodes, la première regroupant les six premiers romans de l'auteure, marqués par une absence de lieux référentiels et de dialogues entre des personnages qui restent anonymes. À partir d'une analyse de la structure de deux romans et du lien qui unit les personnages aux lieux fictionnels, Benoit Doyon-Gosselin montre que *La vraie vie* (1993) et *1953, chronique d'une naissance annoncée* (1995) constituent ce qu'il appelle le « tournant spatio-référentiel » dans l'œuvre de Daigle annonçant le « cycle monctonien » des romans suivants, en rupture avec ceux qui ont précédé puisqu'ils introduisent des espaces référentiels et de véritables dialogues entre les personnages.

La troisième section regroupe les études, plus nombreuses, d'œuvres provenant de l'Ontario français et s'ouvre sur une analyse des *Chroniques du Nouvel-Ontario* (1985 [1981], 1986 [1983], 1986) d'Hélène Brodeur, pionnière du roman franco-ontarien contemporain. Beatriz Mangada y examine deux vecteurs, temps et espace, dans la narration, analysant d'abord la transformation, au cours du roman, de l'« imaginaire spatial et identitaire » auquel renvoie le toponyme *Ontario* et proposant ensuite une étude du temps, à la fois historique et fictionnel, en rapport également avec les aspects biographique et mémoriel dans les « *chroniques* » d'Hélène Brodeur.

Trois textes portent sur une autre pionnière, Marguerite Andersen. Tout d'abord, Michel Lord aborde l'ensemble de l'œuvre de cette auteure à partir des notions d'altérité et de dialogisme, se penchant sur les « isotopies obsessionnelles » témoignant du rapport à l'autre souvent « biofictionnel » de l'écrivaine : l'homme, l'Allemagne et la France, ainsi que la langue française comme refuge, concluant à une écriture qui s'ouvre sur un espoir utopique, un désir d'harmonie dans la relation à l'autre. Pour sa part, Catherine Parayre fait principalement porter son analyse sur le recueil de nouvelles *Les crus de l'Esplanade* (1998), dont elle signale les « traces autobiographiques », qu'elle propose d'aborder à partir de la notion d'ersatz, en étendant son propos à d'autres œuvres de l'écrivaine. À partir d'une analyse qui fait appel au concept de substitution dans la pensée psychanalytique du traumatisme (Freud, Freinet, Caruth) et dans les études culturelles sur le simulacre (Baudrillard, Jamieson), elle montre que les objets et les anecdotes nourrissent l'écriture : « l'ersatz est […] l'amorce d'une histoire ». Enfin, j'ai choisi de m'attarder à la prose poétique de *Bleu sur blanc* (2000), qui, entre autobiographie et autofiction, se pose comme une quête de soi à travers des fragments de mémoire, surtout celle des sens, en instaurant son propre pacte de lecture, un pacte de sincérité.

Élodie Daniélou se penche quant à elle sur une œuvre peu étudiée du corpus franco-ontarien, celle d'Anne Claire (pseudonyme de Nancy Vickers), en proposant une mythocritique de deux contes érotiques : *Le pied de Sappho* (1996) et *Les nuits de la Joconde* (1999). Elle s'y interroge sur l'apport et la transformation de la figure mythique dans le conte, en particulier sur l'« influence de la figure mythique sur les personnages » dans un milieu féminin, concluant à une réappropriation du mythe par l'auteure, qui lui donne ainsi une nouvelle dimension.

Deux textes abordent l'œuvre d'Andrée Christensen. D'abord, Kathleen Kellett-Betsos propose une lecture du premier roman de l'auteure, *Depuis toujours, j'entendais la mer* (2007), y analysant le thème de la mort et le motif du dédoublement. Ainsi, la présence des mythes d'Isis et Osiris, d'Eurydice et Orphée, sans oublier l'apport des religions matriarcales et l'intégration de la mythologie scandinave, héritage danois de l'écrivaine, avec les figures de Freyr et Freya, retiennent son attention. Elle s'attarde également aux éléments autofictionnels du roman, de sa mise en écriture, puis au rapport entre le personnage principal (masculin) et les personnages féminins, ses doubles, pour conclure que ce « roman-tombeau » permet de se réconcilier avec son double, à la fois dans le processus autofictionnel et le processus fictionnel. Metka Zupančič aborde elle aussi la thématique de la mort, se demandant comment l'écriture permet de transcender la mort, principalement dans *Le livre des sept voiles* (2001) et *Depuis toujours, j'entendais la mer*. Elle illustre comment l'écriture d'Andrée Christensen, «dans un acte de transmutation perpétuelle, réussit à montrer de nouvelles voies à la conscience humaine», alors que chez elle l'alchimie de l'écriture correspondrait à une alchimie de la mort.

Les deux dernières études de cette section sur les écrivaines de l'Ontario français se penchent sur les recueils de la jeune poète Tina Charlebois: *Tatouages et testaments* (2002) et *Poils lisses* (2006). Nicoletta Dolce cerne les stratégies de résistance linguistiques et rhétoriques auxquelles la poète a recours et qui lui permettent de s'inscrire en marge du modèle centre/périphérie et de «transforme[r] la minorisation en principe d'action sur la culture». Christine Knapp analyse quant à elle ce qu'elle appelle le «complexe je-tu», stratégie textuelle «particip[ant] à la mise en scène d'une poétique de l'antithèse et du quotidien» qui permet de dépasser la problématique de la surcontextualisation («conscience») et de la décontextualisation (l'«oubli»), la poésie de Tina Charlebois témoignant d'une quête identitaire personnelle franco-ontarienne s'inscrivant dans l'universel.

Dans la dernière section, Vincent L. Schonberger montre, en analysant la structuration et l'oscillation de la voix narrative, comment l'écriture de la romancière franco-manitobaine Gabrielle Roy se transforme à travers l'œuvre et va dans le sens d'une intériorisation, passant d'une écriture réaliste à une écriture plus intimiste, ou, si l'on veut, du roman réaliste aux chroniques autobiographiques, du récit linéaire à une écriture fragmentée. Enfin, Jimmy Thibeault analyse la «problématique de l'individualisme, de l'égoïsme et du rapport de soi à l'Autre» dans le roman *Un piano dans le noir* (1991) de Simone Chaput, à partir de la notion de désappartenance de François de Singly, montrant ainsi que le sentiment d'isolement d'un individu relève davantage de «la manière dont il gère la représentation du soi à travers ses rapports avec autrui».

✧

À y regarder de plus près, les études proposées auraient tout aussi bien pu se regrouper autour de quatre thèmes ou modalités d'écriture. Ainsi, avec *Les confessions de Jeanne de Valois*, on a l'exemple d'une écriture politique au sens où ce roman d'Antonine Maillet met en scène une parole féminine qui participe au changement social, voire le fait advenir. Chez la poète Tina Charlebois, c'est l'affirmation d'un «je» féminin contemporain qui est mise en lumière. Chez Simone Chaput et France Daigle, la lecture s'attarde à l'interrogation du rapport de soi à l'autre, alors que, chez Anne Claire et Andrée Christensen, elle note la présence et la transformation du mythe en rapport avec les figures féminines. Enfin, on retiendra surtout l'aspect intimiste de certains textes et leur lien avec le biographique et le mémoriel (Hélène Brodeur), l'autofiction (Andrée Christensen), à moins que ce ne soit le passage à l'autobiographie (Gabrielle Roy), la «biofiction» ou encore le travail d'écriture à partir de l'autobiographique (Marguerite Andersen).

À vrai dire, bien des paroles de femmes qui ont contribué au développement d'une littérature franco-canadienne depuis le début des années 1970 restent dans l'ombre, en particulier celles des dramaturges. Souhaitons que ce recueil soit un premier jalon dans la découverte (ou la redécouverte) et l'étude d'œuvres qui s'écrivent au féminin.

ÉCRIRE AU FÉMININ

QUAND ELLE ÉCRIT : L'ÉMERGENCE DE VOIX FÉMININES AU CANADA FRANÇAIS

Lise Gaboury-Diallo
Université de Saint-Boniface

En guise de préambule, je vous présente mes excuses. En effet, et n'en déplaise à Yves Beauchemin, je ne suis pas un cadavre encore chaud. Je m'excuse aussi parce que je ne suis pas un *dead duck*, comme René Lévesque qualifiait les francophones hors Québec il y a quelques années. Je vous demande donc pardon d'exister, moi et ma petite communauté francophone de l'Ouest en situation minoritaire, c'est une erreur de parcours dans l'inévitable sélection darwinienne et je puis vous assurer que je n'y suis absolument pour rien ! On nous en veut d'avoir eu à adopter des stratégies de reproduction, métissage oblige !, mais surtout d'avoir survécu, en négociant tant bien que mal les quelques « accommodements raisonnables » acquis au fil des ans. Bref, je me sens parfois comme un oiseau rare dont on entend sans cesse dire qu'il est en voie de disparition. Sans doute ! Je le concède volontiers. Je suis parfois gavée de sentiments d'exclusion et de marginalisation. Mais attention : je ne suis pas une gaveuse de vieux canards « *rednecks* », je suis fatiguée d'être accusée comme mes compatriotes d'être à l'origine d'une politique de bilinguisme, par laquelle, tout cruels que nous sommes, nous matraquons nos victimes : « *ramming French down their throats!* »

Voilà pour une entrée en matière inusitée, certes, mais ce portrait d'une écrivaine franco-manitobaine de souche, je vous l'offre en m'amusant. Ces images saugrenues cadrent bien avec le sujet du colloque. Je suis une voix qui émerge et je n'ai pas la prétention d'être théoricienne de l'avant-garde ni spécialiste de la littérature féminine produite au Canada français, mais j'ose avouer quand même que j'écris. Eh oui,

... mon œuvre s'inscrit dans cette catégorie qu'on appelle parfois *Les littératures de l'exiguïté* (Paré, 1992)

... je comprends *Les théories de la fragilité* (Paré, 1994)

... j'arrive de *La distance habitée* (merci à François Paré, 2003), ce Manitoba perdu dans cet océan anglophone de l'Ouest mythique lointain, si lointain. Et c'est donc sous une optique hautement intimiste et personnelle que j'envisage vous entretenir aujourd'hui de la complexité de ce que représente ce sujet : « Quand elle écrit : l'émergence de voix féminines au Canada français ».

Je reprendrai ici une formule souvent utilisée au masculin, tout en la nuançant, puisqu'elle est utilisée au sens générique, sans aucune discrimination et désigne autant une voix singulière que plurielle. En écrivant, elle accède à un lieu public et politique, tout en naviguant dans un espace intime. Parfois, souvent même, elle révèle la différence de sa corporéité ou de sa psyché. Or, en s'exprimant en français ailleurs qu'au Québec, elle donne une voix à la minorité francophone du Canada. Devient-elle alors inévitablement porte-parole féministe ou porte-flambeau d'une collectivité ? Comment une auteure transcrit-elle son errance entre le réel et l'imaginaire ?

Afin de tenter de répondre à ces questions, j'ai eu recours à mon expérience d'auteure au Manitoba français, la seule que je connais ; je vous offre humblement le résultat de mes réflexions et celles-ci ont pris une forme lyrique. Un poème en particulier, le dernier en annexe, est né justement de mon désir d'analyser ma propre réaction à cette question qui se pose d'emblée : Qu'est-ce qu'écrire « je » quand ce « je » est féminin ? Ainsi, c'est à partir de mes textes poétiques que j'illustrerai certaines préoccupations qu'une écriture de femme peut véhiculer ; j'explorerai, très brièvement, quelques-unes de ces passerelles jetées entre « moi » et l'« Autre ». Pour ce faire, je traiterai de quelques thèmes liés à la quête identitaire de toute femme, à savoir la multi-identité, en premier lieu, l'impermanence des rôles et des statuts, en deuxième lieu, puis finalement la relation aux marges (linguistiques, sociales, culturelles, sexuelles, etc.).

1. La multi-identité

Il m'est apparu difficile, sinon illusoire, de vouloir disséquer et traiter avec netteté toutes les notions utilisées pour cerner l'identité, éléments qui trop souvent se chevauchent ou s'entrecroisent, car qui d'entre nous n'a qu'une seule identité ? C'est un truisme de dire que nos repères identitaires sont nombreux : chacun de nous appartient à une communauté, à une nation, à un groupe ethnique ou religieux, etc. Pour certains, il est facile sinon évident de décliner son identité. Antonine Maillet, par exemple, n'hésiterait pas à s'affirmer acadienne. Cette ambassadrice, « bavarde » selon certains, a su tirer profit de son héritage particulier et elle s'en inspire largement lorsqu'elle écrit. Même si les frontières du territoire acadien, en termes géographiques, restent fluides, les Acadiens ont une identité propre, car, comme le rappelle Antonine Maillet : « L'Acadien n'a pas de pays, alors il a une généalogie [...] il a une histoire[1] ».

Ainsi, notre généalogie ou notre patronyme peuvent nous identifier, nous rattacher à un héritage. Parfois, celui-ci est lourd à porter, comme c'est le cas de Frauke, le personnage principal vivant à l'époque des horreurs de la Deuxième Guerre mondiale, dans *L'intimité* de la dramaturge acadienne Emma Haché. Le médecin cynique qui soigne l'Allemande n'arrive pas à retenir son nom : « Froka ? [...] Froke... Non, Fracas. Euh... bordel, c'est quoi ce nom ? [...] Froka. On ne devrait pas infliger un nom pareil

---

[1] Jacquot, Martine, « 'Je suis la charnière', entrevue avec Antonine Maillet », *Studies in Canadian Literature*, [en ligne] www.lib.unb.ca/Texts/SCL/bin/get.cgi?directory=vol13_2/& filename=Jacquot.htm. p. 2. Consulté le 25 avril 2008.

aux enfants. F-R-A-U-K-E. Frouke[2]. » Plus tard, Frauke[3] admet que « [c]'est effrayant d'endosser sa propre existence[4] ». L'identité vue sous le prisme de l'Histoire nous lie à une mémoire culturelle, à un passé collectif, mais aussi à un présent vécu. Et, comme le rappelle Malgorzata Melchior: « Le nom devient [...] un signe d'identité de l'être humain, il est aussi une étiquette sociale. Il indique la parenté et fait figure d'identité familiale (ou raciale). [Et peut même] s'avérer être une marque ou un stigmate [...][5]. »

De nos jours, ces repères identitaires peuvent se perdre, s'estomper ou être brouillés. Je vous donne un exemple: en me mariant, j'ai choisi d'annexer le nom de mon mari au mien, ce qui donne Gaboury-Diallo. Or, pour tout Africain ou africaniste, ce nom Diallo, qui est très commun – aussi commun, disons, que les noms Tremblay ou Leblanc –, en dit long, car il renvoie à l'empire des nobles Diallobé de l'Afrique de l'Ouest. Mais lorsqu'un Africain me voit, il comprend très vite que je ne suis pas une véritable Diallo... Je vous donne un autre exemple: Vous êtes en librairie. Sous quel rayon trouveriez-vous les livres de Gabrielle Roy ou de Nancy Huston: littérature québécoise ou manitobaine, dans le premier cas? ou littérature française, étrangère, canadienne, ou même canadienne-anglaise dans le deuxième?

Ainsi, pour cerner les attaches identitaires d'une personne, on se réfère généralement à son lieu de naissance, mais aussi de temps en temps au territoire sur lequel elle s'installe et choisit de vivre. Cette problématique pourrait nous plonger dans toute la richesse théorique de prémisses liées à l'exil, au déracinement, à la migrance, à la déterritorialisation, au métissage, aux concepts du rhizome, de l'hybridité ou aux phénomènes transculturels, à la double contrainte (le *double bind*, théorie développée par Bateson *et al.*, en 1956, dans leurs études sur la schizophrénie), ce dont parlent

---

[2] Emma Haché, *L'intimité*, Carnières-Morlawelz (Belgique), Lansman Éditeur, 2003, p. 5.
[3] Dans le nord de l'Allemagne, *frauke* signifie « petite femme ».
[4] Emma Haché, *op. cit.*, p. 16.
[5] Malgorzata Melchior, « Changer de nom et changer d'identité: le cas des survivants de l'Holocauste qui ont survécu sous une identité d'emprunt », dans Pierre-W. Boudreault et Denis Jeffrey (dir.), *Identités en errance. Multi-identité, territoire impermanent et être social*, Lévis, Presses de l'Université Laval, 2007, p. 17.

divers auteurs, tels Gilles Deleuze et Félix Guattari, Homi Bhabha, Édouard Glissant, pour n'en citer que quelques-uns. Qu'il me suffise de souligner simplement l'évidence suivante : les déplacements sont devenus plus faciles et fréquents et les découvertes que permettent ces voyages, souvent enrichis d'échanges, font en sorte que l'identité d'un individu peut se modifier au contact d'autres cultures et donc être remise en question, revisitée, perçue comme un chantier en perpétuelle construction. Comme le signalent Boudreault et Jeffrey, en raison de la

> [p]ostmodernité, hypermodernité ou surmodernité » (Aubert, 2004), [...] la question de la destruction des anciens repères et de la recomposition de nouveaux repères identitaires [se pose]. [...] Comment un nouvel humanisme identitaire peut-il s'exprimer en s'accommodant de la diversité et du différencié ? Comment, dans une société fragmentée, l'individu peut-il ruser et se forger une identité sociale stable et permanente[6] ?

1a) L'identité malléable

Pour une femme comme moi, la notion de l'identité reste une matière malléable, protéiforme, extrêmement riche. Je me considère franco-manitobaine, puisque ma langue maternelle est le français, mais je suis également bilingue, car, comme on dit chez nous : le français, ça s'apprend, l'anglais ça s'attrape ! Or, il m'a toujours semblé curieux de constater que mon accent en anglais ne semble pas vraiment susciter des réactions vives ou variées. Mais que, lorsque je choisis de m'exprimer en français, les commentaires abondent...

Dans un passage de *Ecce homo*, Nietzsche a écrit ceci :

> je vis sur le crédit que je me suis fait à moi-même, et de croire que je vis, c'est peut-être là seulement un préjugé... Il me suffit de parler à un homme "cultivé", pour me convaincre, que je ne vis pas... n'existe pas dans ma langue et mon être marginalisés et fragiles...

Je pense comme Nietzche, mais dans mon cas cette personne cultivée a un accent français de France ou un accent Radio-Canada...

---

[6] Pierre-W. Boudreault et Denis Jeffrey (dir.), *Identités en errance. Multi-identité, territoire impermanent et être social*, Lévis, Presses de l'Université Laval, 2007, p. XV.

Maintenant, je partagerai avec vous certaines de mes réflexions poétiques où j'évoque la question de l'identité, et notamment ma relation avec ma langue maternelle dans ce premier texte intitulé « transitions », tiré du recueil du même titre (1999).

1. transitions
je les ai déjà
ces mots qui écorchent
trichent
calfeutrés sous ma langue
like
what do you mean
nothing bien sûr nada
c'est juste moi
qui se tait
cet amuïssement
se rendre muet
ce bégaiement
brute et bêta
c'est encore ça
ma voix partie
de nulle part
rebondit de la terre grasse
exilée exhibée retournée et nue
une partie perdue
invisible théorie
de l'absence
je n'ai qu'un accent
fourchu
qui ne grasseye pas
roule roule mais pas en anglais
dans une autre langue mitigée
le speak white d'une révolution tranquille
le speakeasy d'un métissage éternel
le speak now or forever hold your peace
sans paix ni aise
de ma langue trébuchant
vocalises oralisées tonitruantes
toujours et en tenant le tout pour le tout

translations de peine
transitions de misère
je t'aime bien quand même
ma foi
ma langue de hart rouge
de chicot et de bois brûlé
soulevant débris deadwood détritus
mi amor loco
déferlant mots suaves et simples
au bout des lèvres
why not   por qué no   pourquoi pas

1b) La multialtérité

Francophone, Anglophone, Manitobaine, Canadienne, Nord-Américaine… Oui, il s'agit bien de multi-identités. Ou ne devrais-je pas plutôt parler de « multialtérité » ? Car, d'un point de vue ontologique, il me semble que l'être humain se voit souvent tel qu'il devine que l'Autre le perçoit. Lorsqu'on se regarde dans le miroir, on ressent parfois un vif sentiment d'altérité que l'on vit comme une forme de prise de conscience aiguë. Paradoxalement, selon Pierre Jourde et Paolo Tortonese, cette personne, qui est alors confrontée

> […] à son double ou qui éprouve le sentiment d'une scission intérieure, se trouve face à la question du principe d'union, ou de l'articulation en [elle] de deux instances, le sujet et l'objet. Se voir à l'identique, c'est aussi comprendre de manière saisissante que l'on existe en dehors de soi[7].

Lorsque j'ai vécu quelques années au Sénégal, je ne me suis jamais sentie aussi blanche, aussi occidentale, aussi étrangère. Les textes suivants sont tous tirés de *L'endroit et l'envers* (Paris, L'Harmattan, 2008) et dans ce recueil, je traite justement de la question de l'identité. Vous savez, l'être humain est un animal extraordinaire, il a une capacité d'adaptation hors pair. Dans ce poème, j'évoque justement la chaleur implacable de l'Afrique subsaharienne et l'effort déployé pour essayer de s'y adapter.

---

[7] Pierre Jourde et Paolo Tortonese, *Visages du double : un thème littéraire*, Paris, Nathan, p. 92.

2. adaptabilité
je me dédouble
quand il faut
avec mon regard de travestie
d'une méfiance aguerrie
nantie d'une torpeur due à la chaleur
de massue
je m'adapterai à la sueur silencieuse

j'attends le regard curieux
critique et avide
je suis l'autre de quelqu'un mais
l'astuce de l'innocence
me fait sourire
ici le frais
fait tellement défaut
l'été perpétuel au levant
rien ne change sauf le degré
d'humidité

mes larmes mes regrets
ma sécheresse en devenir
et en plus vieille
je ne suis plus la jeune fille
partie à la découverte
pourtant je la serai toujours
cette enfant inquiète peu sûre de soi
si blanche dans la noirceur du monde
si coupable dans la vertu
qui m'échappe

1c) L'identité imaginée ou désirée
Alors me voici telle que je suis : je me forge une identité, m'accorde une voix, me donne une contenance, toutes changeantes selon les circonstances. J'avance vers ma fin, récalcitrante parfois devant le destin, toujours consciente de ce jeu perpétuel de miroirs, de déceptions et de dédoublements de soi. Dans ce texte, je vous offre ma volonté et son ombre...

3. achèvement
je vis au présent fictif
je brasse
casse les volatiles
désirs comme mes mots
volubiles et interminables

on me dit
c'est un compendieux
difficile à comprendre
bien enclin à résister

je parle mais ne revendique
rien
sous la lame de ma langue
pierre fer feu
tous inféodés

ma voix devenue mon baiser
déposé aux pieds d'idoles aveugles
mon fief s'allonge
comme la conscience
de mon corps me précède

je vais avec mon double
ensemble pour la métaphysique
de l'instant
posséder devient conflit

je me côtoie
la fin n'achève pas d'arriver
et mes habitudes esclaves
ont l'endurance analogue
à l'entêtement

je distille des conseils
en lisant les lignes
de la main
de mon ombre à terre

1d) L'identité réfutée : se saborder

Évidemment, on est qui on est, et comme Nancy Huston le déplorait dans *Nord perdu*, « [i]l est tout simplement inadmissible que l'on ne dispose que d'une seule vie[8] ». Ah, si ma vie, si mon identité étaient à refaire!...

Mais vous savez qu'en vérité le sentiment le plus étrange, horrifiant parfois, c'est lorsqu'on a l'impression d'être notre propre *Doppelgänger* : on se voit alors agir comme un pantin qu'on ne contrôle pas, on s'observe de très loin, comme si notre corps n'était que le clone du vrai... Lorsqu'il nous arrive de faire un faux pas, on se ressaisit, on s'ausculte, et on évalue les dégâts collatéraux subis lorsque l'on se saborde soi-même comme cela. On se réajuste et on recommence. Voici :

4. ajustée
ma guigne
qui déteint sur tout
ma gueule
ma glu de déprime
me fauchent l'idée d'indépendance
et mes petites gloires
s'évanouissent

mon ton
qui déraille
mon sourire
mon soupir inattendu
m'étonnent venant de moi
et mes grands désespoirs
se dissipent

je m'ajuste
sidérée par ma propre voix
je m'illusionne devant
cette copie conforme grandeur nature
qui n'existe pas

---

[8] Nancy Huston, *Nord perdu*, suivi de *Douze France*, Paris / Montréal, Actes Sud / Leméac, 1999, p. 115.

mon âme sosie
d'un corps clone
née sous le signe
des Gémeaux ou de l'*alter ego*
je délire
double de moi-même
ce que je suis
part toujours en tangente
en délit d'imitation

1e) L'id/entité : une identité créée

L'identité fragmentée ou cette impression de duplication du soi, ce sont aussi les facettes de ce que Pierre Jourde et Paolo Tortonese appellent « l'éclatement du sujet », lorsqu'on a l'impression de se démultiplier, d'être « Autrement pareille », comme l'écrit Marguerite Anderson :

> Soli/loque. Soli/taire. Seule. Vivre l'une seulement, la pareille s'étant autrifiée pour le moment de durée imprévisible et peut-être total dont nous émergerons mortes ou vivantes, morte et vivante, qui sait, peut-être, l'autre se voulant faire sujet à raison fait de moi l'objet de ma déraison, de sa volonté, à sa volonté, son bon vouloir me nullifie dans ma propre conscience momentanée qui se rétrécit à perte de vue, devient infiniment infime, moi minime, infemme mino/risée par la minorisante parfaitement aimante[9].

À quoi est dû cet étrange sentiment d'aliénation qui nous pénètre et nous déroute parfois ? Antonio D'Alfonso propose justement, dans son livre *En italiques*, une autre façon de s'ancrer dans ce qu'il appelle la « conscience identitaire[10] ». En découpant autrement le mot « identité », dont l'étymologie renvoie soit à *identitas* (de façon répétitive), soit à *idem* (la même chose), D'Alfonso voit les mots « *id* » et « entité », et demande si ce mot ne voudrait pas plutôt dire « la nature essentielle de l'inconscient ». C'est dans ce court texte poétique que j'ai mis en exergue cette pensée :

---

[9] Marguerite Andersen, *L'autrement pareille*, Sudbury, Éditions Prise de parole, p. 18.
[10] Antonio D'Alfonso, *En italiques. Réflexions sur l'ethnicité*, Montréal, Balzac éditeur, coll. « Le vif du sujet », 2000, p. 16.

5. approximations

Serait-il possible que « identité » (*id* entité)
veuille dire « la nature essentielle
de l'inconscient » ?
Antonio D'Alfonso, *En italiques*

mon *id* / entité n'est qu'une série
d'approximations
une foule d'éventualités
fragmentées
mes réactions
une litanie changeante selon la mesure
de l'urgence
moi   toujours à refaire
à rattacher à mon esprit volage

2. Impermanence des rôles et des statuts

En tant que femme, fille, épouse, mère, écrivaine, professeure, amie, etc., je suis surtout consciente de l'impermanence de mes rôles, de mes statuts et des rapports que j'entretiens avec mon corps, ma raison et mon environnement. L'ambivalence qu'on peut ressentir face à certains rôles dits « féminins » est bien illustrée par Gabrielle Poulin, dans *Un cri trop grand*, où la jeune veuve regrette amèrement son mari et son enfant perdus et son impossibilité de devenir mère alors que, paradoxalement, la mère de l'héroïne récite comme une automate toutes les contraintes limitatives de sa charge domestique, comme épouse et mère[11]. Pensons aussi à Louise et à sa chanson finale dans *Hawkesbury Blues*, quand elle dit qu'elle avance « à contre-courant […] tout le monde s'agrandit mais, moi, j'vas rapetisser[12] ».

À la suite de cette description, à laquelle plusieurs pourraient s'identifier, j'avoue que je suis plutôt de l'avis de Virginia Woolf, qui, dans *A Room of One's Own*, parle de la nécessité de tuer « *the*

---

[11] « Entretenir une maison, faire à manger trois fois par jour […], passer la journée du lundi à laver, à essorer, à étendre le linge; repasser le mardi; repriser le mercredi; le jeudi, faire les courses; le vendredi et le samedi, vaquer au grand ménage de la semaine, surveiller les bains des enfants, préparer le gâteau ou les tartes du dimanche; […] » (Gabrielle Poulin, *Un cri trop grand*, p. 56-57).

[12] Brigitte Haentjens et Jean-Marc Dalpé, *Hawkesbury Blues*, Sudbury, Éditions Prise de parole, 1982, p. 71.

angel in the house », ou encore de l'avis de Stephanie Golden, qui postule, dans *Slaying the Mermaid*, que la femme doit tuer la sirène légendaire qui souffre et se sacrifie continuellement pour les autres. J'essaie tant bien que mal de croire à ma propre liberté en tant que femme et je lutte consciemment contre un certain héritage socioreligieux qui décharge trop facilement la culpabilité sur les épaules courbées du « deuxième sexe ».

2a) L'amante

Bien que cela m'arrive de me voir de temps en temps comme la femme-martyre, j'avoue qu'un statut que je trouve nettement plus réjouissant est celui de l'amante.

6. ardeur
tu présages
mes quatre saisons
de folie
goûter insatiable
sur l'herbe de Manet
au printemps
le lobe
l'été le nombril
puis
l'automne le gland
les lèvres l'hiver
frimas frisson
par ton corps
la rosée de mon âme

2b) L'amie et la confidente

Outre ce rôle tant recherché de l'amante comblée, je sais que je m'épanouis également en tant qu'amie et confidente. Car si on se perd parfois dans les dédales compliqués de la vie quotidienne, on croit également qu'on trouvera un jour une âme sœur avec laquelle partager ses aventures labyrinthiques. Et si on doute parfois qu'il y a une lumière au bout du tunnel, on persiste malgré tout, avançant toujours, confiante que notre avenir se construit sur des relations humaines lumineuses… Voici un texte où j'ai mis en exergue les paroles de la chanson *À l'envers, à l'endroit* de Bertrand Cantat du groupe Noir Désir, qui demande simplement: «Doit-on se courber encore et toujours pour une ligne droite?»

7. ruée

quel est ce noir désir
cet étroit bonheur
constitué de simplicité
mal réglée

quelle est cette ardeur blanche
cette marge de joie
calquée sur le baromètre
de succès jamais calculés

quel est ce coup de conscience
cette ruée tout droit vers la nouveauté
de l'autre côté
de la grande boîte

quelle est cette folie de l'attente
dans le désert chiffonné de sable
quand on traverse les heures
debout et inflexibles

ce sont moments de tendresses
perdues ou échappées vers le soleil
comme toute chose
mal interprétée

je suis partie de l'autre côté de ma nostalgie raisonnable
les violoncelles remplissent tout
même l'ombre et l'absence

toi   mon autre   mon inconnu
et moi je nous écoute dans cette rage
de vivre sans heurt
dans une altérité pure
et entre mes notes distillant l'air
tu réussis à t'ourdir mélodieux

t'enlaçant entre les stances
d'une harmonie aveugle

médusée je continue
dans cette folle gravité
ancrée ici avec toi
dans l'espace d'une symphonie

2c) *L'obstinée*

France Daigle écrit, dans *Sans jamais parler du vent: roman de crainte et d'espoir que la mort arrive à temps*: « Obtenir la grâce des femmes. Être en état d'elle, l'attendre. Des phrases plus sensées, plus complètes, une écriture qui n'hésite pas[13]. » Plus loin, la narratrice lancera ce cri du cœur: « Écrire comme s'il ne revenait qu'aux femmes d'aimer[14] » (p. 55). À son instar, je voudrais également pouvoir m'inscrire dans cette singulière obstination à vouloir me dire, cet intraitable entêtement à vouloir vivre et ce dur acharnement à vouloir comprendre mon destin et mes amours.

10. assidue

je m'obstine
balancée sur une branche solitaire
exilée le temps d'une pulsion seulement
puis lâchée pour tournoyer
au premier automne
qui décline sa nostalgie
de ta chaleur

une longue journée d'ombre
éclate comprimée dans un pressoir muet
les veines ou veinules
le pédoncule de mon être flétri
écrasé sur une lame translucide

---

[13] France Daigle, *Sans jamais parler du vent: roman de crainte et d'espoir que la mort arrive à temps*, Moncton, Éditions d'Acadie, 1983, p. 13.
[14] *Ibid.*, p. 55.

désagrégée dans une pandémie microscopique
étalée mais contrôlée comme les plaques de froid
que l'hiver mesure et distribue
dans la même caresse glaciale
que j'inhale en tombant dans le vortex
d'une chute jamais libre
je saisis la certitude comme une pomme
rouge au bout
des sens cachés et domptés
tu me manques
comme la racine de ce tronc d'amour mort
détrôné couché
recroquevillée je m'immisce
aux procès perdus d'avance

je me pétrifie
dans la confiance avide
que tu surgiras encore ici
dans le roc mnémonique fendu
dans les rêves boisés
d'élans cachés par tant de bruissements
de mots flétris comme
je t'aime ou
je ne t'oublie pas

foudroyée je déparle
j'écume mes mots
tamise mes réactions
panse mes émotions
et je me confectionne
une continuelle contenance
puisque mon émoi ne compte plus
sans le tien
de près
comme de loin
j'existe comme une perception floue
je nous vois à travers une loupe
rapetissante
tu m'as aimée comme fièvre
nous nous étions contaminés

tétanisés à la ronde
insatiable j'ai compris
le désarroi sans ta présence
et je broie maintenant l'absence
mais je t'aimerai
en attendant comme la poulie de retour
la force de traction
de mon obstination

2d) Le vieillissement

Malgré ma volonté, je dois admettre que je ne peux changer mon rapport au vieillissement. Un des plus beaux textes que j'ai eu le plaisir de lire, c'est la nouvelle «Chair», de Simone Chaput, où l'auteure décrit avec tendresse la relation entre une fille et sa mère mourante. En quittant brièvement la chambre où repose sa vieille mère, la fille ne remarque pas que la couverture glisse et découvre le corps de cette dernière.

> Et là, d'un coup d'œil, Délia a devant elle le spectacle ahurissant de son propre corps. [Elle baisse] les yeux sur l'étendue de peau qui l'a accompagnée, pendant près de quatre-vingts ans, l'enveloppe, la pelure d'un fruit, talé maintenant, glissant inéluctablement vers la pourriture. Ses yeux s'écarquillent à la vue de ses deux seins, pauvres outres aplaties, leurs auréoles pâles, fanées, deux fleurs mortes dans la terre crayeuse de sa poitrine. Et en dépit de l'os, aigre maintenant comme un bréchet de pigeon, tout s'est effondré, s'est amolli, s'est déformé. Comme si le squelette lui-même n'avait pas échappé à la corruption qui ronge la chair. Mais là, à gauche, à la naissance de la gorge, elle remarque un faible crépitement qui l'étonne. Sous la vieille écorce toute plissée, au croisement des lignes bleues qu'une main inconnue a tracées dans sa chair il y a longtemps, son cœur, pas plus gros qu'un poing d'enfant, s'ouvre et se referme comme pour retenir un rêve[15]...

Face à la finalité de la vie, la mort, cette compagne invisible qui depuis toujours nous accompagne, j'ai écrit un poème où j'ai mis en exergue cette citation d'Antonine Maillet: «Et certains morts n'ont pas achevé leur destin[16]».

---

[15] Simone Chaput, *Incidents de parcours*, Saint-Boniface, Éditions du Blé, 2000, p. 169.
[16] Antonine Maillet, *Madame Perfecta*, Montréal/Paris, Leméac/Actes Sud, 2002, p. 79.

9. aorasie
ta présence
liminaire
une bien courte halte
entre ces infinis
d'avant et d'après
brûle telle une braise sacrée
saupoudrée par la poussière
puis les vagues de tourbillons
dans de grands
embruns salins
déchaînés et aveuglants
ces rafales poussant
toutes les cendres
de morts accumulées
sous les éclaircies
feu fantôme
qu'on ne peut ni tenir
dans sa main
ni lâcher et jeter au loin
tu consommes tout la vie même
virevolte en chaleur
et s'incruste là
où tout se consume
meurtri petit à petit
l'espace qui te nourrit
se rétrécit en taches
de cambouis d'outre-tombe
le spectre de la vieillesse
me hante
ma volonté s'éteint
calcinée par le soleil
je me suis reconnue trop tard
sous une dentelle
de rides

3. Relations aux marges sexuelles, sociopolitiques et linguistiques

Passons maintenant de la sphère intime à la sphère publique, où la place de la femme, tout comme le féminisme, reste un sujet éminemment idéologique. Sur l'échelle des grands enjeux internationaux, quelle importance est accordée au féminisme par les économistes, les scientifiques, les politiciens et les religieux aujourd'hui ? Dans le *Winnipeg Free Press* du 6 avril 2008, je lisais avec désarroi un reportage faisant état d'un pourcentage toujours anormalement élevé de naissances de garçons en Inde et en Chine, même si la loi condamne la présélection du sexe d'un bébé, l'avortement ou l'infanticide. Il est évident que, d'un point de vue humaniste, dans les arcanes de la patriarchie un peu partout dans le monde, cette question de la condition féminine demeure troublante.

Or, certaines auteures du Canada français traitent ces thèmes liés à l'exploitation sexuelle. Je pense notamment à l'œuvre récente de Marguerite Anderson, *Doucement le bonheur*, qui relate l'histoire vraie d'un cas de viol commis par le parlementaire canadien-français Louis Mathias Auger (1929). Ou encore, l'œuvre savoureuse de la poète Louise Fiset, qui relate avec humour, dans *404 BCA Driver tout l'été*, les péripéties parfois sordides des effeuilleuses et danseuses de bar. On pourrait également citer *La vigne amère* de Simone Chaput, où il est question de violence contre les femmes. Elle raconte aussi, dans *Incidents de parcours*, l'histoire d'une femme ambitieuse qui se heurte au célèbre phénomène du «*glass ceiling*» et qui regrette amèrement d'habiter le corps d'une femme.

> C'étaient les femmes neutres qu'elle admirait le plus. Les femmes qui s'étaient affranchies des contraintes de leur sexualité, qui étaient ni plus ni moins des personnes par hasard féminines, comme on naît par hasard roux ou daltonien, pas le moins du monde entravées par leur condition. Elles obéissaient forcément aux mêmes lois physiologiques que toutes les autres femmes, mais s'étaient organisées pour faire abstraction de leur complication reproductive. Selon toute apparence, elles vivaient indemnes, émancipées, et Renée avait prié d'être comme elles. Épargne-moi, avait-elle supplié, garde loin de moi le sort de ces femmes qu'on voit parfois dans les magasins et les supermarchés, ces femelles bouffies et molles, pullulantes comme des étangs. [...] Et elle avait méprisé le bourgeonnement de leur visage, signe certain de leur asservissement à la lune[17].

---

[17] Simone Chaput, *op. cit.*, p. 34-35.

3a) *Iniquités socioculturelles*

Bref, les iniquités sociales et politiques dont souffre encore la moitié de la population mondiale varient d'un contexte à un autre. Voici un haïku publié dans *Regards de femmes*, anthologie proposée par Janick Belleau, suivi d'un poème plus long.

10.
le regard d'une femme
flambe en braises silencieuses
derrière sa bourka

11. ahurie
ah vous dirai-je maman
mon ahurissement devant
mes semblables de la basse-cour
qui piaillent et picorent
picossent
dans ma langue de chez moi
se démenant
ces poules qui gloussent
se mangeant les plumes sur le dos

ah je les regarde
complètement abasourdie non plutôt
flagada inerte passive
devant ces reflets de l'irrationnelle
envie de se tailler une place
à moi toujours à moi
piquer pour blesser
les petits toréadors
sans cape ni épée
juste l'ergot rouge du coq
et l'œil sanglant de l'autre

ah voilà comment on vit avec son totem
double démultiplié
les philosophes expliquent
font le tour de rien de tout
et la volaille humaine

s'entre-dévore renchérit à petits coups
piétinant tout dans la ronde
jusqu'aux gouttelettes profondes
de la vie vite éclaboussée

ah nous restons tous à jamais
idolâtres de notre sphère
tracée à la ronde de notre ombre
nous jetons encore cailloux
bec ouvert
griffes et ailes agitées
mais incapables de
nous envoler

3b) Les autres marges

Les écrivaines qui abordent la question de la relation aux marges, quelles qu'elles soient, mettent en scène également les déshérités, les êtres marginaux, telles les folles et les vieilles. On trouve ces dernières dans les œuvres de Marguerite-A. Primeau, *Ol' Man, Ol' Dog et l'enfant* et *Le totem*. Elle peint des portraits saisissants et tendres de femmes fortes, indépendantes et indomptables. Dans « La folle du quartier », sa protagoniste n'est pas sénile, simplement vieille. Son amant l'avait rebaptisée « 'Phélie » car il ne croyait pas que son nom correspondait à son caractère. En racontant les aventures de cette infirmière intrépide, l'auteure s'écarte de l'idylle romantique où la femme est marquée par son destin et doit payer pour les péchés d'autrui, comme l'Ophélie de Shakespeare.

Dans le même ordre d'idées, des personnages tels la Métisse Mémère Desjarlais de Marguerite-A. Primeau, ou les Métisses dans *Une histoire de Métisses* de Laure Bouvier, sont également dignes d'intérêt. Car, malgré les préjugés et la marginalisation dont les deux auteures font état, on apprécie le fait qu'elles aient cherché à valoriser ces femmes en leur permettant de se réapproprier une voix et une place dans la fiction.

Enfin, il y a également les nombreux mythes et archétypes féminins exploités avec originalité et doigté par les écrivaines. De la muse à la fillette gorgée de liberté trouvée dans *Le coulonneux*, de Simone Chaput, à l'indomptable *Sauvage sauvageonne*, de

Marguerite-A. Primeau, par exemple, on découvre des héroïnes qui se caractérisent par cette nature féminine un peu sauvage que Clarissa Pinkola Estés évoque dans *Women Who Run with the Wolves*. Ces protagonistes aux visages variés, aux statuts souvent marginaux, sont réinventées par le biais de ces créations : certaines demeurent sans voix, claquemurées dans des situations stériles et sans issue, d'autres veulent être ailleurs ou être quelqu'un d'autre, certaines sont fortes et stoïques. D'autres, comme la jeune Christine de Gabrielle Roy, ont même cette étrange ambition d'écrire.

Et voici ce que j'ai écrit à propos de l'écriture.

12. absinthe

> « [...] mon âme tremble et se voit à l'envers... »
> Baudelaire, « Spleen et idéal »

cette ivresse de l'art bâtard
une vie invisible d'absinthe
de la poétesse qu'on ne voit jamais
ses mots tombent
secs comme le péché
d'une fée buveuse de paroles venues
ni de chanson ni du théâtre
mais du tableau de Degas
elle s'insinue sombre et imprègne
engorge le tissu des os

je nous attends dit-elle
par les lèvres entrouvertes
la muse sait que les chamans
jouent avec les jouissances
folles de l'orgueil

absinthe bannie longtemps
avalée et fabulée
devenue fantaisie du scribe
fantôme flapi qui boit
l'alcool vert
coule continue pour dire
que s'il n'y avait que l'apocalypse
je serais partie hier

avant l'aube du soupir des
crépuscules légendaires
il y a toujours moins que plus à dire
je traverse ma vie cherchant
sous les ongles et la plume
dans les orbites folles quelque
élucidation révélatrice et
les mots d'ordres passés
surgissent
j'insiste et écris quand même
du fond du temps sourd
du goulot étroit qui m'aspire
il faut avaler tout
d'une seule traite
le ver ratatiné du fruit d'Adam

Si je parle d'Adam, il va de soi que je parlerai d'Ève, ne trouvez-vous pas ?

13. ave

on s'enfuit ou
on s'en fout
mais les cimetières
s'encombrent toujours
malgré notre humeur
de survivantes alléluia

on passe ou
on trépasse
pensant à la mort avec
l'angoisse exigeante
de cette étrangère
qui dérange

on découvre puis on la couve
notre longévité
en évitant les tombes éclairées
des autres
ou des nôtres

damnées d'avance comme
la première femme miraculée
déchue par séduction
ave Éva en miroir nous nous voyons
surprises de l'anagramme
simples prismes qui estimons notre mérite

en vérité on incarne
le prolongement héréditaire
de l'aléatoire
et on cherche toujours l'inimitable
âme vertueuse qui n'a
jamais existé amen

on comprend enfin qu'ici
chacun commet sa vie
par inadvertance
mais surtout
on inclut toujours
la personne qui parle

3c) *Les marges linguistiques*

Nous arrivons, enfin, aux marges linguistiques. Même si les minorités francophones au Canada sont vouées à l'assimilation à moyen ou à long terme, selon Charles Castonguay et Roger Bernard, et même si le rouleau compresseur de l'hégémonie culturelle anglo-américaine nous menace, je suis d'avis, comme d'autres, que notre vitalité connaît un certain regain grâce au mouvement international de la Francophonie et grâce à l'apport des immigrants et des jeunes qui ont fréquenté les écoles d'immersion. La défense de nos particularités linguistiques a bénéficié d'une aide étatique, j'en conviens. Nous parlons encore du centre et de la périphérie, et François Paré souligne, dans *Le fantasme d'Escanaba,* que ces cultures diasporales « sont pénétrées par la conscience de leur vulnérabilité et pourtant fascinées par la mixité et le provisoire[18] ».

---

[18] François Paré, *Le fantasme d'Escanaba,* Québec, Éditions Nota bene, 2007, p. 111.

Pour celles qui ont depuis si longtemps vécu en marge du pouvoir et de la justice, cette conscience de notre propre vulnérabilité n'est pas chose nouvelle… Ce qui est nouveau peut-être, c'est le nombre croissant de femmes qui écrivent, comme le signalait déjà en 1985 Christl Verduyn dans « Écrire le moi au féminin », où elle montre bien l'émergence massive des femmes de lettres dans la société canadienne-française au tournant du XXe siècle.

Avec la fiction, l'autofiction, le théâtre et la poésie, l'écrivaine peut faire état de son rapport à la langue française du minoritaire. Ainsi, pour certaines, comme Andrée Christensen ou Marie Jack, le choix d'écrire en français s'imposait de lui-même. Pour d'autres, comme Lola Lemire Tostevin, le rapport au français est empreint de douleur :

4 words french
1 word english

Slow seepage
Slow seepage

3 words french
2 words english

rattling off
or running at the mouth

2 words French
3 words English

speakwhite
[…]

« tu déparles »
My mother says

je déparle
yes

I unspeak[19]

Je sais que, pour une question philosophique aussi vaste et complexe que celle qui nous inspire, j'aurais aimé pouvoir déployer ce que Michel Maffesoli appelle « une hétérologie, c'est-à-dire un savoir du multiple, seule capable de reconnaître la richesse du vivant[20] ». Toutefois, je reconnais qu'il m'est impossible, en si peu de temps, de véritablement rendre justice à une création aussi vaste et foisonnante que celle que nous offrent les écrivaines du Canada français. J'espère néanmoins avoir quelque peu aiguisé votre appétit et piqué votre curiosité avec ce court exposé. Je suis heureuse de pouvoir dire, avec une certitude véhémente même, que les femmes émergent, écrivent et se disent, car chacune d'entre elles, comme l'affirme Rose Després avec ses « paroles combustion[21] » : « [a] encore des rêves à éveiller[22] ».

En guise de conclusion, je suis parfaitement en accord avec France Daigle qui soutient que : il y a deux choses qui sont certaines. Elle a écrit que si on vit « la vie à contre-courant, le livre (agit) comme ballast[23] ». J'abonde en ce sens, je crois à la parole et aux mots, à la permanence des écrits. Et voilà pourquoi je terminerai en vous offrant ce poème que vous lirez à votre loisir, intitulé : « écrire je ».

---

[19] Citée par François Paré, *La distance habitée*, Ottawa, Le Nordir, 2003, p. 217-218.
[20] Michel Maffesoli, « De l'universel au particulier », dans Pierre-W. Boudreault et Denis Jeffrey (dir.), *Identités en errance. Multi-identité, territoire impermanent et être social*, Lévis, Presses de l'Université Laval, 2007, p. 187.
[21] Selon le titre de l'étude de Manon Laparra : « Champ d'écriture, chant de liberté : la parole combustion dans l'œuvre de Rose Després », *Dalhouse French Studies 62*, 2003, p. 39-49.
[22] Rose Després, *La vie prodigieuse*, Moncton, Éditions Perce-Neige, 2006, p. 118.
[23] France Daigle, *op. cit.* p. 57.

écrire je
alors que je n'existe pas
pas dans le sens de l'unicité
docile indolore du je cohérent
comme si c'était possible
de ne penser qu'à soi
une mine inexplorée sans fond
n'exprimer que le moi sans penser aux autres
mes ventriloques de fantoches qui m'interpellent
du bout de lèvres sèches
une voix poussive
une tourbe maigre où on se perd dans la zone aride
du corps qui nous trahit
une carie de la mémoire ici
une réflexion ridée qu'on maquille là
toutes mes voix à moi frémissantes
de soupirs mal contenus
je tiens mes rêves à distance
mine de rien nous sommes plusieurs à nous battre
pour une vraie vie toujours passagère
virevoltant sans attaches à cette conscience grise
qui dirige la volonté captive sous l'œil
sous les lobes entortillés du cerveau
qui suis-je alors remplie du je de ma pensée
et celle des autres qui me projettent ma figure à la face
sculptent ces idées hétéroclites et émotives mes vœux lancés
aux étoiles filantes percées lucides
de l'espoir accidenté de mon désir
ma force singulière d'être
esprit irraisonné
encore égratigné par l'usure de l'effort
puis resurgit la simplicité de ce je désaxée de mon identité
tronçonnée au niveau des genoux invisibles
merci mon Dieu je suis imparfaite et seule ici
dans ma logique branlante en génuflexion constante
mon moi souvent à terre comme ma propre ombre
défraîchie et à l'émail abîmé
ne suis-je qu'une défroquée
une travestie oui une âme déchaussée
rampant dans sa piètre nudité
quotidienneté des automatismes sans réfléchir j'y vais
je parle pour dire des choses jamais essentielles
ou parfois dans les synapses je brûle bien ancrée
sur les nerfs et les viscères et les tripes de mes songes
gueulant en silence dans cette fulgurance qu'on appelle blessure
ou prise de conscience

la jambe, la folle, la légère, l'infirmière, la sévère, la sœur, l'aigre-douce, la bouche, l'héroïne, l'intelligente, la sexy, la navrée, l'aisselle, la reine, la démone, la louve, la pie, la hanche, la conscience, la mignonne, l'oreille, l'asexuée, la chevelue, la perdue, la fuyante, la marine, la philosophe, l'immobile, la célébrité, la muse, la muselée, la châtrée, la digne, la belle, la victime, la splendide, la blanche, la noire, la sorcière, la pieuse, la malade, la sérieuse, l'infirme, l'aveugle, la muette, la calme, la séductrice, l'adolescente, la vieille, la présente, l'élue, la généreuse, la nymphe, la dent, la fatiguée, l'innocente, la vierge, la pute, la rousse, la tête, l'amie, la prévenante, la tante, l'écervelée, la putain, l'antagoniste, la voix, la voilée, la révolutionnaire, l'enfante, la grand-mère, la voisine, la sainte, la dulcinée, la prophète, la silencieuse, la guerrière, la faible, la tresse, l'hôtesse, la charmeuse, la ridicule, la grosse, svelte, la basanée, l'enchanteresse, la prétentieuse, la perdante, l'écolière, la demoiselle, la pucelle, la cousine, l'évanouie, la nue, l'idiote, l'attendue, la romancière, la travestie, la pire, la souffre-douleur, la nymphomane, la titulaire, la muse, la princesse, la compagne, la marionnettiste, l'actrice, la duchesse, la mariée, l'ennemie, la frigide, la nerveuse,

mais de toute façon
je n'écris pas toujours je
n'y pense pas toujours non plus
on continue et on avance
je trop souvent devient on
mou et effacé dans de vieux pyjamas
inconséquent et mal éveillé
pensées ébouriffées d'une âme
à peine saisie de sa propre conscience vide
pour les autres un vide bien introverti
et un peu las du labyrinthe
des visages tendus sur des miroirs changeants
toujours nous dans ce seul corps complice
écrire je
quand cette voix en moi a un lapsus
une panne d'idées
saviez-vous qu'il n'y a pas de terme précis
en français pour ça
mind le mot *mind* est dans ma tête
it's all in my mind
no never mind
lose my mind
so out of my mind
un jeu pour chercher et m'évertuer
à ne pas m'en faire
à oublier l'énergie investie
à perdre la boule
à perdre l'esprit et le centre de l'être
pas possible d'exprimer dans ce casse-tête
qui je suis exactement
celle que vous mesurez
de votre poids d'en haut de vos sourcils
immobiles
d'un long regard intensif
vous me coupez les ailes minuscules
et de loin en loin je me refaçonne
écrire une je toute remplie d'un sang
transparent qui balaie les balises
iridescentes de mon paradis
sans broncher dans ma certitude
one track mind
dans cette jonction de l'emprise
intoxiquée et sobre
comme l'empathie presse le cœur du cerveau
en haletant je me dis alors je suis qui
je suis cet incontournable moi mal connu

Lise Gaboury-Diallo, 2008

Bibliographie

Andersen, Marguerite, *L'autrement pareille*, Sudbury, Éditions Prise de parole, 1984, 94 p.

Andersen, Marguerite, *De mémoire de femme*, Montréal, Quinze Éditeur, 1982, 270 p.

Andersen, Marguerite, *Doucement le bonheur*, Sudbury, Éditions Prise de parole, 2006, 197 p.

Anonyme, Prix littéraire Antonine-Maillet-Acadie Vie, texte d'appréciation des membres du jury: http://prixlitteraire.acadie.net/html/finalistes2001.html

Bateson, Gregory *et al.*, « Vers une théorie de la schizophrénie », *Behavioral Science*, 1956, vol. 1, n° 4, p. 251-264.

Belleau, Janick (dir.), *Regards de femmes, haïkus francophones*, Montréal, Éditions Adage, 2008, 160 p.

Bhabha, Homi K., *The Location of Culture*, Londres et New York, Routledge, 1994, 285 p.

Boehringer, Monika, « Les nouvelles voix féminines en poésie », *Liaison*, n° 129, numéro spécial: La littérature pancanadienne 2005, p. 41-44.

Boudreault, Pierre-W. et Denis Jeffrey (dir.), *Identités en errance. Multi-identité, territoire impermanent et être social*, Lévis, Presses de l'Université Laval, 2007, 201 p.

Bouvier, Laure, *Une histoire de Métisses*, Montréal, Leméac Éditeur, 1995, 200 p.

Chaput, Simone, *Incidents de parcours*, Saint-Boniface, Éditions du Blé, 2000, 181 p.

Christensen, Andrée, *Depuis toujours j'entendais la mer, roman-tombeau*, Ottawa, Éditions David, 2007, 296 p.

Daigle, France, *Sans jamais parler du vent: roman de crainte et d'espoir que la mort arrive à temps*, Moncton, Éditions d'Acadie, 1983, 141 p.

D'alfonso, Antonio, *En italiques. Réflexions sur l'ethnicité*, Montréal, Balzac Éditeur, coll. « Le vif du sujet », 2000, 114 p.

Deleuze, Gilles et Félix Guattari, *Mille plateaux*, Paris, Éditions de Minuit, coll. « Critique », 1980, 645 p.

Després, Rose, *La vie prodigieuse*, Moncton, Éditions Perce-Neige, 2000, 119 p.

Dupré, Louise, *Tout comme elle, suivi d'une conversation avec Brigitte Haentjens*, Montréal, Éditions Québec Amérique, coll. « Mains libres », 2006, 110 p.

Estés Pinkola, Clarissa, *Women Who Run With The Wolves, Myths and Stories of the Wild Woman Archetype*, New York, Ballantine Books, 1992, 520 p.

Fiset, Louise, *404 BCA Driver tout l'été*, Saint-Boniface, Éditions du Blé, coll. « Rouge », 1989, 69 p.

Gaboury-Diallo, Lise, *L'endroit et l'envers*, Paris, L'Harmattan, 2008, 135 p.

Gaboury-Diallo, Lise, « Haïku », *Regards de femmes, haïkus francophones*, Janick Belleau (dir.), Montréal, Éditions Adage, 2008, p. 101.

Gaboury-Diallo, Lise, *Transitions*, Saint-Boniface, Éditions du Blé, 2002, 89 p.

Gaudet, Jeannette, « France Daigle et les représentations du moi : une étude de *Pas pire* (1998) », *Nouvelles études francophones*, vol. 19, n° 2, automne 2004, p. 157-171.
Golden, Stephanie, *Slaying the Mermaid. Women and the Culture of Sacrifice*, New York, Harmony Books, 1998, 323 p.
Haché, Emma, *L'intimité*, Carnières-Morlanwelz (Belgique), Lansman Éditeur, 2003, 45 p.
Haentjens, Brigitte et Jean Marc Dalpé, *Hawkesbury Blues*, Sudbury, Éditions Prise de parole, 1982, 73 p.
Huston, Nancy, *Nord perdu* suivi de *Douze France*, Paris/Montréal, Actes Sud/Leméac, 1999, 130 p.
Jack, Marie, *Tant que le fleuve coule*, Saint-Boniface, Éditions des Plaines, 1998, 107 p.
Jack, Marie, *Un long voyage*, Saint-Boniface, Éditions du Blé, 2003, 123 p.
Jacquot, Martine, « "Je suis la charnière", entrevue avec Antonine Maillet », *Studies in Canadian Literature*, [en ligne] : www.lib.unb.ca/Texts/SCL/bin/get.cgi?directory=vol13_2/&filename=Jacquot.htm consulté en ligne le 25 avril 2008.
Jourde, Pierre et Paolo Tortonese, *Visages du double : un thème littéraire*, Paris, Nathan, 1996, 251 p.
Laparra, Manon, « Champ d'écriture, chant de liberté : la parole combustion dans l'œuvre de Rose Després », *Dalhousie French Studies* 62, 2003, p. 39-49.
Lemire Tostevin, Lola, *Color of Her Speech*, Toronto, Coach House Press, 1982, 67 p.
Maffesoli, Michel, « De l'universel au particulier », dans Pierre-W. Boudreault et Denis Jeffrey (dir.), *Identités en errance. Multi-identité, territoire impermanent et être social*, Lévis, Presses de l'Université Laval, 2007, p. 187-201.
Maillet, Antonine, *Madame Perfecta*, Montréal, Leméac/Actes Sud, 2002, 164 p.
Melchior, Malgorzata, « Changer de nom et changer d'identité : le cas des survivants de l'Holocauste qui ont survécu sous une identité d'emprunt », dans Pierre-W. Boudreault et Denis Jeffrey (dir.), *Identités en errance. Multi-identité, territoire impermanent et être social*, Lévis, Presses de l'Université Laval, 2007, p. 17-28.
Paré, François, *La distance habitée : essai*, Ottawa, Le Nordir, coll. « Roger-Bernard », 2003, 277 p.
Paré, François, *Le fantasme d'Escanaba*, Québec, Éditions Nota bene, 2007, 183 p.
Paré, François, *Les littératures de l'exiguïté*, Ottawa, Le Nordir, 1992, 175 p.
Paré, François, *Les théories de la fragilité*, Ottawa, Le Nordir, 1994, 156 p.
Poulin, Gabrielle, *Un cri trop grand*, Ottawa, Éditions Vermillon, 1999 [1980], 233 p.
Primeau, Marguerite-A., *Ol' Man, Ol' Dog et l'enfant*, Saint-Boniface, Éditions du Blé, coll. « Blé en poche », 2004 [1996], 117 p.
Primeau, Marguerite-A., *Sauvage sauvageon*, Saint-Boniface, Éditions des Plaines, 1984, 163 p.
Primeau, Marguerite-A., *Le totem*, Saint-Boniface, Éditions des Plaines, 1988, 154 p.

Roy, Gabrielle, *Rue Deschambault*, Montréal, Éditions Beauchemin, 1995, 265 p.

Savoie, Paul, *Acte de création, entretiens*, Ottawa, Éditions L'Interligne, coll. «Amarres», 2006, 239 p.

Verduyn, Christl, «Écrire le moi au féminin», *Journal of Canadian Studies*, 1985, vol. 20, n° 2, p. 18-28.

Woolf, Virginia, *A Room of One's Own*, Première édition : Londres, Hogarth Press, 1929, 114 p.

ÉCRIRE AU FÉMININ EN ACADIE

L'«ARRIVÉE EN VILLE» DE L'AVENIR FÉMININ DE L'ACADIE DANS *LES CONFESSIONS DE JEANNE DE VALOIS* D'ANTONINE MAILLET

Marie-Linda Lord
Université de Moncton

La ville intéresse certes les écrivains dans leur narration de la nation et ceux d'Acadie ne font évidemment pas exception : « La ville est le but des migrations, le point ultime d'un parcours, du village à la capitale », nous dit Louis-Jean Calvet dans *Les voix de la ville*[1]. « On se rend compte que la ville se dresse à l'horizon de notre histoire immédiate comme un destin inévitable[2] », ajoute-t-il. Moncton est devenue cet inéluctable pour l'Acadie. Alors, comment ce destin inévitable de l'Acadie urbaine est-il confronté dans la littérature acadienne? Comment Moncton, cette zone de contact entre francophones et anglophones où l'anglais reste une langue dominante, est-elle imaginée en français?

Dans l'optique de mon projet de recherche *«Moncton imaginaire»*, je propose ici une lecture inédite de la fiction d'Antonine Maillet, davantage connue pour la topographie côtière de son œuvre. Mon but consiste donc à offrir une lecture différente

---

[1] Louis-Jean Calvet, *Les voix de la ville, Introduction à la sociolinguistique urbaine*, Paris, Payot, 1994, p. 8.
[2] *Ibid.*

des *Confessions de Jeanne de Valois* et à saisir l'expression ou non de l'imaginaire acadien tel qu'il se manifeste en rapport avec la vie monctonienne comme destin déstabilisant ou non, s'articulant par une parole au féminin. Ce projet de recherche révèle que, depuis une trentaine d'années, des écrivains acadiens expriment une certaine schizophrénie urbaine marquée par un affrontement permanent entre l'héritage culturel acadien et l'expérience immédiate de la ville majoritairement anglophone, alors que chez d'autres écrivains cette dichotomie existentielle n'est pas une source d'ambivalence de pensées ni de sentiments négatifs. Moncton s'écrit dans la foulée des transformations agitant cette ville en profonde mutation dont la littérature acadienne porte la tension créative en étant attentive au rapport non seulement entre les langues, mais entre les groupes linguistiques. «*Moncton imaginaire*» fait écho à la résilience individuelle et collective d'écrivains en tant que membres d'une communauté distincte qui entend le rester.

Mais avant d'aborder le roman d'Antonine Maillet, il appert pertinent de présenter très brièvement Moncton. Comme l'affirme l'historienne Barbara LeBlanc: «Moncton [...] a une longue histoire de conflits et de tensions entre la minorité acadienne et la majorité anglaise[3]». L'importance de Moncton dans la littérature acadienne s'explique en partie par le fait que cette ville s'est transformée au fil des décennies en un centre d'activités variées. Elle est le foyer universitaire qui génère vie littéraire et culturelle, notamment en ce qui a trait à la production et aux échanges en Acadie: Moncton est devenue le levier intellectuel et culturel de l'Acadie, levier déterminant pour l'origine et l'achèvement d'une société émergente dont les individus déterminent les paramètres.

En 2000, l'historien Patrick D. Clarke montrait comment Moncton est, depuis 1870, un centre urbain qui attire et vers lequel les jeunes affluent, y compris les Acadiens. Selon Clarke, la nouvelle bourgeoisie acadienne choisit Moncton en tant que centre national

---

[3] Barbara LeBlanc, «Tête à tête et charivari à Moncton: rencontre interculturelle entre les Acadiens et les Anglophones de Moncton», *La Société historique acadienne. Les cahiers*, vol. 27, n° 1, janvier-mars 1996, p. 4.

dès 1910. Dans les décennies qui suivront, de nombreux sièges sociaux, institutions et organismes de langue française s'établiront à Moncton. En dépit de son unilinguisme officiel de langue anglaise en vigueur jusqu'en 2002, Moncton était déjà le lieu d'appropriation non équivoque de l'espace public de la communauté acadienne, motivée par un besoin pressant d'affirmation. Jusqu'aux années 1960, le discours identitaire ne colle pas à la nouvelle réalité urbaine de l'Acadie. L'apologie de l'agriculture continue d'être exprimée par les élites cléricales, qui dominent toujours le discours officiel. Pendant longtemps, ce que Clarke appelle le «dualisme acadien[4]», c'est-à-dire le repli et l'autosuffisance, aura assuré la survie communautaire des Acadiens. Or, l'intégration d'Acadiens de plus en plus nombreux dans l'économie industrielle et capitaliste de Moncton, où les échanges transculturels sont beaucoup plus fréquents, vient bousculer la tradition et l'idéologie de l'élite ecclésiastique. Clarke affirme: «La domination du Sud-Est dans le développement institutionnel en Acadie dans l'élaboration du discours nationaliste et dans les percées dans les domaines politique, économique et culturel s'impose comme évidence[5].» Or, cette évidence prendra plusieurs décennies à s'imposer dans la littérature acadienne.

Il faudra attendre les années 1970 pour que s'écrive Moncton. Comme je l'ai déjà démontré dans un article: «Écrire Moncton pour les écrivains acadiens au début des années 1970, c'est d'une part reconnaître Moncton dans ses formes concrètes et, d'autre part, c'est entreprendre de lui donner forme dans l'imaginaire[6].» Il a fallu un bon siècle avant que les Acadiens s'approprient Moncton, non comme lieu de vie collective, mais comme un véritable enjeu littéraire. C'est au moment de la montée du néonationalisme acadien dans les années 1970 que Moncton devient à la fois un problème et un objet incontournable pour les jeunes écrivains. Ce délai dans la reconnaissance de la réalité urbaine de l'Acadie dans

---

[4] Patrick D. Clarke, «Régions et régionalisme en Acadie. Culture, espace, appartenance», *Recherches sociographiques,* vol. XLI, n° 2, 2000, p. 325.
[5] *Ibid.*
[6] Marie-Linda Lord, «Identité et urbanité dans la littérature acadienne», dans Madeleine Frédéric et Serge Jaumain (dir.), *Regards croisés sur l'histoire et la littérature acadiennes,* Bruxelles, P.I.E.-Peter Lang, 2006, p. 69.

l'expression littéraire s'explique par diverses raisons sociohistoriques. Comme le démontre Clarke, dans la décennie 1950 s'affrontent deux univers : le moderne et l'ancien, « La ville domine, mais pas complètement[7]. » L'imaginaire collectif reste ancré dans une Acadie rurale qui favorise l'enracinement et la résistance au projet d'urbanisation. Il y a ainsi contradiction entre la nouvelle réalité spatiale qu'impose la monctonisation de l'Acadie et la matrice territoriale et identitaire de l'Acadie, qui, depuis le retour de la Déportation, est la mer. Or, comme je l'avais déjà écrit : « Moncton est une ville qui attire, une ville qui présente un appel de l'avenir, qui offre la possibilité d'un changement radical : la modernisation, voire la modernité urbaine[8]. »

Moncton devient, sous la plume de divers écrivains, originaires ou non de Moncton, un espace urbain, le lieu porteur d'enjeux culturels, sociaux et linguistiques de l'Acadie moderne où la représentation de la différence ethnique prend sens à l'échelle du continent, Moncton étant une ville nord-américaine et mondiale puisqu'elle entretient aussi des liens culturels outre-Atlantique, particulièrement avec la France. Le présent article entend illustrer comment ce roman singulier d'Antonine Maillet, *Les confessions de Jeanne de Valois*, est porteur d'une conscience féministe tout en élaborant une représentation d'un monde urbain, voire Moncton. L'article propose ainsi une interprétation de pratiques littéraires, créatrices d'un espace sociodiscursif, par l'analyse de cette conscience féministe que la narration fait sienne par la création d'une protagoniste nonagénaire vivant dans un couvent situé en ville. L'un de mes objectifs est de saisir la réciprocité entre la ville et le roman : le roman contient la quête urbaine de l'Acadie qui choisit Moncton pour devenir sa ville, et la ville contient la littérature qui l'imagine. Un autre objectif est d'exposer une facette méconnue de l'œuvre mailletienne qui raconte « l'arrivée en ville », pour reprendre l'expression de Simon Harel[9], de l'avenir féminin de l'Acadie, le roman

---

[7] Patrick D. Clarke, *op. cit.*, p. 328.
[8] Marie-Linda Lord, *op. cit.*, p. 70.
[9] Simon Harel, *Le voleur de parcours. Identité et cosmopolitisme dans la littérature québécoise contemporaine*, Longueuil, Préambule Éditions, coll. « L'Univers des discours », 1989, p. 35.

contenant une véritable expérience acadienne d'urbanisation, telle que vécue par une femme. Mais comme nous le verrons dans ce roman de Maillet, la quête urbaine défie l'appréhension spatiale – si typique en Acadie en raison de l'absence d'un territoire géopolitique – pour s'arroger plutôt le temps.

Les confessions de Jeanne de Valois, publié en 1993, est le onzième roman d'Antonine Maillet, qui en a écrit 20 jusqu'à maintenant. Ce roman est une pseudo-autobiographie dans laquelle l'auteure prête sa plume et sa voix narrative à son ancienne enseignante et son ancienne générale de congrégation, mère Jeanne de Valois, qui a eu une influence déterminante sur elle et sur bon nombre de ses consœurs acadiennes. Dans *Les confessions de Jeanne de Valois*, l'auteure choisit de conserver le nom d'une religieuse qui a réellement existé, le nom Jeanne de Valois servant d'ancrage référentiel. Âgée de plus de 90 ans au début des années 1990, dans la vie comme dans le roman, le personnage mère Jeanne écrit ses *Confessions*, et non pas les mémoires d'un peuple comme elle le précise elle-même. Elle raconte à la fois les grands événements de sa vie et ceux de sa congrégation, qui se confondent avec l'histoire de l'Église acadienne et de l'Acadie du XXe siècle qui se monctonise. Les *Confessions* de la religieuse se veulent « la chronique d'un pays naissant, ou renaissant pour la troisième fois[10] », cette fois-ci en ville, à Moncton. L'héroïne ne se cache pas la vérité au sujet du « pays » qui n'en est pas un et dont l'avenir ne s'inscrit que dans le temps, sans l'espace territorial officiel. Le pays, c'est l'Acadie humaine.

Dans *Les confessions de Jeanne de Valois*, les dates se succèdent et Moncton prend sa place tout naturellement dans le récit, comme un espace, un décor incontournable où se joue l'avenir d'un peuple. Or, le présent, le passé et le futur sont continuellement entremêlés dans le discours narratif. En se racontant, mère Jeanne de Valois affirme se sentir « monolithique » dans sa quête d'un idéal social pour son peuple, qui, pour être de son temps et ne pas être marginalisé hors du temps, doit établir sa niche en ville. Aussi paradoxal que cela

---

[10] Antonine Maillet, *Les confessions de Jeanne de Valois*, Montréal, édition du Club Québec Loisirs, 1993, p. 64. Désormais, les références à ce roman seront indiquées par le sigle *CJV*, suivi du folio, et placées entre parenthèses dans le texte.

puisse sembler, Moncton entre dans la vie de mère Jeanne en 1924, alors qu'elle prononce ses vœux au sein des Sisters of Charity de Saint-Jean – c'est à l'appel de son pays qu'elle répond, avant celui de Dieu, lorsqu'elle entre au couvent –, mais son séjour dans cette ville loyaliste s'achèvera dès lors :

> J'avais reçu comme première obédience l'enseignement dans une école dite française de Moncton.
> Pour mieux définir ce genre d'établissement, il faudrait lire : une école pour élèves de souche française à qui des instituteurs francophones enseignent, tantôt en français, tantôt en anglais, dans des manuels rédigés en anglais, une matière revue et corrigée par un ministre de l'Éducation entièrement unilingue anglophone (*CJV*, 84).

Trois jours plus tard, est fondée la première congrégation religieuse pour les femmes acadiennes, la congrégation des Religieuses Notre-Dame-du-Sacré-Cœur. Mère Jeanne est alors « balayée avec les ordures lors du *big house cleaning du Mary's Home* » (*CJV*, 93). Toute la tension linguistique, soit l'enjeu de la langue dominante et dominée, apparaît alors. Les sœurs irlandaises conservent les activités en milieu urbain à Saint-Jean et Moncton et ne laissent que des miettes rurales aux sœurs acadiennes, qui viennent de former une nouvelle congrégation de langue française. Qu'à cela ne tienne, l'avenir appartenait aux Acadiennes, n'en déplaise aux Irlandaises. Comme la narratrice-protagoniste l'écrit dans ses *Confessions* : « Nous construisions l'Acadie de demain. [...] L'Acadie était trop petite pour nous, il nous fallait le monde ! » (*CJV*, 93-94) Pour atteindre le monde, il fallait passer par la ville, la ville qui deviendra le premier moteur de croissance d'une communauté qui voulait devenir plus grande qu'elle-même. La narratrice-protagoniste affirme que sa collectivité a été interpellée et qu'elle se devait de répondre à l'appel urbain :

> L'Acadie a compris vers les années 1930 que pour être du voyage, il lui fallait sauter dans le dernier convoi, attraper le dernier wagon d'un train déjà en marche, au risque de se casser le cou. Mais c'était son ultime chance, elle ne pouvait la laisser passer (*CJV*, 109).

L'Acadie était-elle condamnée à stagner hors de l'urbanisation croissante? Les espérances surpassaient alors les inquiétudes dans le projet d'intégration urbaine. L'idée de nouvelles ambitions, d'un autre avenir faisait son chemin et se concrétisait en s'adaptant mieux aux exigences du temps. Il ne fallait pas, en plus de vivre hors de l'espace, vivre hors du temps. Sinon, ce serait la fin. L'engagement l'emportait sur la méfiance. Mais, avec 50 ans de recul, mère Jeanne de Valois le reconnaît:

> Rien ne garantissait la survivance d'une ethnie noyée au milieu d'une anglophonie intolérante et agressive. Chacun de nos gestes par conséquent prenait des proportions qui auraient pu ahurir nos voisins, si nos voisins n'avaient eu de ces œillères qui les empêchaient d'être témoins de nos extravagances. Nous n'existions point pour eux. Raison de plus pour tout nous permettre (*CJV*, 132).

Dans la suite du roman, la place toujours grandissante de Moncton est observée de l'intérieur. La ville est ainsi appréhendée du dedans et, avec la distance temporelle, l'écrivaine autobiographe participe à sa mise en discours. Ce positionnement paraît naturel, allant de soi, vital.

C'est avec cette approche, en tant que sujet revisitant son passé, que mère Jeanne raconte le choix de Moncton dans les années 1940, pendant la Deuxième Guerre mondiale, comme emplacement pour le nouveau collège d'études classiques pour filles, qui ouvrira ses portes en 1948, rue Archibald (*CJV*, 216). Dans le style des *Confessions*, elle écrit: « Demain, de bonne heure. S'il plaît à Dieu. Je vous raconterai le plus long et plus merveilleux voyage de ma vie: celui où j'ai parcouru la distance de Memramcook à Moncton, moins de trente kilomètres, un collège sur le dos » (*CJV*, 193). Cette appropriation de l'espace urbain est au centre de la vision que cette femme autobiographe donne de cet épisode et de son désir de le reconfigurer dans le temps et la mémoire collective. Pourquoi était-ce si important de former les jeunes filles en ville? Mère Jeanne de Valois savait d'instinct ce que Madeleine Pelletier avait écrit en 1914 dans son ouvrage *L'éducation féministe des filles*, à savoir que les jeunes filles doivent profiter de la ville et de sa modernité pour former leur individualité, prendre leur place dans l'espace public et saisir la dualité, voire le rapport de force, homme-femme[11].

Elle tiendra tête à des hommes de Moncton venus tenter de la convaincre d'établir le collège dans la banlieue française de Moncton, à Dieppe (qui s'appelait alors Léger's Corner), « Là où est concentrée la population, là où se trouve l'avenir » (*CJV*, 200), lui avait-on dit. Elle résistera à cette proposition et traversera le pont entre Moncton et Dieppe, le pont qui divise l'urbain et le rural. Jeanne de Valois avait saisi que la ville était le centre des activités sociétales tel que le définissent Jean-Marc Stébé et Hervé Marchal : « Elle [la ville] permettait l'émergence de la "vie sociétaire", i.e. de la vie fondée sur le contrat et le calcul effectué en fonction d'un but à atteindre [...][12] ». Pour la supérieure des Religieuses Notre-Dame-du-Sacré-Cœur, le but à atteindre était évident : L'élite et la relève des femmes acadiennes « arrivent en ville » dans la deuxième moitié des années 1940 :

> Petit à petit, je sortis de mon ébahissement et me mis à peser le nom et la chose, à examiner l'autre côté de la proposition. Seul un pont séparait Dieppe de Moncton, siège social de nos principales institutions. Et ce pont-là...
> Eh bien ! ce pont-là allait bientôt tomber. Le collège, avant même que les arpenteurs eurent achevé de jalonner les marais de Dieppe, déménageait une autre fois (*CJV*, 201).

Mère Jeanne de Valois commet alors un acte de transgression, voire de conflit possible, contre une élite masculine. Cette traversée du pont symbolise plus qu'un nouveau départ pour les femmes acadiennes : « [...] nous voulions créer cette génération de femmes qui mettraient au monde l'Acadie neuve. On ne leur demandait plus seulement des naissances, mais une renaissance » (*CJV*, 228). Cette traversée du pont prend ainsi la forme d'un trajet initiatique

---

[11] Madeleine Pelletier, *L'éducation féministe des filles et autres textes*, 1978, édition de Claude Maignien, Syros, cité dans Catherine Nesci, *Le flâneur et les flâneuses. Les femmes et la ville à l'époque romanesque*, Grenoble, Éditions littéraires et linguistiques de l'Université de Grenoble (ELLUG), 2007, p. 8.

[12] Jean-Marc Stébé et Hervé Marchal, *Sociologie urbaine*, Paris, PUF, 2007, p. 7.

ouvrant la voie à l'intégration des femmes à la vie sociale urbaine, qui, en point d'articulation, génère les changements et un nouvel aménagement collectif. Jusqu'alors, Moncton est porteuse de l'activité acadienne masculine. Cette présence nouvelle, cette présence féminine acadienne à Moncton, accentuait une fois de plus le fait que l'Acadie modifiait et adaptait les repères de son espace mental à l'air du temps : elle adhérait au désir de plus en plus répandu de voir Moncton devenir une matrice culturelle d'où émaneraient de nouvelles manières de penser et d'agir. Comme l'affirme Alain Médam dans Montréal interdite : « Les villes ne se contentent pas d'être des lieux. Elles donnent lieu d'être[13]. » La narratrice-protagoniste n'hésite pas à se faire l'écho à la fois des sceptiques et de la réponse qu'elle leur a donnée au sujet de la construction du nouveau collège à Moncton plutôt qu'à Dieppe.

> [...] Pas seulement à Dieppe, mais à Moncton à présent ! Mais où donc les sœurs ont-elles la tête ? Et la vallée sacrée de Memramcook ? [...] Qu'allons-nous faire à Moncton parmi les Smith et les Jones ?
> [...] Vous allez travailler, mes enfants, étudier les lettres, les arts et les sciences, bâtir votre avenir et celui de tout le pays. Voilà ce que vous allez dire aux Smith et aux Jones. Et vous allez le leur dire en français par-dessus le marché. Dans la ville même qui porte le nom de l'un des bourreaux d'Acadie. Jamais le pays n'aura connu pareille occasion de venger l'histoire (*CJV*, 201-202).

L'érection du collège Notre-Dame d'Acadie au centre-ville de Moncton telle que présentée par Antonine Maillet constitue un savoir-faire renouvelé ; il importait alors aux femmes, voire aux religieuses, d'envisager l'avenir autrement que ceux qui dominaient l'énonciation minoritaire, ce savoir-faire dans la marge. Les religieuses ont pu envisager la possibilité de sortir leur peuple, voire ses jeunes filles, de l'ignorance et de réinvestir l'histoire. Elles avaient compris que l'humanité serait désormais urbaine, comme l'explique Jean-Louis Roy dans son essai *Montréal. Ville nouvelle. Ville plurielle* :

---

[13] Alain Médam, *Montréal interdite*, Montréal, Liber, 2004, p. 17.

> [...] la ville est devenue le lieu essentiel de l'apprentissage, d'expérimentation, de socialisation, d'inclusion. Elle constitue l'espace où se jouent la continuité du destin de chacun, l'alimentation de la mémoire et de l'imaginaire. Le monde urbain est désormais la façon d'habiter le monde, comme l'espace rural fut la référence incontestable dans la longue durée d'une histoire désormais révolue[14].

La narratrice-protagoniste poursuit sa chronique de l'expérience monctonienne en mentionnant toute une suite d'événements : en 1955, Moncton « célébra » en grand le bicentenaire de la Déportation de 1755 ; en 1965, mère Jeanne fait le geste le plus difficile de sa vie : elle ferme le collège Notre-Dame d'Acadie pour permettre l'inscription des jeunes filles à l'Université de Moncton, ouverte deux ans auparavant, juste à côté ; en 1972, une grande école polyvalente ouvre ses portes à Dieppe, mettant fin aux cours du secondaire que son collège offrait, et, enfin, en 1982, elle relate la vente du collège au ministère fédéral des Pêches et Océans.

Mais l'épisode mémorable qui aura marqué Moncton pour longtemps et sur lequel mère Jeanne s'attarde est celui de la fameuse tête de cochon en 1968. Cet épisode relate sans équivoque la ville conflictuelle qu'a été Moncton alors que les Acadiens faisaient leur cette ville et où pendant près d'un siècle ils avaient vécu comme citoyens de deuxième ordre. Elle rappelle comment le maire de l'époque s'était montré intransigeant et fermé envers les francophones de sa ville et particulièrement devant les étudiants de l'Université de Moncton, qui réclamaient plus de respect de la part des autorités municipales. Moncton devenait alors un enjeu politique pour l'Acadie ; elle était devenue une ville dynamique composée de groupes en relation les uns avec les autres : Moncton devenait un lieu de confrontation. La présence toujours grandissante et de plus en plus confiante de la communauté acadienne à Moncton ressemblait de moins en moins à une utopie d'un certain devenir collectif, d'un vivre ensemble avec les différences :

---

[14] Jean-Louis Roy, *Montréal. Ville nouvelle. Ville plurielle*, Montréal, Hurtubise HMH, 2005, p. 28.

Or trois ans plus tard, c'est le maire de Moncton qui osa toucher à l'Acadie. Il s'appelait Jones et nourrissait de grandes ambitions. Il avait même prédit qu'un jour il mettrait sa ville sur la carte du monde. Il ne crut pas ce jour-là si bien dire. Il commença donc par un grand nettoyage qui n'était pas sans rappeler le great house cleaning du Mary's Home de 1924. Et parmi les ordures qui empestaient le Moncton de 1968 : les étudiants de l'Université. Car cette jeunesse avait [...] décidé de brandir le nom et la bannière d'Acadie. Moncton ne pouvait donc éviter le choc. Après une série d'incidents qui opposèrent les deux cultures, les deux ethnies et, surtout, les étudiants et les forces de l'ordre, l'histoire connut son apogée en la nuit de la tête de cochon.

Les Acadiens passent pour hospitaliers, pacifiques, généreux. Cette nuit-là, donc, le maire de Moncton a-t-il cru à la bonne foi et au beau geste de ces trois jeunes qui se présentaient à son domicile pour lui remettre de la part de ses adversaires le cadeau de la réconciliation ? Il les a remerciés et a ouvert le colis. La suite, tout le monde la connaît. La tête de cochon ! Il eût mieux fait de se taire et laisser couler l'affaire. L'hôtel de ville y aurait vu une blague estudiantine et la victime en eût été quitte pour un petit rire municipal. Mais notre Picrochole[15] ne le prit pas à la blague et poussa l'affaire devant les tribunaux. C'est la province qui en eut le hoquet, puis tout le pays qui fit des gorges chaudes du maire-tête-de-cochon.

Il avait juré de mettre sa ville sur la carte : il tint parole (*CJV*, 331).

Jeanne de Valois relate cet épisode entre tous parce qu'il s'était avéré un « instant d'exception » à retenir, pour reprendre les termes de Médam, parce qu'il a mis la « ville hors d'elle » et permis aux Acadiens de la pénétrer mieux. Il se passait ce que Médam appelle une poïétique :

> « Poïétique », ici renvoie à la vie dans la ville, à son atmosphère, à ses décors, à l'inconfort qui s'y ressent, aux prises de parole, aux rencontres, aux échanges, aux fusions et aux effusions, aux stimulations et provocations, aux mouvements de foule, aux manifestations populaires, aux idées qui circulent, aux prises de parole aux rencontres, aux événements, aux

---

[15] Picrochole est le nom d'un personnage de roman, donné par François Rabelais au roi qui attaque le royaume de Grandgousier dans le livre *Gargantua*. Il donne son nom à la guerre qui les oppose : « la guerre picrocholine ». Picrochole est l'exemple type du mauvais roi, que François Rabelais cherche à dénoncer, par opposition avec le bon roi, représenté par Grandgousier, père de Gargantua.

vêtements qui refusent la conformité, aux barbes emblématiques, aux cheveux longs ou courts, aux mœurs mises en question, au désir d'être autre chose. D'être tout simplement[16]...

Cet instant d'exception s'est avéré une expérimentation concluante dans les rapports nouveaux entre les anglophones dominants et les francophones qui ne voulaient plus être dominés; il s'agissait d'une de ces interactions formatrices d'identité. L'opposition était nette et stimulait de part et d'autre l'affirmation identitaire. La vie sociale de la ville, même une ville de petite taille comme Moncton, pouvait engendrer des mises en relation qui, apparemment paradoxales dans les faits, aspiraient à une finalité parallèlement similaire. Dans ce qui est apparu comme un jeu de pouvoir, le maire Jones avait tenté ultimement d'affirmer l'exclusivité de la langue anglaise à l'hôtel de ville parce qu'il avait alors perçu l'affirmation acadienne comme une menace intérieure qu'il fallait écarter; mais il était déjà trop tard. L'historienne Barbara LeBlanc a qualifié ce geste de contestation politique de charivari moderne :

> Pour eux [les étudiants], le charivari est devenu une justice populaire symbolique. Jones était un politicien très impopulaire chez les Acadiens et il avait dépassé les comportements acceptés comme civils et corrects dans son attitude envers les jeunes acadiens [sic] qui se sont présentés devant lui à l'hôtel de ville de Moncton[17].

Dans son article, Barbara LeBlanc cite Carlos Ginzberg sur les formes de charivari. Selon lui, un charivari constitue « pour l'essentiel un rite de dévoilement » et « son but est de bannir ou de réintégrer » un individu à la suite d'une transgression. Il est une « conduite rituelle qui réagit contre l'angoisse ». Ce rite est mené par des jeunes et sert de « mécanisme de l'inversion à double sens[18] ». Quoique d'appropriation difficile pour les Acadiens, Moncton avait déjà commencé

---

[16] Alain Médam, *op. cit.*, p. 20.
[17] Barbara LeBlanc, *op. cit.*, p. 14.
[18] Carlos Ginzburg, « Charivari, associations juvéniles, chasse sauvage », dans Jacques Le Goff et Jean-Claude Schmitt (dir.), *Le charivari*, Paris, École des hautes études en sciences sociales, 1981, cité par Barbara LeBlanc, « Tête à tête et charivari à Moncton : rencontre interculturelle entre les Acadiens et les Anglophones de Moncton », *La Société historique acadienne. Les cahiers*, vol. 27, n° 1, janvier-mars 1996, p. 11.

à grandir en profondeur; un nouvel esprit guiderait dorénavant l'évolution sociale, voire une certaine intériorisation de l'expérience transculturelle, de cette ville de province, qui allait conséquemment, moins de 40 ans plus tard, devenir la métropole de sa province, et cela, grâce aux Acadiens. En dépit de la valeur hautement symbolique de ce geste d'égalité et aussi surprenant que cela puisse paraître, Antonine Maillet est la seule et unique écrivaine acadienne qui ait intégré cet épisode mémorable dans un texte de fiction!

L'auteure ne cherche pas à mettre en valeur une problématique de la ville, mais lie plutôt le destin de son héroïne à celui de Moncton qui s'acadianise. Il s'agit d'une quête continue; la rencontre avec la ville s'avère une expérience de maturité marquée par de nombreuses épreuves, des moments de progression et des moments de confrontation inévitables avec l'Autre, qu'il soit masculin ou anglophone. Entremêlé de commentaires sur l'histoire de Moncton, ce roman d'Antonine Maillet fait de mère Jeanne de Valois, son personnage central, une certaine projection de la ville. Toutes les deux s'apprivoisent et se métamorphosent. Elles sont ouvertes sur le monde et tournées vers l'avenir. La facture autobiographique des dites *Confessions* alimente constamment le mouvement de va-et-vient de l'historique au romanesque. Ce n'est pas une réflexion sur la ville, mais bien une expérience immédiate avec celle-ci, une expérience et une connaissance de la ville en tant que religieuse, voire en tant que femme. Il s'agit d'un échantillon de l'imaginaire collectif de Moncton qui présente la vie monctonienne comme un destin inéluctable pour l'Acadie du Nouveau-Brunswick, alors que d'autres écrivains acadiens insistent davantage sur le destin déstabilisant que Moncton offre à l'Acadie. Avec les représentations livrées ainsi par la fiction, la collectivité acadienne acquiert une définition de sa communauté monctonienne, au passé, au présent et au futur. Ce roman propose un changement de paradigme concernant la renaissance inachevée d'une société acadienne urbaine qui sait trouver en elle-même les moyens de surmonter toute subversion au contact de l'Autre. Moncton possède les composantes durables pour permettre un «vivre ensemble» différent. Il y existe maintenant un nouvel ethos urbain.

La pseudo-autobiographie *Les confessions de Jeanne de Valois* se termine par une réflexion sur l'écriture, le temps et l'existence. Avant de mettre le point final, Jeanne de Valois, qui avait compris le rôle culturel joué par la ville moderne, philosophe sur l'avenir de son peuple, pour qui elle s'est dévouée :

> [...] ce que ces *Confessions* ont entrepris de vous dire : nous n'avons pas échoué. Le ciel, l'Église, le pays, l'humanité nous avait convoquées au vingtième siècle. Nous étions au rendez-vous.
> Nous y sommes toujours. Pour combien de temps ? Question futile et dérisoire. La valeur d'une note ne se mesure pas à sa durée, mais à sa place dans la symphonie (*CJV*, 334).

La disparition éventuelle de son peuple minoritaire est évoquée sans angoisse, avec lucidité et sagesse. Elle pratique « la philosophie de la perspective » pour relativiser le temps, « [s]on pire ennemi et [s]on plus sûr allié » (*CJV*, 343). Enfin, le 29 février 1992, elle confie ses *Confessions*, fruits de l'écriture, « au jour qui ressemble le plus à l'éternité ». Jeanne de Valois sait que son texte lui survivra et qu'il assurera la pérennité de la mémoire. Elle est une héroïne emblématique qui a relevé des défis hors du commun pour permettre l'épanouissement de l'âme de son peuple, entre autres en emmenant ses jeunes filles en ville, en contribuant à la naissance de l'Acadie urbaine : « Dois-je conclure que vingt ans, un tout petit vingt ans, ont suffi à faire passer le pays du Moyen Âge aux Temps modernes ? » (*CJV*, 221).

Bibliographie

Calvet, Louis-Jean, *Les voix de la ville. Introduction à la sociolinguistique urbaine*, Paris, Payot, 1994, 308 p.

Clarke, Patrick D., « Régions et régionalismes en Acadie. Culture, espace, appartenance », *Recherches sociographiques*, vol. XLI, n° 2, 2000, p. 299-365.

Harel, Simon, *Le voleur de parcours. Identité et cosmopolitisme dans la littérature québécoise contemporaine*, Longueuil, Préambule Éditions, coll. « L'Univers des discours », 1989, 309 p.

LeBlanc, Barbara, 1996, « Tête à tête et charivari à Moncton : rencontre interculturelle entre les Acadiens et les Anglophones de Moncton », *La Société historique acadienne. Les cahiers*, vol. 27, n° 1, janvier-mars 1996, p. 4-18.

Lord, Marie-Linda, « Identité et urbanité dans la littérature acadienne », dans Madeleine Frédéric et Serge Jaumain (dir.), *Regards croisés sur l'histoire et la littérature acadiennes*, Bruxelles, P.I.E.-Peter Lang Bruxelles, 2006, p. 67-85, 193 p.

Maillet, Antonine, *Les confessions de Jeanne de Valois*, Montréal, Club Québec Loisirs, 1993, 344 p.

Médam, Alain, *Montréal interdite*, Montréal, Liber, 2004, 256 p.

Nesci, Catherine, *Le flâneur et les flâneuses. Les femmes et la ville à l'époque romanesque*, Grenoble, Éditions littéraires et linguistiques de l'Université de Grenoble (ELLUG), 2007, 430 p.

Roy, Jean-Louis, *Montréal. Ville nouvelle. Ville plurielle*, Montréal, Hurtubise HMH, 2005, 232 p.

Stébé, Jean-Marc et Hervé Marchal, *Sociologie urbaine*, Paris, PUF, 2007, 127 p.

LE TOURNANT SPATIO-RÉFÉRENTIEL DANS L'ŒUVRE ROMANESQUE DE FRANCE DAIGLE

Benoit Doyon-Gosselin
Université Laval

L'œuvre publié de l'Acadienne France Daigle compte 12 romans, qui forment au moins 2 périodes distinctes. Dans un premier temps, les six premiers romans, de *Sans jamais parler du vent* jusqu'à *La beauté de l'affaire*, éliminent généralement tous les lieux référentiels explicites. L'auteure ne tente surtout pas d'ancrer ses récits en Acadie. *Variations en B et K* constitue par contre une exception, car on y lie consciemment un moment de l'histoire acadienne moderne à l'histoire des Bédouins. Dans ces six romans, les personnages, qui n'ont généralement pas de nom ou même d'identité génétique, dialoguent peu ou pas du tout et semblent affectés par un immobilisme chronique. Dans un deuxième temps, *Pas pire*, *Un fin passage*, *Petites difficultés d'existence* et *Pour sûr* forment une quadrilogie particulière. Ces quatre romans traitent, d'une façon ou d'une autre, de la ville de Moncton et des personnages qui l'habitent[1]. Conséquemment, l'apparition du chiac dans les dialogues entre des personnages qui possèdent maintenant un nom constitue une nouveauté chez France Daigle. Comment cette

---

[1] Voir à ce sujet Benoit Doyon-Gosselin et Jean Morency, « Le monde de Moncton, Moncton ville du monde. L'inscription de la ville dans les romans récents de France Daigle », *Voix et images*, vol. XXIX, n° 3 (87), printemps 2004, p. 69-83.

transition s'est-elle effectuée ? Comment la romancière est-elle passée d'espaces et de personnages anonymes à des espaces référentiels explicites et à de véritables dialogues entre les personnages ? Pour répondre à ces questions, il faudrait considérer que les romans *La vraie vie*[2] et *1953, chronique d'une naissance annoncée*[3] servent de transition annonçant le cycle monctonien. Sur plusieurs plans, en effet, ces deux romans s'appuient sur les œuvres précédentes tout en marquant une certaine rupture. Cet article s'intéressera à montrer la manière dont s'est effectué le tournant spatio-référentiel dans la fiction daiglienne. Pour y arriver, nous proposerons d'abord une réflexion se concentrant sur la forme des deux romans pour ensuite nous intéresser aux liens qui en unissent les personnages et les espaces fictionnels.

La vraie vie : deux nouveautés

Autant sur la page de couverture que sur la page-titre, *La vraie vie* propose un sous-titre qui marque *a priori* une nouvelle orientation chez l'auteure. La mention *roman* s'éloigne en effet des longs sous-titres parfois ambigus auxquels elle nous avait habitués. Par contre, le lecteur ferait erreur de croire qu'il s'agit d'un roman de facture traditionnelle. Par exemple, la table des matières que l'on trouve à la fin de l'œuvre confirme le caractère à la fois très formel et subversif du roman. L'œuvre est divisée en cinq grands chapitres, nommés « L'aléatoire ordonnée », « Le plus facile », « Sans trop y croire et pourtant sur le qui-vive de croire », « La vraie histoire » et « Une si courte éternité ». De plus, chacune de ces parties est elle-même divisée en 2 parties comportant 10 entrées chacune. Ces entrées possèdent également un titre et la dernière entrée de chaque partie s'intitule toujours « Effraction ». Bref, on compte en tout 100 entrées différentes.

---

[2] France Daigle, *La vraie vie*, Montréal / Moncton, L'Hexagone / Éditions d'Acadie, 1993. Désormais, les références à cet ouvrage seront indiquées par le sigle *VV*, suivi du folio, et placées entre parenthèses dans le texte.

[3] France Daigle, *1953, chronique d'une naissance annoncée*, Moncton, Éditions d'Acadie, 1995. Désormais, les références à cet ouvrage seront indiquées par le sigle *C*, suivi du folio, et placées entre parenthèses dans le texte.

René Plantier, dans un des rares articles traitant de ce roman[4], montre de façon magistrale les liens qui unissent les parties du roman entre elles. Il affirme entre autres qu'il s'agit d'un « [...] jeu général du lié et du libre, de la métonymie et de l'oxymore, de la référence et de l'analogie[5] ». Il ajoute à juste titre que « [l']excès des poteaux indicateurs, l'excès des rapports numériques, dans la centaine de textes, conduisent paradoxalement à une distance, à une originalité des possibles, à une remise en question permanente des rapports entre titres et textes[6] ». En cela, *La vraie vie*, par ses analogies et ses métaphores, se rapproche des romans précédents. Pourtant, on trouve deux nouveautés dans cette œuvre. D'une part, les personnages possèdent enfin des noms. D'autre part, on introduit des référents spatiaux connus. Nous nous consacrerons maintenant à l'analyse de ces deux éléments – personnages et espace – pour comprendre l'interaction entre les deux.

Des personnages… et leurs déplacements

Si nous n'avons pas encore fourni un résumé de l'histoire racontée dans *La vraie vie*, c'est en partie parce que le fil narratif s'appuie sur la présence de nombreux personnages qui entretiennent des liens ténus les uns avec les autres. Comme le suggère la quatrième de couverture, le roman se résume difficilement :

> Avec ses six personnages entre le vrai et le faux, ce roman intrigant, profond, autant que drôle, échafaudé d'une manière baroque et subtile à la fois, nous entraîne comme dans une barque qui glisse à la frontière du réel et de l'imaginaire, unissant la beauté de l'image à sa propre force symbolique.

Par contre, contrairement à cette curieuse histoire éclatée, les personnages dans ce roman possèdent un nom ou plus précisément un prénom. On y trouve Élizabeth, Denis, Denise, Claude, Rodriguez et Alida. À ces six personnages qui se partagent le

---

[4] René Plantier, « L'aléatoire dans l'excès des signes de la rigueur : *La vraie vie* de France Daigle », dans Raoul Boudreau, Anne Marie Robichaud, Zénon Chiasson et Pierre M. Gérin (dir.), *Mélanges Marguerite Maillet*, Moncton, Éditions d'Acadie, 1996, p. 313-324.
[5] *Ibid.*, p. 315.
[6] *Ibid.*

premier rôle, il faut ajouter la femme de Berlin, le directeur de l'hôpital et le coiffeur. René Plantier a bien expliqué que, malgré la présence de ces prénoms, « [i]l n'y a toujours pas de noms propres, citadelles où se cacheraient des héros, et l'on dit dans le dictionnaire que les prénoms servent à distinguer les membres d'une même famille. Familiarité, intimité, le prénom fait signe au lecteur… et, en même temps, il le rend perplexe[7] ». Perplexe, le lecteur l'est car la description des personnages fournit seulement un minimum d'information. En plus de savoir leur prénom, on connaît uniquement leur métier. Élizabeth est médecin, Denis réalise des films, Denise est chauffeuse de taxi, Claude est masseur, Rodriguez est un homme d'affaires et Alida, atteinte d'une maladie, est la femme convoitée par Rodriguez. Ce sont là les seuls éléments qui permettent de créer une image fixe des personnages. On ne connaît ni leur apparence physique ni leur âge. La raison de cette ambiguïté voulue s'avère assez simple bien que l'explication demande un assez long développement.

Le personnage de Denis réalisait auparavant des vidéos pour les chiens et on apprend qu'il « […] n'a jamais réalisé de film ou de vidéo pour humains. L'idée ne lui a jamais traversé l'esprit » (*VV*, 45). Cependant, au moment même où il se rend compte qu'il désire faire un film pour les hommes, « […] il est absolument sûr de ce qu'il aurait à montrer. Il emploie à dessein le mot montrer, au lieu du mot dire, parce qu'il lui est maintenant évident que son film ne passera qu'accidentellement par les mots » (*VV*, 45-46). Ainsi, *La vraie vie* est construit comme un scénario de film comprenant 100 scènes ou séquences différentes. Voilà pourquoi on ne décrit pas les personnages : on veut montrer au lieu de dire. Cependant, le roman n'est pas un pur scénario de film. Il s'agit d'un amalgame de la vie réelle (dans la fiction) et de la vie fictionnelle (dans le film). La preuve de ce jeu constant entre la vie et la fiction se trouve à la fin du roman, dans la dernière entrée. En effet, à l'entrée numéro 10, la première « Effraction », une barque

---

[7] *Ibid.*, p. 318. René Plantier rend également compte de l'importance des personnages de façon qualitative et détermine qu'Élizabeth doit être considérée comme un personnage central en ce sens qu'elle entretient des relations de près ou de loin avec les autres personnages.

glisse sur une rivière. Il n'y a personne à l'intérieur. La présence de cette barque, dans cette scène disparate, ne peut s'expliquer par les entrées précédentes ou suivantes. Par contre, à l'entrée numéro 100, la dernière «Effraction», on apprend que

> [l]'ami qui a aidé Denis à faire avancer la barque sur la rivière bordée de saules éprouve un mélange de fierté et de timidité en lisant son nom au générique du film. Il est fier de ses connaissances des mécanismes et des structures. Mais jamais il n'a imaginé qu'elles serviraient un jour *à une construction aussi fragile de sens.* Contrairement aux autres spectateurs, il ne se lève pas à la fin de la projection. Il laisse bouger autour de lui, comme paralysé, soudainement, *par le chevauchement du jeu et de la vie* (*VV*, 70-71 ; nous soulignons).

Le roman/scénario de film est donc construit sur des effractions du jeu (scénique) dans la vie réelle et de la vie dans le jeu. Par exemple, l'histoire de Rodriguez et d'Alida, personnages séparés l'un de l'autre qui se retrouveront à la fin du roman, joue sur la mince ligne entre la réalité et la fiction filmique. En effet, alors que l'on croit qu'il s'agit de deux personnages issus de la fiction romanesque, les deux dernières entrées les concernant invalident en partie ce que nous avons lu : «Denis visionne de nouveau la scène de Rodriguez retrouvant Alida dans la chambre d'hôtel de Rome. L'éclairage est particulièrement réussi. On se croirait vraiment au cœur de la nuit. Rodriguez joue très naturellement» (*VV*, 68). On finit par croire que *La vraie vie. Roman* se conçoit plutôt comme *La vraie vie. Scénario*. Il s'agit en fait d'une œuvre hétérogène qui allie les personnages du roman et les personnages fictionnels d'un film dont il est question dans le roman. Ainsi, chaque personnage peut appartenir aux deux mondes. De toute façon, la vraie vie n'est-elle pas justement un heureux mélange de moments parfois réels, parfois hautement fictionnels, qui, à l'instar de la barque avançant sur la rivière, demeure «une construction aussi fragile de sens»?

En raison de son découpage formel, le roman ressemble plus à un scénario de film qu'à un roman traditionnel. Le film proposé par Denis évoque des films assez récents dans lesquels de nombreux personnages n'ayant *a priori* aucun lien familial ou social finissent par se rencontrer[8]. Les routes se croisent, les destins convergent l'instant d'un moment. En fait, *La vraie vie* présente la technique narrative que France Daigle privilégiera dans ses quatre derniers romans. Ses personnages seront nombreux et finiront par créer des liens durables. Dans *La vraie vie*, on comprend que ces liens passent avant tout par la relation spatiale qu'entretiennent les personnages. C'est d'ailleurs l'objectif central qui guide Denis dans la réalisation de son film : « Bref, il veut montrer non pas l'évolution des personnes, mais simplement leurs déplacements. Il croit que le sens surgira spontanément de ces déplacements » (*VV*, 46). Ainsi, on doit moins s'intéresser aux personnages de l'œuvre qu'aux déplacements effectués par ceux-ci. En ce sens, France Daigle propose, comme dans ses premiers romans, une quête inextricablement liée à l'espace. Par contre, une nouveauté majeure, qui marque une transition, concerne justement l'espace. En effet, alors que la quête de sens des personnages passe par des déplacements dans l'espace, il faut spécifier que, à l'opposé des œuvres précédentes de l'auteure, les lieux référentiels sont ici connus. La fiction prend son appui dans une certaine réalité spatiale, et ce, même si « [c]es références aux lieux géographiques n'entraînent pas des descriptions qui ancreraient vraiment les personnages dans un quartier ou une maison particulière[9] ». Tout comme la description physique des personnages, celle des lieux n'est pas essentielle, car au cinéma, contrairement au roman, le spectateur voit les descriptions qu'il devrait normalement lire. Malgré tout, pour les besoins de l'analyse, il est utile de noter les lieux dans lesquels évoluent les personnages. Nous procéderons essentiellement en associant un personnage à un ou des lieux pour établir la relation entre les deux éléments du récit.

Premièrement, Élizabeth pratique la médecine à Moncton. Comme on l'apprend assez rapidement, elle adore ce nouveau défi dans une nouvelle ville : « Elle avait déménagé plusieurs fois depuis le début de sa carrière et contrairement à d'autres, elle avait plutôt aimé ces déplacements successifs » (*VV*, 23). On sait qu'Élizabeth

---

[8] Pensons à *Crash*, du réalisateur Paul Haggis, lauréat de l'Oscar du meilleur film en 2006.
[9] René Plantier, *op. cit.*, p. 319.

se cherche une vie ou plutôt cherche un sens à sa vie[10]. Elle croit alors que le sens surgira de ses déplacements. Par exemple, comme elle est originaire de Montréal, elle y passe souvent quelques jours depuis qu'elle habite Moncton. C'est surtout sur la route, dans le déplacement, qu'elle prend le temps de réfléchir :

> Au volant de sa voiture, Élizabeth traverse un terrain vague et plat quelque part entre Edmundston et Fredericton au Nouveau-Brunswick. Elle reconnaît ce lieu, signe qu'elle commence à connaître le trajet par cœur. [...] Ses pensées lui semblent s'enchevêtrer et tourner en rond. Pour le moment, elle n'exige pas de comprendre. Elle est confortable au milieu de cet enchevêtrement, comme au creux d'un nid (*VV*, 19).

Cet extrait s'avère capital pour mieux saisir la façon dont se déploie la quête du sens spatial. La figure spatiale du terrain vague se trouve liée ici à un lieu mal défini situé entre deux villes assez importantes du Nouveau-Brunswick. Élizabeth, bien que québécoise d'origine, s'approprie ce lieu, le rend sien. Elle s'y sent bien même si elle ne comprend pas tout ce qui lui arrive. Dans ses déplacements, Élizabeth tente peut-être d'amenuiser «la distance qui s'est établie entre elle et le monde» (*VV*, 25). Pour paraphraser le titre d'un essai de François Paré, elle cherche peut-être à habiter la distance. On peut aisément le concevoir lorsqu'on lit qu'«Élizabeth se sent bien dans les rues de Moncton, particulièrement celles qu'elle parcourt à pied en se rendant à l'hôpital» (*VV*, 26). En fait, cette sensation de bien-être dans l'espace devient essentielle pour ce médecin qui traite des patients atteints du cancer. En raison de la nature de sa profession, Élizabeth doit établir une certaine distance entre elle et ses patients : «[...] il lui importait de créer une distance, une espèce de zone libre entre elle et les personnes qui requéraient des soins» (*VV*, 53). La raison en est bien simple : «[...] l'espace vide qu'elle concevait, obligeait les clients à se tenir seuls, face à eux-mêmes et non face à elle» (*VV*, 53). Par analogie, il faut rapprocher cet espace vide créé par Élizabeth du terrain vague entre Edmundston et Fredericton. Si

---

[10] Le titre de la première entrée du roman va comme suit : «Élizabeth voudrait avoir une vie».

le premier espace vide permet aux personnes atteintes de cancer de mieux lutter, le deuxième permet à Élizabeth de trouver un sens à sa vie. D'ailleurs, son travail contre le cancer lui suggère un parallèle important entre la maladie et le destin du peuple acadien – parallèle qui repose en partie sur le déplacement dans l'espace :

> Élizabeth avait trouvé significatif que les Acadiens résistent à cette nécessaire prise de conscience d'eux-mêmes. Elle n'oubliait pas non plus le fait que le peuple acadien avait été dispersé. Le mot métastase, du terme grec metastasis, signifiait justement changement de place. Elle se disait que cette dispersion devait bien avoir une pertinence du point de vue médical. [...] Elle se demandait, en écoutant le directeur médical, s'il n'y aurait pas moyen de transformer cette obstination collective à ne pas mourir en un contrepoison efficace à un niveau personnel (*VV*, 54).

En partant d'une réflexion sur le cancer et plus particulièrement sur les métastases, Élizabeth crée un faisceau de sens qui unit le peuple acadien dispersé dans l'espace géographique et la dispersion du cancer dans l'espace corporel. Elle croit que la survie des Acadiens, au plan symbolique, pourrait fournir des pistes à suivre sur la façon de combattre le cancer. Au-delà de l'ironie et de la pensée magique que comporte ce discours, il importe de noter que le point d'origine de la réflexion est le déplacement. Bref, il est clair que, à travers ses déplacements dans l'espace, Élizabeth tente de comprendre la vie.

On pourrait affirmer la même chose de Denise et de Rodriguez. Au départ, la relation entre la chauffeuse de taxi de Montréal et l'homme d'affaires s'avère professionnelle et banale. Pourtant, à force de se déplacer dans l'espace urbain montréalais, les deux protagonistes en apprennent plus l'un sur l'autre. Certains commentaires de Denise ainsi que les réactions de Rodriguez montrent que l'affirmation de l'identité des personnages passe par la réflexion sur l'espace :

> [Denise] n'est pas Québécoise mais Acadienne. Il se laisse plus ou moins entraîner dans cette géographie des origines. Rodriguez s'y retrouve plus facilement d'est en ouest, mais pas dans la configuration du territoire comme tel, n'ayant jamais eu à se pencher sur les crevasses maritimes du Canada (*VV*, 31-32).

Cette remarque s'avère intéressante parce que l'on comprend d'une part que Denise a essentiellement parcouru le chemin inverse de celui d'Élizabeth, mais que son identité acadienne demeure importante malgré le déplacement dans l'espace. De son côté, Rodriguez comprend difficilement ces références, car non seulement il ne s'intéresse pas vraiment à la configuration spatiale canadienne, mais il faut en plus supposer que le questionnement identitaire propre aux sociétés liminaires ne se pose pas pour un citoyen faisant partie d'une culture hégémonique[11].

Toujours au sujet de la chauffeuse de taxi, une autre information permet de mieux saisir son choix de déplacement dans l'espace. Denise « [...] ajoute que même si elle est Acadienne, jamais elle ne retournera en Acadie » (VV, 33). Sa quête de sens l'a poussée vers Montréal et elle est heureuse dans cette ville. Elle restera toujours une Acadienne, mais elle a adopté Montréal comme espace vital. Ce constat au sujet de l'espace habité fonctionne également à l'envers. Par exemple, un personnage secondaire comme le coiffeur entretient une relation avec l'espace presque à l'opposé de celle de Denise : « Un coiffeur a ouvert un salon de beauté en face de l'hôpital [Georges-L.-Dumont] après avoir tenté pendant de nombreuses années de vivre ailleurs qu'en Acadie » (VV, 33). Il faut supposer dans ce cas que le coiffeur a beaucoup voyagé et essayé de s'établir en un autre lieu, mais que l'appel de l'Acadie était trop fort.

Pour se limiter à un dernier personnage du roman, il faut traiter de Claude, un masseur habitant à Montréal. Comme les autres protagonistes, ses choix de vie sont avant tout tributaires de sa relation à l'espace. Dès son jeune âge, il a voyagé avec son père aux États-Unis alors que ce dernier prononçait des conférences sur la psychanalyse. On apprend ensuite qu'après avoir interrompu des études dans le même domaine que son père,

> [i]l se rendit en Asie, où il vécut en fin de compte plusieurs années. Il s'intéressa à diverses techniques de massage et se spécialisa au point d'être invité à partager ses connaissances en Amérique et en Europe. C'est

---

[11] Bien que l'on ne sache pas d'où vient Rodriguez, son prénom suggère qu'il est originaire de l'Espagne, de l'Amérique latine ou d'un pays ayant l'espagnol comme langue nationale.

comme ça qu'il se retrouva à Montréal, où il finit par établir sa pratique, pour ainsi dire (*VV*, 18).

Étonnamment, on ne sait pas d'où vient Claude. Est-il canadien ou européen? On ne mentionne jamais dans l'œuvre son point d'origine, mais on connaît son point d'arrivée et le cheminement suivi. Ayant voyagé partout, ayant trouvé un certain sens dans le déplacement, Claude est habité par une sorte de «[d]iscrétion dans le geste, comme s'il existait un code de l'espace et du mouvement» (*VV*, 17). Il semble qu'il utilise avec parcimonie ce code, que ses expériences de mouvement dans l'espace lui permettent de mieux travailler (sur) le corps humain. Dans le cas de ce personnage, un lien entre la géographie spatiale et la géographie corporelle est clairement établi.

Pour conclure cette étude de la représentation de l'espace et de sa relation avec des personnages dans *La vraie vie*, il faut réitérer le fait que les personnages et les espaces y demeurent à peine esquissés. Ce constat s'avère tout à fait normal si l'on considère que le roman est construit comme le scénario d'un film qui veut montrer au lieu de dire. Les relations fortuites entre les divers personnages ne servent pas à montrer l'évolution de ces derniers, mais plutôt à rendre compte de leurs déplacements. Ainsi, bien qu'il soit question de Montréal, de Rome, de Berlin, de l'Acadie, de Moncton, d'Edmundston et de Fredericton, ces figures spatiales ne sont pas importantes pour elles-mêmes (du moins pas dans ce roman spécifiquement). De même, la configuration spatiale presque aléatoire n'évoque rien d'essentiel pour mieux expliquer le roman. Dans *La vraie vie*, l'interprétation que fait chaque personnage de sa vie passe par ses propres déplacements dans l'espace. Ainsi, l'interprétation du roman par le lecteur se produit également lors de la refiguration des différents déplacements spatiaux. Au terme de cette réflexion, il faut affirmer que, contrairement aux personnages des œuvres précédentes de France Daigle, ceux de *La vraie vie* ne souffrent plus d'immobilisme et que les déplacements dans des lieux référentiels connus, même décrits sommairement, leur permettent de donner un sens à leur vie. Il convient maintenant de se demander comment la transition spatio-référentielle se poursuit dans le roman suivant de l'auteure.

1953, chronique d'une naissance annoncée ou la lecture du monde à partir de Moncton

1953, chronique d'une naissance annoncée est un des romans les plus fascinants de France Daigle et l'un des plus commentés dans la perspective de ses appartenances à la littérature postmoderne. Par exemple, Danielle Dumontet[12] traite surtout du parcours autofictionnel de l'auteure, alors que Monika Boehringer[13] s'attarde à l'intertextualité omniprésente dans son roman. Enfin, Raoul Boudreau, en plus de s'intéresser à l'humour[14], suggère que *1953...* met en scène l'inhospitalité du monde[15]. Il affirme qu'on trouve dans l'œuvre «[...] les rapports entre l'Acadie et le monde, l'étrangeté du monde pour des personnages qui éprouvent fortement le sentiment de marginalité, de retrait, la distance qui les sépare du monde extérieur[16]». Si ces rapports sont exacts, il faudrait peut-être considérer *1953, chronique d'une naissance annoncée* comme un roman qui propose un monde fictionnel liminaire où les personnages vivent dans un univers décalé par rapport aux événements mondiaux. Pour rendre compte du tournant spatio-référentiel dans ce huitième roman de France Daigle, nous allons tout d'abord traiter succinctement de l'appartenance générique ambiguë de l'œuvre. Par la suite, nous nous limiterons à quelques remarques sur les figures spatiales et sur la configuration spatiale de l'œuvre. Notre hypothèse est que la transition spatiale s'avère complète à la fin du roman. Mais avant tout, un résumé de l'intrigue s'impose.

1953... raconte les événements qui se sont déroulés avant et après la naissance du personnage appelé Bébé M. à Moncton en 1953. Le roman ne se limite pas aux événements locaux, mais ratisse large en se référant aux articles parus dans le journal acadien

---

[12] Danielle Dumontet, «Le parcours autofictionnel de France Daigle entre opposition et résistance», *Zeitschrift für Kanada-Studien*, 24. Jahrgang, Nr. 1, Band 44 (2004), p. 86-100.

[13] Monika Boehringer, «Une fiction autobiographie à plusieurs voix: *1953* de France Daigle», *Revue de l'Université de Moncton*, vol. 34, nos 1-2, 2003, p. 107-128.

[14] Raoul Boudreau, «L'humour en mode mineur dans les romans de France Daigle», revue *Itinéraires et contacts de cultures*, vol. 36, 2006, p. 125-142.

[15] Raoul Boudreau, «Le dire de l'inhospitalité comme poétique du roman», dans Lise Gauvin, Pierre L'Hérault et Alain Montandon (dir.), *Le dire de l'hospitalité*, Clermont-Ferrand, Presses universitaires Blaise-Pascal, 2004, p. 157-166.

[16] *Ibid.*, p. 158.

L'Évangéline, où travaille le père de Bébé M. en tant que rédacteur. Bébé M. doit être ramené à l'hôpital car il souffre de la maladie cœliaque. C'est à travers la lecture des articles du journal par la mère de Bébé M. et par la garde Vautour (qui s'occupe principalement du bébé) que les événements seront réinterprétés à l'aide d'un filtre acadien. En plus de cette trame narrative, des personnages présents dans le roman précédent, entre autres la médecin Élizabeth et le masseur Claude, font également partie de l'intrigue. Ajoutons enfin que l'écrivaine France Daigle est née en novembre 1953 et que son père a réellement travaillé au journal *L'Évangéline*. Raoul Boudreau confirme que la maladie cœliaque est elle aussi essentiellement autobiographique[17].

D'une interdiscursivité particulière

Dans *1953, chronique d'une naissance annoncée*, l'auteure fraie (encore), dès le titre, avec un genre littéraire particulier, soit la chronique. Les définitions proposées par *Le dictionnaire du littéraire* montrent à quel point une chronique peut se comprendre de plusieurs façons. Dans un premier temps, il est question des « œuvres chronologiques privilégiant l'ordre chronologique des faits dont on conserve la mémoire[18] ». N'est-ce pas le cas de *1953...* où l'on rapporte justement les faits glanés dans le quotidien *L'Évangéline* au cours de l'année 1953? On indique également dans un deuxième temps que la chronique est un « cycle de romans retraçant l'histoire d'une famille[19] ». Bien que *1953...* ne fasse pas partie d'un cycle, il raconte en effet l'histoire d'une famille, plus précisément l'histoire fictive de la naissance de Bébé M. (un avatar de France Daigle, aussi fictif soit-il) et des infirmières qui l'ont soignée. Enfin, dans une définition plus moderne, on parle d'un « article de journal relatant les nouvelles du moment dans un domaine particulier, accompagnées le plus souvent d'un commentaire[20] ».

---

[17] *Ibid.*
[18] Paul Aron, Denis Saint-Jacques et Alain Viala (dir.), *Le dictionnaire du littéraire*, Paris, PUF, 2002, p. 90.
[19] *Ibid.*
[20] *Ibid.*

Dans *1953…*, au lieu de domaines particuliers, il faudrait plutôt utiliser l'expression *discours particuliers*. En effet, si le genre pratiqué se rapproche de la chronique, c'est bien plus l'interdiscursivité singulière du roman qui importe que son intergénéricité ou même son intertextualité. Certes, nous sommes d'accord pour dire, avec Monika Boehringer, qu'en raison des «[…] frontières génériques où se situe *1953* : ni fiction, ni autobiographie, ni récit historique – bien que tout ceci à la fois – l'ouvrage de Daigle défie toute classification univoque, comme le font ses ouvrages précédents[21]». Force est de constater qu'il y a tout de même un intertexte de base dans le roman d'où découlent les autres intertextes, c'est-à-dire le journal acadien *L'Évangéline*. À partir des articles de ce journal, le narrateur fait appel à un bon nombre de discours qui semblent à première vue s'éloigner les uns des autres, mais qui, comme le souligne Raoul Boudreau, donnent

> […] accès à une masse considérable d'événements et de relations qui vont de l'international au paroissial, du géopolitique à l'anecdotique, de l'intime au scientifique et [le roman] s'ingénie à tisser entre ces événements pour le moins disparates des réseaux de relations qui illustrent une poétique narrative fondée sur l'analogie […][22].

En effet, l'analogie qui sous-tend la structure narrative intègre différents discours pour justifier l'écriture même du roman ou, pour l'expliquer autrement, pour justifier la présence de l'écrivain liminaire dans l'espace socioculturel. Contrairement au romancier ou à l'homme qui arrive à la fin de sa vie et duquel on dit qu'il a marqué son époque ou son temps, la naissance physique de Bébé M. (lire France Daigle) dans la fiction est synonyme de prendre sa place dans l'espace. L'espace était vide et libre avant la naissance et l'écrivain en devenir comble le vide spatial. Cependant, si le narrateur s'approprie une certaine forme d'écriture à travers ses réflexions interdiscursives, on peut se demander comment les personnages s'approprient le monde ou plutôt comment les espaces locaux et internationaux sont investis.

---

[21] Monika Boehringer, *op. cit.*, p. 108.
[22] Raoul Boudreau, «Le dire de l'inhospitalité…», *op. cit.*, p. 158.

D'une appropriation particulière du monde

En choisissant de situer l'histoire centrale de son roman à Moncton, l'auteure tente, par le biais de son narrateur, de s'approprier son lieu d'origine en l'écrivant et en le décrivant. Un parallèle avec Antonine Maillet s'impose. Cette dernière a procédé sensiblement de la même façon en mettant en scène des espaces locaux situés entre autres près de Bouctouche. Cependant, dans le cas du roman de France Daigle, ne pourrait-on pas concevoir que Bébé M. veut justement naître au monde en le comprenant globalement pour enfin y accéder localement? Ne pourrait-on pas parler d'une naissance télescopique inversée en ce sens que le narrateur part des événements les plus importants et des lieux les plus connus pour arriver à la naissance d'un bébé à Moncton en 1953? Enfin, pourrait-on affirmer de manière plus précise que la naissance annoncée fonctionne sur le mode du télescopage, c'est-à-dire que les discours et les lieux s'interpénètrent pour constituer l'entité Bébé M., qui pourra un jour écrire des romans[23]?

Sans contredit, *1953...* est le roman de France Daigle qui fait appel au plus grand nombre de figures spatiales référentielles. Par exemple, on trouve dans une même page les lieux géographiques suivants : Italie, Allemagne, Chine, Amérique du Sud et Chili (*C*, 77). Ailleurs, il sera question de Moncton, Shédiac, Bouctouche, Richibouctou, Bathurst, Edmundston, Saint-Léonard et Saint-Quentin (*C*, 92). Ces deux exemples montrent que le roman intègre différents espaces locaux et internationaux. Cependant, ces figures spatiales – surtout des pays, des villes du monde ou encore des villes et villages du Nouveau-Brunswick – servent à montrer que « l'univers du contexte [est] tout aussi important que le contexte de l'univers » (*C*, 48). En d'autres mots, les figures spatiales de *1953, chronique d'une naissance annoncée* possèdent une valeur contextuelle. En amalgamant tous ces espaces parfois très connus (sans même les avoir visités), on peut alors mieux expliquer le travail du narrateur. En effet, le narrateur ne tente pas de

---

[23] Une remarque du narrateur à ce sujet s'avère tout à fait pertinente : « [Garde Vautour] aurait pu trouver Bébé M. effrontée de s'accaparer ainsi du monde médical à des fins littéraires. Fallait-il se donner autant de mal pour naître à la littérature? » (*C*, 18)

comprendre la naissance de Bébé M. de l'intérieur, c'est-à-dire à partir d'un lieu unique (Moncton) qui serait privilégié au détriment des autres. Il n'essaie pas non plus de comprendre la naissance de l'extérieur, à partir d'une multitude d'espaces composites évoqués dans le quotidien *L'Évangéline*. Le narrateur propose plutôt un travail de compréhension dialectique qui repose sur les liens entre les événements extérieurs à l'Acadie et les événements propres à l'Acadie de 1953. Ainsi, lorsque le lecteur apprend que Bébé M. sera finalement guérie de sa maladie, il comprend mieux pourquoi « [i]l lui faudrait s'habituer à vivre en se contentant, comme tout le monde, de contempler de loin ses origines » (*C*, 141).

À l'instar de Bébé M., d'autres personnages semblent avoir trouvé un sens à leur vie en découvrant un nouvel espace. Par exemple, la sérénité d'Élizabeth passe par une certaine marginalité du lieu : « Ainsi la route qu'Élizabeth reprendra encore une fois vers Moncton, et vers la mer. Vers une sorte de bout du monde où elle se sent pourtant renaître » (*C*, 136). Le parallèle entre la naissance de Bébé M. à Moncton en 1953 et la renaissance d'Élizabeth dans ce même Moncton bien des années plus tard n'est pas fortuit. Les deux personnages empruntent une route similaire dans cette configuration spatiale atypique. Bébé M. et Élizabeth, toutes deux des doubles de la romancière, participent à une même existence :

> Enchevêtrement d'êtreté, à l'image de cet enchevêtrement acadien, qui roule en liberté et que l'on ne peut admirer en le regardant passer. Comme un vagabond suit sa route. Vers sa prochaine destination. Qui sera peut-être une déviation. Mais une déviation sans importance au fond, puisqu'il porte sur lui ses racines (*C*, 136).

De son côté, une amie d'Élizabeth, Brigitte, a également compris le monde, dès l'âge de cinq ans, en 1953, à partir de ses repères spatiaux. Au cours de cette dernière année avant le début du long cheminement scolaire, « son père, un géographe, l'entretenait longuement sur les contours de la terre, poussant souvent jusqu'aux contours de la vie » (*C*, 70). Du sens de l'espace – disons du sens de l'orientation –, on passe tout naturellement au sens de la vie.

Au détour des discussions avec son père « s'ajoutèrent peu à peu les découvertes scientifiques, de sorte que la leçon de géographie du globe prit bientôt toutes les dimensions des aspirations humaines » (*C, 70*). On comprend alors que, pour Brigitte, pour Élizabeth et pour Bébé M., la naissance, la renaissance et la recherche du sens passent d'abord et avant tout par l'espace.

Bref, force est de constater que les personnages qui gravitent autour de Moncton, ceux-là mêmes qui s'occupent de Bébé M., ne cherchent pas véritablement à inscrire le lieu dans l'histoire, mais plutôt à inscrire l'Histoire dans le lieu. La mère de Bébé M. et garde Vautour tentent, certes sur un mode parfois ironique tout à fait révélateur, d'intégrer les nouvelles internationales à leur univers monctonien. De façon concomitante, et fonctionnant sur le même mode, le narrateur intègre également des éléments tirés de l'actualité de l'année 1953 à la matière de son récit. Ainsi, les personnages, tout comme le narrateur, n'essaient pas de faire entrer Moncton dans l'Histoire, mais plutôt de comprendre l'Histoire à partir de, à travers de et au-delà de Moncton. Avant même de participer activement à l'Histoire et de faire de Moncton un des centres possibles du monde, il faut plutôt s'approprier passivement les événements mondiaux et les intégrer à un système de signes plus vaste, c'est-à-dire en les incluant dans l'espace acadien. Par conséquent, la posture monctonienne qui sert de point d'ancrage aux personnages tentant de comprendre le monde suggère que *1953, chronique d'une naissance annoncée* marque bel et bien le tournant référentiel spatial dans l'œuvre de France Daigle. À partir de ce roman, l'auteure et son lecteur ne pourront plus quitter Moncton, sauf pour mieux y revenir.

Enfin, si la naissance de Bébé M. représente d'une façon symbolique la naissance de la future écrivaine nommée France Daigle, le personnage d'Élizabeth est véritablement le double de l'écrivaine réelle, comme l'a démontré Raoul Boudreau[24]. Ce personnage, en effet, semble mener à bien le projet consistant à investir l'espace, à trouver sa place dans le monde. C'est en ce sens à notre avis qu'il

---

[24] Raoul Boudreau, « Le dire de l'inhospitalité… » *op. cit.*, p. 164.

faut interpréter le passage suivant, qui aborde la relation qu'entretient Élizabeth avec l'espace :

> Son impression de vivre aux confins du monde y est aussi pour quelque chose. Parce que tôt ou tard la question du centre se présente, parce que tôt ou tard la question du centre se pose. Son silence est d'autant plus profond en ce moment qu'elle a réalisé, pour la première fois, tout à l'heure, en appuyant sur le bouton de l'ascenseur, qu'il n'existe probablement pas de centre du monde, qu'il n'existe probablement que la quête d'un centre (*C*, 77).

Ne retrouve-t-on pas dans cet extrait le but ultime des personnages et du narrateur de *1953...* ? S'il n'y pas de centre spatial, si par exemple Paris, New York ou Montréal ne sont pas intrinsèquement des centres, mais plutôt des centres possibles à la suite d'une quête possible, alors *1953...* est le roman de cette quête. D'ailleurs, dans le roman subséquent, *Pas pire*, Moncton devient l'objet de la quête.

Conclusion

Au-delà des glissements génériques propres à *La vraie vie* et à l'omniprésente interdiscursivité dans *1953, chronique d'une naissance annoncée*, nous nous sommes plus particulièrement arrêté à la représentation de l'espace. Dans les deux œuvres, les figures spatiales acquièrent une valeur référentielle. De plus, les personnages possèdent, également pour la première fois, de véritables noms. Ainsi, on peut avancer que ces romans servent de transition dans l'œuvre de France Daigle. Cette transition spatio-référentielle repose sur deux nouvelles idées concernant l'espace fictionnel :

1. On préconise l'inscription de référents spatiaux réels dans la fiction.
2. La quête du sens se comprend à partir des déplacements des personnages dans l'espace.

On trouve ces deux idées novatrices chez France Daigle à partir de *La vraie vie* et de *1953...*

Dans le premier roman, les personnages et les lieux possèdent différentes caractéristiques, mais celles-ci ne sont pas essentielles à la compréhension du roman. En effet, les figures spatiales sont à peine esquissées et le fait qu'un personnage habite tel ou tel lieu n'a pas une grande importance. C'est plutôt à partir des déplacements dans l'espace que l'on peut comprendre et interpréter les actions et les motivations des personnages. Bref, la relation qu'entretiennent les différents personnages avec l'espace permet au lecteur d'effectuer une refiguration spatiale indiquant un certain sens, une direction qui guide les personnages.

Dans le deuxième roman, la prolifération des figures spatiales réelles sert surtout à contextualiser des événements mondiaux. Ces derniers permettent au narrateur de livrer un discours sur sa propre fiction. De plus, les personnages présents dans l'œuvre, surtout Bébé M. et Élizabeth, tirent profit de la configuration spatiale pour naître et renaître, pour trouver un sens, une direction à leur vie. Par la présence de Bébé M., l'auteure France Daigle justifie non seulement sa propre existence dans l'Acadie du Nouveau-Brunswick, mais aussi son rôle de romancière. Elle indique avec ironie – ce qui d'ailleurs témoigne du caractère fondamental de l'assertion – toutes les conjectures et les conjonctures qui ont fait d'elle l'écrivaine qu'elle est devenue. Elle énonce ainsi sa position dans la société liminaire qu'est l'Acadie. Dans cette perspective, on peut avancer que *1953, chronique d'une naissance annoncée* est un roman proposant une véritable herméneutique réflexive fondée sur l'espace. Comme Paul Ricœur l'affirme,

> [...] la réflexion n'est rien sans la médiation des signes et des œuvres, et [...] l'explication n'est rien si elle ne s'incorpore à titre d'intermédiaire dans le procès de la compréhension de soi ; bref, dans la réflexion herméneutique – ou dans l'herméneutique réflexive –, la constitution du soi et celle du sens sont contemporaines[25].

En mettant à profit tous les espaces disponibles en 1953 pour le lecteur du journal *L'Évangéline*, la constitution du soi, bébé naissant, a rejoint la constitution du soi, écrivaine naissante.

---

[25] Paul Ricœur, *Du texte à l'action : essais d'herméneutique II*, Paris, Seuil, coll. «Esprit», 1986, p. 152.

Bibliographie

Aron, Paul, Denis Saint-Jacques et Alain Viala (dir.), *Le dictionnaire du littéraire*, Paris, PUF, 2002, 634 p.

Boehringer, Monika, « Une fiction autobiographique à plusieurs voix : *1953* de France Daigle », *Revue de l'Université de Moncton*, vol. 34, n°s 1-2, 2003, p. 107-128.

Boudreau, Raoul, « Le dire de l'inhospitalité comme poétique du roman », dans Lise Gauvin, Pierre L'Hérault et Alain Montandon (dir.), *Le dire de l'hospitalité*, Clermont-Ferrand, Presses universitaires Blaise-Pascal, 2004, p. 157-166.

Boudreau, Raoul, « L'humour en mode mineur dans les romans de France Daigle », revue *Itinéraires et contacts de cultures*, vol. 36, 2006, p. 125-142.

Daigle, France, *1953, chronique d'une naissance annoncée*, Moncton, Éditions d'Acadie, 1995, 165 p.

Daigle, France, *La vraie vie*, Montréal / Moncton, L'Hexagone / Éditions d'Acadie, 1993, 71 p.

Doyon-Gosselin, Benoit et Jean Morency, « Le monde de Moncton, Moncton ville du monde. L'inscription de la ville dans les romans récents de France Daigle », *Voix et images*, vol. XXIX, n° 3 (87), printemps 2004, p. 69-83.

Dumontet, Danielle, « Le parcours autofictionnel de France Daigle entre opposition et résistance », *Zeitschrift für Kanada-Studien*, 24. Jahrgang, Nr. 1, Band 44, 2004, p. 86-100.

Plantier, René, « L'aléatoire dans l'excès des signes de la rigueur : *La vraie vie* de France Daigle », dans Raoul Boudreau, Anne Marie Robichaud, Zénon Chiasson et Pierre M. Gérin (dir.), *Mélanges Marguerite Maillet*, Moncton, Éditions d'Acadie, 1996, p. 313-324.

Ricœur, Paul, *Du texte à l'action : essais d'herméneutique II*, Paris, Seuil, coll. « Esprit », 1986, 409 p.

ÉCRIRE AU FÉMININ EN ONTARIO FRANÇAIS

HÉLÈNE BRODEUR :
ÉTUDE DU TEMPS ET DE L'ESPACE
DANS *LES CHRONIQUES DU NOUVEL-ONTARIO*[1]

Beatriz Mangada
Universidad Autónoma de Madrid

> Je ne voulais pas faire une œuvre d'historienne, mais de mémoires au pluriel.
> Annie Ernaux

Recueil de mémoires, témoignage personnel, récit rétrospectif, vérité et fiction, ces notions, évoquées dans les paroles d'Annie Ernaux à l'occasion de la parution de son dernier roman, *Les années*, nous servent de citation incipitielle pour convoquer la figure et l'œuvre d'une autre romancière francophone, Hélène Brodeur, qui sans vouloir faire une œuvre d'historienne a voulu, elle aussi, faire parler la mémoire du peuple franco-ontarien. Ainsi, dans ce recueil d'écritures au féminin au Canada français qui veut donner la parole à celles qui l'ont prise pour participer à la construction de l'histoire littéraire de leur région et de leur pays, nous proposons une réflexion sur les *Chroniques du Nouvel-Ontario* d'Hélène Brodeur, car cette romancière est pour l'Ontario ce qu'Antonine Maillet est pour l'Acadie ou Gabrielle

---

[1] J'aimerais dédier ces lignes à Hélène Brodeur, que j'ai eu la grande chance de rencontrer à l'été 2001. J'ai eu alors l'occasion de visiter avec elle les lieux évoqués dans ses *Chroniques du Nouvel-Ontario*. De North Bay jusqu'à Moosonee, ce pèlerinage m'a permis de partager et de revivre d'une certaine façon les souvenirs de la romancière.

Roy pour les provinces de l'Ouest, à savoir une voix de femme emblématique de la littérature canadienne[2].

Parmi les nombreux aspects d'analyse qu'offre ce triptyque, nous nous arrêterons cette fois-ci à deux vecteurs structuraux de la narration rassemblés dans le titre même de la trilogie : le temps et l'espace. Une première étude plus analytique de la dérive énonciative tissée autour du toponyme Ontario nous permettra de réfléchir à la transformation et aux changements de cette réalité et de cet imaginaire spatial et identitaire. Alors qu'une approche plus interprétative de la coordonnée temporelle nous offrira la possibilité de nous intéresser à l'écriture résultant de l'interférence entre la construction fictionnelle d'un temps propre au récit, la mise en place d'un ancrage contextuel faisant revivre plus d'un demi-siècle d'histoire et la matière biographique, qui se livre à une écriture de mémoires au pluriel.

Hélène Brodeur et la littérature franco-ontarienne

Aborder la figure d'Hélène Brodeur, c'est aussi réclamer une brève considération du contexte littéraire d'insertion. Signalons sommairement que les années 1980 marquent l'affermissement et l'épanouissement de la littérature franco-ontarienne, qui désormais s'approchera davantage de la population française de l'Ontario. La création en 1973 des Éditions Prise de parole à Sudbury permit à l'époque la publication d'ouvrages franco-ontariens. Pendant la décennie suivante, l'accès à l'histoire et à la culture de cette communauté se transforme en projet politique. L'État prend alors la relève d'une lutte tranquille entreprise par une collectivité qui avait reçu jusqu'à présent l'appui constant de l'Église. En même temps, le discours scientifique tente de définir une nouvelle identité surgie au fil des événements sociaux et politiques[3]. Des institutions, des moyens

---

[2] La trajectoire littéraire de cette romancière, née en 1923 à Saint-Léon-de-Val-Racine et décédée en 2010 à Ottawa, comprend non seulement les trois volumes des *Chroniques du Nouvel-Ontario* (1986 pour les Éditions Prise de parole), mais aussi deux autres romans – *L'hermitage* (1996) et *Marie-Julie* (2001) – ainsi que des articles et un scénario. La trilogie qui nous occupe a été publiée dans les années 1980 et a valu à son auteure de nombreux prix, tels le prix Champlain en 1982, le prix du Nouvel-Ontario en 1984 et le prix du journal *Le Droit* en 1985.

[3] Voir à ce sujet l'article de Gaétan Gervais, « Aux origines de l'identité franco-ontarienne », *Cahiers Charlevoix, études franco-ontariennes 1*, 1995, p. 125-168 et l'ouvrage de Cornelius Jaenen (dir.), *Les Franco-Ontariens*, Ottawa, Presses de l'Université d'Ottawa, 1993, 444 p.

de communication et la création de tout un réseau de recherches dans le domaine de l'histoire, l'éducation et le folklore sont mis en place à ces fins. La littérature franco-ontarienne s'érige alors en matière de nombreux ouvrages[4], tandis que la vie culturelle et artistique de cette communauté va se manifester à travers de nombreuses productions artistiques. Dans le domaine qui nous occupe, c'est-à-dire le roman, René Dionne rappelle que, de la même façon que les poètes du Nord de l'Ontario consolident et proclament leur identité dans leurs compositions poétiques, un nombre considérable de romanciers feront de même en puisant dans les racines historiques. Plusieurs noms et ouvrages doivent être cités : celui de Lucille Roy, qui retrace dans *L'impasse* (1981) la quête identitaire d'un jeune Canadien français qui doit choisir entre le Canada, le Québec et la France ; celui de Pierre-Paul Karch, qui évoque dans *Baptême* (1982) la vie d'un petit village dans les années 1930 ; ou encore *La vengeance de l'orignal* (1980) de Doric Germain, dans lequel il remémore le passé du Nord de l'Ontario. Pour le critique René Dionne, ce roman, ainsi que la trilogie d'Hélène Brodeur, peuvent être considérés comme les seules tentatives sérieuses de recréer fictionnellement les origines de l'identité franco-ontarienne à travers l'histoire. En effet, c'est par l'entremise de la fiction littéraire que les *Chroniques du Nouvel-Ontario* invitent le lecteur à voyager dans le passé et à redécouvrir l'évolution de la société franco-ontarienne de 1913 à 1968 ; une évocation jalonnée de références historiques qui dévoile une recherche approfondie de la part de l'écrivaine.

Ontario : la dérive énonciative d'un imaginaire spatial

Du point de vue du lecteur européen, un des thèmes les plus attrayants et très souvent présent dans les écrits littéraires canadiens, et par conséquent dans nos trois romans objet d'étude, est sans doute l'importance des grands espaces dans l'imaginaire des habitants du continent nord-américain. Spatialité et identité se rencontrent dans la pensée de Ronald Bordessa :

---

[4] Remarquons les travaux de René Dionne et de la Société Charlevoix parmi les plus exhaustifs et rigoureux.

> *Canadian literature has greatly concerned itself with questions of identity. It is hardly surprising (if Frye has correctly specified the peculiarity of Canadian riddle) that it has elaborated these questions in spatial terms. Identity is referential: in the European case, to time (genealogy, heritage, inheritance); in the Canadian case, to space (exploring, settling and transforming). The land and the landscape are metaphor for Canada and central preoccupations of its writers*[5].

Ainsi, la projection et la recréation fictionnelle de la fondation et de l'acceptation d'une identité spatiale que nous trouvons dans les trois textes de la trilogie d'Hélène Brodeur réclament un jeu complexe de mécanismes linguistiques fort intéressants tels les chaînes anaphoriques et les réseaux isotopiques, qui reflètent l'évolution d'un espace immense dont l'acceptation passera par un processus d'adaptation et d'assimilation.

Dans son article « Aspects de l'imaginaire spatial : identité ou fin des territoires », le géographe canadien Gilles Sénécal réfléchissait aux rapports entre des concepts tels que territoire, identité ou imaginaire spatial et remarquait que toute territorialité n'est pas éternelle, que s'ensuivent des phases de « déterritorialité » et de « reterritorialité ». Il reprenait à son tour la pensée d'un autre géographe, Albert Gilbert, pour qui l'analyse du discours permet de rendre compte des lieux en privilégiant les représentations, les sens ainsi que la manière de structurer l'espace[6].

Appliquées au domaine de la littérature franco-ontarienne et plus spécifiquement au premier ouvrage d'Hélène Brodeur, les pensées de Gilles Sénécal et d'Albert Gilbert ouvrent une voie de recherche à la fois riche et intéressante, car, si la problématique de la perception spatiale a fait l'objet de nombreux travaux, notamment chez les Québécois et les Franco-Manitobains[7], ceux-ci visaient plutôt une approche théorique laissant de côté l'analyse littéraire. Et pourtant,

---

[5] Ronald Bordessa, « Moral frames for landscape in Canadian literature », dans Paul Simpson-Housley et Glen Norcliffe (dir.), *A Few Acres of Snow, Literary and Artistic Images of Canada,* Toronto et Oxford, Dundurn Press, 1992, p. 63.

[6] Voir l'article d'Albert Gilbert, « L'analyse de contenu des discours géographiques : une méthode », *Le Géographe canadien,* n° 30 (1), 1986, p. 13-25.

[7] Citons entre autres : Serge Courville et Normand Séguin (dir.), *Espace et culture*, Québec, Presses de l'Université Laval, 1995 ; Sylvie Guillaume, Christian Lerat et Marie-Line Piccione (dir.), *L'espace canadien et ses représentations*, Talence, Publications de la Maison des sciences de l'homme d'Aquitaine, 1996.

ce récit rétrospectif, à mi-chemin entre les chroniques et le roman historique, se veut un retour au passé pour revivre le changement de la société franco-ontarienne depuis 1916 jusqu'en 1968, nous offrant ainsi la possibilité d'analyser l'évolution de la représentation linguistique de l'espace au cours des différentes étapes de l'histoire de cette jeune région. Ce processus d'acceptation des grands espaces comme nouvelle patrie génère des mécanismes d'énonciation bien différents du premier au troisième volet de la trilogie et tisse autour du toponyme *Ontario* un nombre considérable de chaînes anaphoriques et de réseaux isotopiques très significatifs rendant compréhensible le passage de « cette immensité » ou de « ce paysage inhumain et apparemment sans limite » de *La quête d'Alexandre* vers « c'était sa patrie » ou « nous les gens du Nord » des *Routes incertaines*.

Il faudrait rappeler que le phénomène de l'anaphore a été largement abordé par la linguistique textuelle. Surtout par Francis Corblin, qui, dans son ouvrage *Indéfini, défini et démonstratif, constructions linguistiques de la référence*, propose un parcours très intéressant à travers ces trois désignateurs, tout en ébauchant l'importance de ces opérations linguistiques de reprise dans la construction de chaînes de référence dans le discours. Cet aspect, il le développera plus tard dans *Les formes de reprise dans le discours, anaphores et chaînes de référence*, où il s'intéresse également à ces formes capables d'assurer un effet de représentation et une certaine cohérence sémantique.

Pour cet auteur, on peut établir une distinction claire entre désignation rigide – nom propre et pronom personnel –, à éviction totale, et désignation contingente – constituée par des descriptions identifiantes de groupes nominaux anaphoriques, des démonstratifs et des indéfinis –, qui assure un effet de profusion. En tant qu'expressions linguistiques se référant au même personnage ou à un même élément du texte, ces deux types de désignations deviennent alors des constituants de chaînes anaphoriques qui, sous forme de reprise, vont permettre de faire avancer le texte par un effet de continuité dans la reprise du déjà connu, ou bien par l'introduction d'un nouveau point de vue.

Dans une visée plus large, celle de la sémantique dite « interprétative », François Rastier va au-delà et considère ces chaînes anaphoriques comme des isotopies spécifiques construites à partir des présomptions que le lecteur confirme au fur et à mesure qu'avance sa lecture, ce qui vient compléter le sens attribué par Francis Corblin: maintien ou reformulation d'une désignation. L'interprétation d'un texte peut alors être conçue comme le résultat de deux démarches complémentaires. D'une part, l'analyse des différentes opérations anaphoriques et de la construction de celles-ci dans un ensemble plus dynamique qui parcourt le texte permet d'aboutir à une saisie plus enrichie des personnages ou d'autres aspects des romans littéraires. Et d'autre part, le texte offre également une deuxième interprétation qui tient compte des isotopies qui tissent le fond sémantique d'un texte et assurent sa cohérence en même temps qu'elles provoquent un certain effet de représentation.

Par ailleurs, Daniel Apothéloz insiste également sur le fait que n'importe quelle étude de l'anaphore pourrait être enrichie davantage si l'on tenait compte des facteurs contextuels susceptibles d'incider sur le choix des anaphoriques; et il avoue qu'il y a tout un travail à faire à partir de cette nouvelle considération de l'anaphore comme élément dynamique qui, plutôt qu'assurer la cohésion, garantit la progression du texte.

Appliquées aux *Chroniques du Nouvel-Ontario*, ces théories nous permettent d'envisager et d'expliquer l'évolution conceptuelle et désignative d'un espace «inhumain et apparemment sans limite» et pourtant «patrie» des «gens du Nord».

En effet, dans le premier chaînon de la trilogie, *La quête d'Alexandre*[8], l'auteure nous propose un parcours de l'histoire de la région de l'Ontario à travers les avatars des personnages, pionniers arrivés au Canada dans le désir de bâtir un nouveau pays. Alexandre Sellier, jeune séminariste québécois, part dans le Nord dans le but de trouver quelque piste de son frère disparu lors du terrible incendie de 1911. Ce voyage lui permettra de découvrir les grands espaces du Nord et de rencontrer de nombreux pionniers tels que le docteur O'Grady, Cliff Murchison, Eugène Marchessault ou la jeune Anglaise, Rose Brent, arrivée au Canada pour entamer une

---

[8] Désormais, les références à cet ouvrage seront indiquées par le sigle *QA*, suivi du folio, et placées entre parenthèses dans le texte.

nouvelle vie et avec qui il maintiendra une relation amoureuse. La perception qu'auront tous ces personnages du même milieu qui les entoure se voudra cependant bien différente.

Ainsi, le voyage en train d'Alexandre vers le nord de l'Ontario offre au narrateur une excellente occasion de décrire la prise de contact de ce personnage avec la nouvelle réalité spatiale. L'effet d'immensité est assuré grâce aux groupes nominaux ou démonstratifs accompagnés d'adjectifs évoquant l'idée de grandeur et d'incommensurabilité. Prenons, entre autres, les exemples suivants : « Printemps merveilleux dont il emporterait le souvenir dans ce lointain Nouvel-Ontario, terre inconnue où il entreprendrait sa recherche » (*QA*, 35) ; ou : « Alexandre ferma les yeux, oppressé par cette immensité, fétu de paille emporté à toute vitesse dans ce paysage illimité vers une destinée inconnue » (*QA*, 39) ; et encore : « De nouveau Alexandre se trouva emporté à travers cette forêt illimitée » (*QA*, 53).

Presque de façon simultanée, la jeune Anglaise Rose Brent voyage également dans le Nord. Dans un autre train qui l'emporte vers ces grands espaces, la vitre laisse contempler encore une fois un paysage ressenti de nouveau « apparemment sans limite », mais cette fois-ci, en plus, « rude » et « inhumain », d'après les exemples suivants : « [...] installée dans le train qui se dirigeait vers le Nord elle s'efforçait en vain de combattre l'angoisse qui montait sourdement en elle. Depuis son départ de Halifax elle se voyait emportée à toute vitesse dans ce paysage inhumain et apparemment sans limite » (*QA*, 141). « Perdue, elle était perdue dans ce désert glacé » (*QA*, 194). « Sa vie était circonscrite par ce rude paysage » (*QA*, 196). « Ce dur pays qui lui avait arraché Ron et Nellie et qui peu à peu l'éloignait de tous ceux qui parlaient sa langue » (*QA*, 209).

La perception de l'Ontario découlant des paroles du docteur O'Grady et de Cliff Murchison transmet également une désignation contingente qui a recours aux groupes démonstratifs pour confirmer cette vision de l'Ontario comme un espace infini et aux conditions de vie difficiles. Chaque adjectif déclenche forcément un nouveau reclassement de cette région. Pensons aux fragments suivants : « [...] ce pays neuf, vierge, où vous êtes venus, soi-disant, pour vous faire une nouvelle vie » (*QA*, 115). « Ce pays est sans pitié et peut nous frapper tous, tant que nous sommes, sans que je puisse vous protéger » (*QA*, 157).

Remarquons en dernier lieu les expressions linguistiques employées par le pionnier Eugène Marchessault. Les formules « démonstratif + nom + adjectif » confirment cette continuité de référence, mais avec une rupture de point de vue. L'Ontario est saisi, cette fois-ci, comme un endroit haïssable qui suscite un grand malaise : « Ce maudit pays a eu sa vie, il n'aura pas son corps » (*QA*, 193). « On ne sait jamais avec ce maudit pays » (*QA*, 257). « Maudit pays d'enfant de chienne ! Si la terre a un trou de cul c'est icitte, dret icitte ! » (*QA*, 275).

Ces exemples permettent de distinguer l'existence de deux groupes de personnages qui expriment linguistiquement leur rapport aux grands espaces de façon antagonique. Ainsi, au premier groupe, constitué par Alexandre, le docteur O'Grady et Cliff Murchison, correspond une vision de l'Ontario comme un milieu naturel, sans doute immense, mais où l'enracinement est possible à travers une acceptation et une adaptation progressive aux grands espaces comme élément identitaire ; tandis qu'un deuxième groupe, formé par Eugène Marchessault et auquel appartient, entre autres, Rose Brent, exprime une vision de cette terre inconnue au moyen de constructions démonstratives où les adjectifs témoignent d'un sentiment négatif de refus, de malaise et de lutte contre un espace naturel sauvage et cruel.

Le cas de Rose Brent est sans doute un des plus significatifs, car les comparaisons continuelles qu'elle ne cesse d'établir entre ce paysage qui l'engloutit et son Angleterre natale où tout semble civilisé, même les distances, ne font que refléter l'imaginaire d'un grand nombre de colons européens ayant immigré au Canada, portés par une vision utopique : « elle était dans un pays neuf où tout était possible » (*QA*, 149) ; et héritiers au même temps de référents spatiaux européens : « enfin quelque chose qui cadrait avec les images familières et attendues » (*QA*, 146), s'était-elle exclamé à la vue de la grande ferme de Cliff Murchison.

Une lente mais progressive évolution désignative se produit dans le deuxième tome de la trilogie d'Hélène Brodeur. *Entre l'aube et le jour* [9] nous situe cette fois en 1930 et trois nouveaux personnages assistent aux successives transformations politiques et sociales qui conduisent le pays vers l'industrialisation; à savoir, Rose-Delima, fille des Marchessault; Donald, né de l'amour entre Rose Brent et Alexandre; et Jean-Pierre Debrettigny. Le train et la voiture réduisent les distances, ce qui déclenche une nouvelle perception de la réalité spatiale. Rappelons au passage que le géographe Gilles Sénécal affirme que «contigüité et proximité se dilatent dans un environnement technologique qui réduit à néant le critère de distance. [...] Du moment que tombe la contrainte spatiale, le triomphe de l'individu vis-à-vis de la communauté territoriale semble total[10]». Or, il faudrait également remarquer le fait qu'à cette transformation de l'imaginaire spatial vient s'ajouter une réduction considérable des descriptions au cours de ce deuxième volet narratif, le décor ayant été déjà décrit et en procès d'évolution. Il existe tout de même quelques fragments qui attirent notre attention; les deux passages que nous analyserons donnent à voir la progression de la représentation linguistique de l'espace. Les constructions démonstratives laissent place à des formes sans adjectif, et même à un emploi très significatif du possessif: «sa patrie». La connotation négative de l'emploi du démonstratif «ce/cette» et d'adjectifs comme «inhumain» ou «maudite» entre autres, se perd et par extension les reclassements continuels. L'Ontario devient désormais le pays de cette génération et une acceptation totale de l'espace comme élément définissant l'identité est annoncée grâce à cet emploi du possessif; dynamique évolutive qui se consolidera dans *Les routes incertaines:*

> Par la fenêtre du train, une femme encore jeune regardait défiler le paysage qu'elle n'avait pas revu depuis près de vingt ans... elle avait tout à coup éprouvé un grand désir de revoir le pays de son adolescence, celui où elle avait connu son premier, son seul amour (*EAJ*, 131).

---

[9] Désormais, les références à cet ouvrage seront indiquées par le sigle *EAJ*, suivi du folio, et placées entre parenthèses dans le texte.
[10] Gilles Sénécal, «Aspects de l'imaginaire spatial: identité ou fin des territoires?», *Annales de géographie*, n° 563, 1992, p. 29.

> Lorsque la gare disparut elle s'installa près de la fenêtre et se mit à regarder le paysage familier qui fuyait à vitesse accélérée sous ses yeux et qu'elle quittait maintenant. [...] C'était le pays de l'espoir viscéral, où une espèce prépare la voie à une autre. C'était sa patrie. Elle y était née, elle avait grandi dans ce pays austère qui enseignait le courage et l'ingénuité, forçant chaque jour ses enfants à donner leur pleine mesure s'ils devaient survivre (*EAJ*, 233).

Face au regard nostalgique mais paisible et reconnaissant de Rose-Delima, le dernier discours d'Eugène Marchessault prouve la « mort » d'une attitude et vision de l'espace propre à toute une génération arrivée dans ces grands espaces pour se frayer un chemin en les « combattant », mais sans remporter « la victoire finale » ; ainsi nous lisons : « Cinq jours plus tard, Eugène décédait. Le rude pays où, jeune homme, il était venu planter ses racines, cet adversaire qu'il avait combattu pendant un quart de siècle, avait remporté la victoire finale » (*EAJ*, 128).

Alors qu'à mi-chemin entre cette dichotomie refus / acceptation des grands espaces se situent les paroles de Jean-Pierre, dont l'ambivalence reflète une nouvelle perception de la réalité : « Tandis que moi, je n'ai même pas la liberté de partir, fit Jean-Pierre amèrement… S'il se laissait gagner, il se trouverait marié sans aucun espoir de jamais se libérer de ce milieu » (*EAJ*, 201). « Il était toujours heureux de retrouver son foyer, ses bois et son chien » (*EAJ*, 89).

Les routes incertaines[11], troisième maillon de la trilogie d'Hélène Brodeur, se déroule de 1938 jusqu'en 1968. La jeune génération d'*Entre l'aube et le jour* avance au rythme des temps modernes. Le milieu rural cède définitivement la place aux grandes villes du Sud. Les grands espaces s'érigent alors en refuge, endroit où l'on peut toujours retourner. La narration l'emporte sur des descriptions qui sont de moins en moins nombreuses depuis le deuxième tome. Les références à l'espace acquièrent cette fois-ci une éviction totale, étant « l'Ontario » et « le pays », les formules les plus employées par le narrateur ; alors que l'identité spatiale de Rose-Delima, Jean-Pierre ou du vieil Alexandre s'énonce ainsi : « Tu sais, nous les gens du Nord,

---

[11] Désormais, les références à cet ouvrage seront indiquées par le sigle *RI*, suivi du folio, et placées entre parenthèses dans le texte.

on a besoin de solitude, de nature et d'espace» (*RI*, 126). «Buvons à notre arrivée au seuil du royaume du Nord. [...] Je reviens chez moi» (*RI*, 150). Le dernier paragraphe de la trilogie confirme cette évolution de la désignation linguistique de l'espace :

> Il rentrerait finir ses jours dans sa patrie. Il accomplirait ce pèlerinage auquel il avait déjà songé : il retournerait en Ontario-Nord. [...] Dans la fraîcheur du matin, son canot glisserait sur les flots calmes et sombres de la rivière Glashini, tandis que la forêt retentirait des chants des oiseaux. Peut-être verrait-il l'orignal majestueux broutant les herbes aquatiques des rives, ou le chevreuil nerveux s'abreuver aux eaux de la rivière.
> Sur cette agréable pensée, il s'endormit paisiblement (*RI*, 222).

En effet, Alexandre, qui avait quitté «ses Cantons de l'Est» pour explorer «cette terre inconnue», souhaite maintenant rentrer finir ses jours dans «sa patrie». L'Ontario de 1968 n'est plus l'Ontario de 1913. La perception et le vécu de cet espace ont donc forcément changé, ce qui justifie cette évolution «désignative». L'expérience du lieu que l'on trouve dans les citations proposées permet d'exemplifier le jeu de reprises anaphoriques du toponyme Ontario et de vérifier le reclassement continuel de cette région perçue et exprimée linguistiquement de façon très différente selon les générations de Franco-Ontariens. Cette présence manifeste de désignations contingentes assure, au fil de la narration, un effet de profusion, mais surtout l'introduction de points de vue opposés, en évolution permanente. Le passage de la dichotomie assimilation / refus vers une identification unique devient alors l'épreuve identitaire nécessaire à toute communauté qui cherche à se définir.

Faire revivre le passé : chronique contre mémoires plurielles

Pourtant l'espace ontarien, le vécu et la mémoire des lieux ne sont pas les seuls à vouloir devenir personnages et sujets thématiques de cette construction romanesque. Face à une spatialité débordante, l'importance de la temporalité s'impose dans le choix d'un genre – la chronique – dont les limites conventionnelles sont dépassées par la mise en place de dispositifs et de stratégies énonciatives et narratives qui appartiennent au fictionnel. Souci de vérité / véracité et autofiction / autobiographie s'imbriquent, se croisent et s'opposent dans les Chroniques du Nouvel-Ontario d'Hélène Brodeur. L'exploration de la mémoire et des souvenirs servent alors à l'auteure de forme littéraire pour dire l'historique, le changement d'une société, mais aussi l'intime, dans le but de « faire revivre une époque révolue de l'histoire de l'Ontario-Nord » (*QA*, 9), tout comme Annie Ernaux avait voulu « sauver quelque chose du temps où l'on ne sera plus » à travers son écriture romancière.

L'approche interprétative de la dimension chronologique du tryptique, articulée en brassage de genres – chroniques, récit fictionnel, autofiction – et de voix discursives – digressions historiques, dialogues analeptiques, récits emboîtés –, rend possible la lecture des *Chroniques du Nouvel-Ontario* comme une rétrospection autofictionnelle du passé pour assurer la survie du souvenir de toute une communauté[12]. Chez Hélène Brodeur, l'éclatement d'une temporalité aux formes et aux genres multiples brouille les frontières entre récit rétrospectif, chroniques et fiction. La reconstruction de cet élément textuel peut s'effectuer sous deux perspectives complémentaires, dont l'une plus taxonomique qui montre une temporalité composée de trois axes avançant parallèlement au fil du récit :

- Un premier temps porte le lecteur de 1913 jusqu'en 1968 à travers une structure circulaire du récit qui permet de clore le récit là où il avait démarré : la remémoration de la vie d'Alexandre s'articule autour de marqueurs multiples – dates et références aux saisons principalement – pour assurer un tel ancrage temporel.
- Un deuxième temps historique met en scène les grands thèmes sociaux et historiques de l'époque au moyen de passages digressifs sur les grands incendies, les conflits langagiers, la Seconde Guerre mondiale, le Nationalisme canadien, l'industrialisation ou l'importance de l'Église dans l'organisation sociale, entre autres.
- Et un troisième temps interne aux différents personnages, constitué de prolepses et d'analepses, contribue à dresser le portrait de chaque actant de cette histoire.

---

[12] Pour une approche de la structure narrative et thématique de ces trois récits, nous renvoyons à notre analyse textuelle proposée dans le guide didactique Beatriz Mangada, *Hélène Brodeur*, Ottawa, Éditions David, 2003.

Or, au-delà de cette première vision, plus analytique, de la temporalité, c'est une deuxième conception, plutôt interprétative, de la place de la reconstruction du passé dans l'agencement textuel de cette trilogie que nous voudrions interroger. La présence dans le titre du récit du terme *chroniques* déclenche un pacte d'écriture et de lecture où les notions de véracité, fidélité aux sources et historicité s'imposent. La référence au Grand Feu, à la période de l'entre-deux-guerres ou au conflit en rapport avec le Règlement XVII du ministère de l'Éducation de l'Ontario se fait à travers un discours de chroniqueur qui se mêle au regard rétrospectif de certains personnages qui nous permettent ainsi de reconstruire le temps du récit ; c'est le cas entre autres du docteur O'Grady. D'un point de vue du roman historique, Hélène Brodeur introduit l'élément fictionnel au style personnel des chroniques. La pluralité de voix narratives ainsi que des points de vue divers rend la narration complexe. Signalons aussi que, de même que dans les deux premiers volets de la trilogie d'Hélène Brodeur nous avions remarqué une présence manifeste de descriptions spatiales pour mettre en place le réseau de désignations spatiales, la chronique l'emporte également dans ces deux premiers tomes. Dans le troisième volet, la réduction du nombre de descriptions et de passages sous forme de chronique laisse place à une narration où le récit et l'histoire s'entrecroisent.

Le choix des chroniques permet d'une part de raconter, à travers la fiction, l'histoire d'une communauté (celle des colons canadiens-français) et d'autre part, d'un point de vue culturel, cette trilogie suppose la consolidation d'une littérature qui s'exprimait depuis longtemps, tout en reprenant la problématique sociale de l'identité. En effet, la thématique de la quête identitaire des origines historiques d'une communauté déclenche trois récits littéraires, qui offrent une vision rétrospective de l'évolution sociale d'un peuple qui désormais sera désigné comme franco-ontarien et non plus comme canadien-français. Fiction littéraire, véracité historique et besoin ontologique d'exprimer une identité, tout semble s'y mêler. On assiste à l'affermissement d'un nouveau sentiment d'appartenance à un territoire. Ce désir de se définir soi-même face aux autres porte les Francophones du Canada à se renommer et à se raconter. Attitude qui va favoriser des récits rétrospectifs capables de retracer l'histoire de ces communautés dans le but de consolider ces identités mais aussi ces nouvelles littératures régionales. Peuvent servir d'exemples de cette quête d'identité à travers le passé la trilogie objet d'analyse pour l'Ontario français, Pélagie-la-Charrette d'Antonine Maillet pour l'Acadie ou encore de nombreux récits de Gabrielle Roy pour les provinces de l'Ouest. René Dionne réfléchit ainsi à l'égard de cette idée d'une prise de parole pour se raconter à soi-même et à autrui :

> Ces identités avaient été forgées au cours des luttes que les Acadiens, les Franco-Ontariens et les francophones de l'Ouest avaient menées pour leur survivance. Ces minorités avaient, chacune, une histoire et une littérature qui les définissaient déjà ; la prise de conscience qu'elles durent en prendre les réconforta au moment où elles se virent forcées de réorienter leurs vies collectives. La prise de parole qui s'ensuivit allait fortifier les volontés et inciter les communautés à récupérer leur passé pour mieux fonder leur spécificité régionale[13].

Finalement, les souvenirs et le récit rétrospectif, propres à la dimension autobiographique et présents dans l'avant-propos du premier volume, évoquent la pensée du philosophe Paul Ricœur autour des notions de mémoire, oubli et Histoire[14], qui, à notre avis, se révèlent tout à fait pertinentes pour l'étude de cette trilogie. En effet, pour Ricœur, on ne se rappelle jamais seul, mais toujours avec l'aide des autres. Ainsi, les *Chroniques du Nouvel-Ontario* apparaissent comme une construction fictionnelle qui contribue à rappeler le passé et à lutter contre l'oubli, acte, d'autre part, essentiel pour la communauté franco-ontarienne, qui à l'époque cherchait encore à se définir.

L'écriture devient pour Hélène Brodeur l'outil de médiation de la mémoire entre le temps vécu et la configuration textuelle. Le souvenir et la remémoration permettent alors de ne pas oublier. Son récit apparaît comme le discours d'un témoin qui raconte ce

---

[13] René Dionne, «Trois littératures francophones au Canada 1972-1992», *Cahiers Charlevoix, études franco-ontariennes 3*, 1998, p. 227.

[14] Nous renvoyons au livre *La lectura del tiempo pasado : memoria y olvido*, qui est un recueil des cours de doctorat qui furent donnés à l'Université Autónoma de Madrid les 19, 20, 21 et 22 novembre 1996.

qu'il a vécu et demande à être cru. La trilogie d'Hélène Brodeur en tant que reconstruction du passé se veut un brassage diffus de souvenirs et de fiction où la triade défendue par Paul Ricœur «passé-présent-futur» trouve une correspondance manifeste avec l'idée du propre, du proche et du lointain.

L'historien Gaétan Gervais insistait, dans son article «Aux origines de l'identité franco-ontarienne», sur l'importance des contributions subjectives dans la fondation d'une identité: «L'identité d'une communauté se fonde sur une certaine mémoire de son passé, sur une compréhension historique. [...] La part du subjectif est donc importante dans la définition d'une identité, les faits et les événements passés étant sans cesse réinterprétés par les communautés[15].»

Dans le contexte de la littérature franco-ontarienne, comment ne pas songer à l'apport des *Chroniques du Nouvel-Ontario* d'Hélène Brodeur? Ainsi de même, sous un titre des plus suggestifs, «Écrire pour vivre le temps à l'envers», Lise Neuville s'intéressait à deux romancières québécoises pour considérer le rôle des femmes dans l'histoire. Certes, la question de la perception spatiale n'y était pas développée, mais si l'idée que «les traces écrites sont insuffisantes, [qu'elles] nous apprennent peu de choses sur la vie quotidienne, sur les sensations, les sentiments et les émotions de nos ancêtres. Elles ne peuvent rendre compte de la richesse d'une vie humaine[16]», alors on peut finalement défendre que des projets littéraires tels que les *Chroniques du Nouvel-Ontario* peuvent contribuer à combler ce vide, à faire revivre l'expérience de toute une communauté qui avait besoin non seulement de connaître son passé pour construire son histoire, mais aussi d'accepter les grands espaces ontariens comme un élément définissant son identité.

Cette quête d'identité – activité ontologique viscérale pour l'homme américain, selon Jean Morisset[17] – trouve alors dans ce

---

[15] Gaétan Gervais, «Aux origines de l'identité franco-ontarienne», *Cahiers Charlevoix, études franco-ontariennes 1*, 1995, p. 166-167.

[16] Lise Neuville, «Écrire pour "vivre le temps à l'envers", Madeleine Ouellette-Michalska et Francine Noël», dans Gabrielle Pascal (dir.), *Le roman québécois au féminin (1980-1995)*. Montréal, Éditions Tryptique, 1996, p. 39.

[17] Jean Morisset, *L'identité usurpée, 1. L'Amérique écartée*, Montréal, Éditions Nouvelle optique, 1985, p. 25.

tryptique un espace d'épanouissement. Ainsi, l'œuvre d'Hélène Brodeur peut être considérée comme un témoignage des origines et de l'histoire de la société de l'Ontario francophone. Son acte d'écriture assure la survie d'un passé et de nombreux souvenirs qui risquaient de se perdre.

Conclusion

Les *Chroniques du Nouvel-Ontario*, tissage textuel résultant de la rencontre entre fiction littéraire, véracité historique et besoin ontologique de raconter, nous suggèrent une dernière réflexion qui veut rappeler la valeur primordiale de la littérature. Puissent donc servir de conclusion les paroles d'Annette Saint-Pierre s'interrogeant sur la littérature de l'Ouest canadien : « Un peuple sans littérature est-il encore un peuple ? Toute société n'a-t-elle pas une âme, une conscience, un cœur ou une vie de l'esprit qui s'exprime par la voix de l'écriture[18] ? » La voix d'Hélène Brodeur se lit alors comme un apport enrichissant faisant partie de l'écriture au féminin en Ontario. Une écriture qui se veut porte-parole des souvenirs d'une collectivité, d'un passé à faire connaître, mais aussi une écriture qui témoigne d'une vision au féminin de la reconstruction historique de l'identité d'une collectivité. Les trois volets de cette trilogie apparaissent comme une remémoration symbolique-imaginaire des événements qui ont eu lieu en Ontario depuis le début du siècle jusqu'aux années 1960. Cet ouvrage littéraire, en tant que maillon d'une longue chaîne d'écrits canadiens, présente une double valeur ; pour les Franco-Ontariens, cette trilogie peut être conçue comme une enrichissante contribution à la connaissance de leur passé, alors que, pour les Canadiens, elle devient une expression artistique de l'essence multiple de leur identité.

---

[18] Annette Saint-Pierre, « L'Ouest canadien et sa littérature », *Revue d'histoire littéraire du Québec et du Canada français (RHLQCF)*, n° 12, été-automne 1986, p. 172-173.

Bibliographie

Adam, Jean-Michel, *Éléments de linguistique textuelle*, Liège, Éditions Mardaga, 1990, 234 p.

Alfaro, Margarita, «Poéticas interculturales. Acercamiento al mundo francófono canadiense: Antonine Maillet, Hélène Brodeur y Régine Robin», *Mil Seiscientos Dieciséis*, Anuario 2006, vol. XI, p. 213-220.

Apothéloz, Denis, *Rôle et fonctionnement de l'anaphore dans la dynamique textuelle*, Genève-Paris, Droz, 1995, 349 p.

Auricchio, Agnès, *et al.* «L'anaphore démonstrative à fonction résomptive», *Pratiques*, n° 85, 1995, p. 27-52.

Bordessa, Ronald, «Moral frames for landscape in Canadian literature», dans Paul Simpson-Housley et Glen Norcliffe (dir.), *A Few Acres of Snow, Literary and Artistic Images of Canada*, Toronto et Oxford, Dundurn Press, 1992, p. 58-70.

Brodeur, Hélène, *Entre l'aube et le jour*, Chroniques du Nouvel-Ontario, Sudbury, Éditions Prise de parole, 1986, 240 p.

Brodeur, Hélène, *La quête d'Alexandre*, Chroniques du Nouvel-Ontario, Sudbury, Éditions Prise de parole, 1985, 288 p.

Brodeur, Hélène, *Les routes incertaines*, Chroniques du Nouvel-Ontario, Sudbury, Éditions Prise de parole, 1986, 240 p.

Corblin, Francis, «Les désignateurs dans les romans», *Poétiques*, n° 54, 1983, p. 199-211.

Corblin, Francis, *Les formes de reprise dans le discours. Anaphores et chaînes de référence*, Rennes, Presses universitaires de Rennes, 1995, 246 p.

Corblin, Francis, *Indéfini, défini et démonstratif, constructions linguistiques de la référence*, Genève-Paris, Droz, 1987, 263 p.

Dionne, René, «La littérature franco-ontarienne: esquisse historique (1610-1987)», dans Cornelius J. Jaenen (dir.), *Les Franco-Ontariens*, Ottawa, Presses de l'Université d'Ottawa, 1993, p. 341-417.

Dionne, René, «Trois littératures francophones au Canada 1972-1992», *Cahiers Charlevoix, études franco-ontariennes 3*, 1998, p. 197-229.

Ferniot, Christine et Philippe Delaroche, «L'entretien: Annie Ernaux», *Lire*, février 2008, p. 84-89.

Gervais, Gaétan, «Aux origines de l'identité franco-ontarienne», *Cahiers Charlevoix, études franco-ontariennes 1*, 1995, p. 125-168.

Gilbert, Albert, «L'analyse de contenu des discours géographiques: une méthode», *Le Géographe canadien,* n° 30 (1), 1986, p. 13-25.

Guillaume, Sylvie, Christian Lerat et Marie-Line Piccione (dir.), *L'espace canadien et ses représentations*, Talense, Publications de la Maison des sciences de l'homme d'Aquitaine, 1996, 306 p.

Jaenen, Cornelius J. (dir.), *Les Franco-Ontariens*, Ottawa, Presses de l'Université d'Ottawa, 1993, 444 p.

Kleiber, Georges, *L'anaphore associative*, Paris, PUF, coll. «Linguistique nouvelle», 2001, 386 p.

Mangada, Beatriz, *Hélène Brodeur*, Ottawa, Éditions David, coll. « Voix didactiques »,
    2003, 192 p.
Morisset, Jean, *L'identité usurpée, 1. L'Amérique écartée*, Montréal, Éditions Nouvelle
    optique, 1985, 158 p.
Neuville, Lise, « Écrire pour "vivre le temps à l'envers", Madeleine Ouellette-
    Michalska et Francine Noël », dans Gabrielle Pascal (dir.), *Le roman québécois
    au féminin (1980-1995)*, Montréal, Éditions Tryptique, 1996, p. 33-45.
Rastier, François, *Sémantique interprétative*, Paris, PUF, 1987, 276 p.
Reichler-Béguelin, Marie-José, « Alternatives et décisions lexicales dans l'emploi des
    expressions démonstratives », *Pratiques*, n° 85, 1995, p. 53-86.
Reichler-Béguelin, Marie-José, « Anaphore, cataphore et mémoire discursive »,
    Pratiques, n° 57, 1998, p. 15-43.
Ricœur, Paul, *La lectura del tiempo pasado: memoria y olvido*, Madrid, Éditions
    UAM, Arrecife Producciones, 1999, 116 p.
Sénécal, Gilles, « Aspects de l'imaginaire spatial : identité ou fin des territoires ? »,
    Annales de géographie, n° 563, 1992, p. 28-42.

ALTÉRITÉ ET DIALOGISME
CHEZ MARGUERITE ANDERSEN

MICHEL LORD
UNIVERSITÉ DE TORONTO

À l'occasion de la parution des *Crus de l'Esplanade*, septième œuvre de fiction de Marguerite Andersen, Réginald Martel évoque « le peu de cas que font les médias du Québec de Marguerite Andersen, écrivain pourtant considérable[1] ». Est-ce parce qu'elle est d'origine étrangère ? Parce qu'elle est établie et publiée en Ontario ? Il est difficile de savoir pour quelles raisons. Beaucoup d'autres écrivains du Canada français sont ignorés par l'institution littéraire québécoise, surtout depuis les 40 dernières années. Avant la Révolution tranquille (1960-1968), le Québec se considérait toujours comme partie intégrante du Canada français, culturellement parlant s'entend, et incluait tout écrivain francophone canadien dans le corpus national. Avec l'arrivée du projet indépendantiste, à la fin des années 1960, les choses ont changé radicalement. Si l'on met à part les Acadiens, dont l'existence précède historiquement la fondation de Québec, des francophonies régionales ou provinciales se sont créées (les Franco-Ontariens, les Fransasquois, les Franco-Manitobains...). Chose curieuse, le tome VII du *Dictionnaire des œuvres littéraires du Québec*[2]

---

[1] Réginald Martel, « Les solitudes groupées », *La Presse*, 10 janvier 1999, p. B-4.
[2] Aurélien Boivin *et al.*, *Dictionnaire des œuvres littéraires du Québec*, tome VII, 1981-1985, Montréal, Fides, 2003, p. 1049.

mentionne deux œuvres de Marguerite Andersen (*L'autrement pareille* et *De mémoire de femme*) en bibliographie, et, même si l'une de ces œuvres a paru au Québec, on ne lui consacre aucun article[3]. L'occasion est belle ici de rompre ce silence.

Allemande d'origine, férocement antinazie, ayant souffert à sa manière et sans relâche de la tragédie de la Shoa, Marguerite Andersen fuit l'Allemagne comme la peste à l'âge de 21 ans en 1945, tout en continuant à avoir une relation d'amour-haine ou plutôt d'affection / nostalgie et de honte envers son pays d'origine. Son parcours littéraire, universitaire et existentiel est impressionnant. Elle étudie Claudel dans les années 1960 pour son mémoire de maîtrise, puis l'œuvre de Proust au doctorat. Francophile, elle parcourt le monde arabe[4], européen, nord-américain, épouse des hommes, s'en sépare, et vit dans une fuite en avant qui n'a rien de banal, comme on peut s'en rendre compte quand on parcourt son œuvre, largement biofictive ou autofictive, qu'elle entreprend de créer alors qu'elle est dans la cinquantaine, avec *De mémoire de femme* en 1982.

Deux mots reviennent souvent dans son œuvre : d'abord la « honte » – je l'ai souligné déjà et j'y reviendrai, car la chose est fondamentale dans sa psyché –, puis le « doute » : « Je cherche et je doute, je ne trouve pas. [...] *J'ai un mal de chien à me fixer* [...] j'essaie de retrouver la voie, mais deviens bien vite celle qui, *errante*, ne rapporte rien[5]. »

Il est un autre mot qui provient de la honte et qui prolonge le doute, ce qu'elle appelle sa « multiplicité » : « La multiplicité est, je suppose, ce qui me caractérise[6] », dit-elle dans son premier roman. Il s'agit sans doute de sortir de l'origine allemande étouffante, de

---

[3] Pierre Karch n'a droit à rien du tout dans le même *Dictionnaire...*, même si, québécois d'origine, il a fait paraître *Nuits blanches* à Sudbury en 1981.

[4] La Tunisie, alors colonie française ou, plus exactement, Protectorat français (1881-1955).

[5] Marguerite Andersen, *L'homme-papier*, Montréal, Éditions du Remue-ménage, coll. « Connivences », 1992, p. 29. C'est moi qui souligne. Désormais, les références à cet ouvrage seront identifiées par le sigle *HP*, suivi du folio, et placées entre parenthèses dans le texte.

[6] Marguerite Andersen, *De mémoire de femme*, Ottawa, Éditions L'Interligne, 2002 [1982], p. 285. Désormais, les références à cet ouvrage seront identifiées par le sigle *DMF*, suivi du folio, et placées entre parenthèses dans le texte.

trouver des voies de sortie, de douter de tout et d'explorer des voies multiples – autres – dans la vie et la fiction.

Une multiplicité que j'articule pour ma part autour des concepts d'altérité et de dialogisme, c'est-à-dire de rapports à l'Autre, tantôt familier, tantôt étranger, tantôt proche, tantôt distant, et toujours sous forme de questionnement dialogique, de doute créateur qui permet à l'écriture de prendre forme et de donner sens à cette œuvre polymorphe, libre et aussi cohérente dans son propos que fragmentée dans ses formes.

Plutôt que de donner une idée de l'évolution de l'œuvre au discours proliférant tous azimuts – les limites d'un seul article étant par trop restreintes –, j'entends ici me concentrer sur des isotopies obsessionnelles qui parcourent l'œuvre de Marguerite Andersen et qui ont rapport à l'Autre, aux diverses formes d'altérité qui la confrontent, qu'elles soient actorielles, l'homme par exemple, ou topiques, ou mieux chronotopiques, l'Allemagne honnie, fuie, et la langue française choisie, adorée. Ce rapport à l'altérité est intimement lié par ailleurs au questionnement dialogique que ces rapports multiples engendrent. Avant d'entrer dans l'analyse de l'œuvre de Marguerite Andersen, je m'attarderai aux deux concepts fondamentaux – dialogisme et altérité – qui guident ma réflexion.

Du dialogisme

Le dialogisme, selon la conception que je dégage des positions bakhtiniennes, est la forme des échanges qui s'instaurent dans une représentation verbale où se mettent en discours différents langages individuels, culturels, esthétiques et sociaux, où se rencontrent différentes manières de poser les voix, d'exprimer le monde, les idéologies en tension. Règle générale, l'échange verbal est presque toujours régi par un jeu de positions discursives entre le sujet et son objet et ses interlocuteurs, ce qui détermine entre autres choses les positions du sujet par rapport au monde et les valeurs mises ou remises en question. En ce sens, le discours s'adressant toujours à quelqu'un dans la sphère des échanges socioculturels est forcément proféré en fonction[7] d'un certain type de destinataire :

---

[7] Dans le cas du pamphlet, *contre* un certain type de destinataire.

Chaque réplique, aussi brève et fragmentaire soit-elle, possède un achèvement spécifique qui exprime la *position du locuteur* – il est possible de répondre, il est possible de prendre, par rapport à cette réplique, une *position responsive*[8].

Cette problématique est capitale puisque la question de l'altérité, toujours essentiellement polémique, met les narrateurs ou les acteurs sur la défensive ou en état d'offensive. Ils sont alors soit patients, soit agents, c'est-à-dire tantôt passifs, tantôt actifs. La relation entre les diverses positions narratives et actorielles est donc capitale dans la détermination des enjeux conflictuels liés à l'altérité à l'œuvre dans le récit. Comme le souligne André Belleau, « le dialogisme désigne expressément *la relation* des divers discours qui modèlent l'énonciation romanesque[9] ». C'est toujours par rapport à ses relations à autrui que le sujet se singularise et prend une position critique par rapport à la société, l'histoire, le monde et à toutes les formes d'altérité qui sont inhérentes à son existence.

Du concept d'altérité

Pour éclairer encore davantage l'œuvre de Marguerite Andersen et la placer dans une problématique universelle, il convient de s'attarder un moment sur le concept d'altérité. Comme le rappelle Janet M. Paterson :

> [S]ur le plan épistémologique, l'altérité [...] s'inscrit au sein de la postmodernité [...] que Jean-François Lyotard (1979) et beaucoup d'autres après lui ont caractérisée par la remise en question des grandes vérités (les métarécits), par le désir et la nécessité de trouver de nouvelles légitimations. Dans cette remise en question, qui induit un bouleversement des valeurs, sont valorisés les petits récits, c'est-à-dire tout ce qui constitue la « marge »[10].

---

[8] Mikhaïl Bakhtine, *Esthétique de la création verbale*, Paris, Gallimard, coll. « Bibliothèque des idées », 1984, p. 278.

[9] André Belleau, « Du dialogisme bakhtinien à la narratologie », *Études françaises*, vol. XXIII, n° 3, hiver 1988, p. 10. C'est moi qui souligne.

[10] Janet M. Paterson, *Figures de l'autre dans le roman québécois*, Québec, Éditions Nota bene, coll. « Littérature(s) », 2004, p. 19. La référence à Jean-François Lyotard renvoie à son ouvrage intitulé *La condition postmoderne : rapport sur le savoir*, Paris, Éditions de Minuit, 1979.

Cette postmodernité se retrouve chez Marguerite Andersen, dont l'œuvre constitue une remise en question de valeurs traditionnelles et s'inscrit dans les marges de l'institution littéraire canadienne-française[11], si l'on tient pour acquis que l'Ontario français se situe dans ces marges.

Par ailleurs, dans une perspective formelle (l'énonciation), Janet M. Paterson, en se référant à Simon Harel (1989), met en lumière deux types fondamentaux de récit de l'altérité :

> 1) celui où il y a mise à distance de l'Autre (une voix narrative le perçoit, le définit, le raconte [...] 2) celui où l'Autre est le sujet énonçant (c'est le cas de beaucoup de récits migrants contemporains comme *La Québécoite*; dans de tels textes, c'est le sujet du discours qui se dit «autre», faisant souvent intervenir, comme le souligne Harel, une «instance jugeante»[12].

L'œuvre d'Andersen appartient bien évidemment à la deuxième catégorie, et le sujet du discours est le plus souvent une figure proche de l'auteure elle-même qui s'institue en instance jugeante, jetant un regard critique autant sur diverses formes d'altérité que sur soi-même.

Expliquant la variété des approches, Pierre Ouellet, pour sa part, explique « le principe d'altérité » en ces termes :

> L'autre est à la fois l'étranger plus ou moins exclu, dominé ou minorisé, pour une large part des études culturelles [...], [il constitue] l'un des pôles de la construction identitaire, pour une théorie du sujet (chez Ricœur, notamment) [...] le fondement même de toute relation intersubjective (chez Husserl déjà) et de tout dialogisme comme de toute énonciation (pour Bakhtine et pour Benveniste) ou, plus radicalement encore, la manifestation de la nature essentiellement hétérologique de l'existence (chez Bataille et ses héritiers)[13].

---

[11] Ce qui pourrait expliquer la remarque de Réginald Martel et le peu d'intérêt que l'œuvre de Marguerite Andersen suscite au Québec.

[12] Janet M. Paterson, *op. cit.*, p. 29. La référence à Simon Harel renvoie à son ouvrage intitulé *Le voleur de parcours : identité et cosmopolitisme dans la littérature québécoise contemporaine*, Montréal, Préambule Éditions, 1989, p. 47. *La Québécoite* (1983) est un roman de Régine Robin.

[13] Pierre Ouellet, « Le principe d'altérité. Introduction », dans Pierre Ouellet et Simon Harel (dir.), *Quel autre ? L'altérité en question*, Montréal, VLB éditeur, coll. « Le soi et l'autre », 2007, p. 7-8.

Construction identitaire, dialogisme et hétérologisme, nous rejoignons ici les principaux concepts qui structurent notre approche et qui visent à procurer un éclairage suffisant pour expliquer le fonctionnement du discours dans l'œuvre de Marguerite Andersen.

D'un point de vue historique maintenant – et l'arrière-fond historique a une importance majeure pour comprendre la pensée de Marguerite Andersen –, Pierre Ouellet insiste sur certains grands traumatismes qui ont exacerbé le principe d'altérité en son cœur même au cours du XXe siècle :

> Qu'il s'agisse de la Shoa, de la décolonisation ou de la chute du mur de Berlin et du brusque déclin des idéologies égalitaristes, les « faits » historiques qui se sont enchaînés de manière catastrophique en un si court laps de temps ont été des révélateurs puissants du principe d'altérité qui régit désormais notre existence personnelle et collective[14].

Quand on sait à quel point Marguerite Andersen – outre l'exil dans une colonie[15] nord-africaine – a été ébranlée entre autres choses par la Shoa provoquée par Hitler, on se doute un peu que ce seul facteur a pu influencer de manière importante, mais pas uniquement, sa vie et ses écrits.

> L'énonciation du monde, [dit encore Pierre Ouellet], à travers ce qu'on ressent et perçoit, depuis la mémoire qu'on a de ce qu'il fut ou a été et l'imagination qu'on développe de ce qu'il serait ou pourrait être, voilà l'enjeu de notre condition d'êtres parlants : non pas tant l'expression de la raison et de la vérité que le monde est censé porter [...], mais la mise en œuvre de la dynamique énonciative où la variabilité des expériences constitutives du monde apparaît dans toute sa force [...] en une forme flexionnelle qui en fait voir les différentes facettes ou esquisses jamais achevées, autour desquelles les paroles et les images de l'homme tournent sans arrêt[16].

Ce sont là précisément certains des enjeux de l'œuvre de Marguerite Andersen que nous aimerions maintenant aborder.

---

[14] *Ibid.*, p. 12.
[15] Période de sa vie relativement heureuse, mais où son mari français la battait. Drôle de bonheur parfois.
[16] Pierre Ouellet, *op. cit.*, p. 15-16.

Le Moi…

Le rapport à l'Autre chez Marguerite Andersen a d'abord son origine dans le Moi, l'autotélisme, le biofictionnel, le désir de se dire en tant que femme. Son premier roman, *De mémoire de femme*, retrace le parcours de toute une vie par le truchement d'une *alter ego* de l'auteure, Anne Grimm. Cette dernière n'est pas tendre pour elle-même, s'en distançiant au point d'en venir à une autocritique du moi haïssable : « Le toi n'est pas assez haïssable, le moi l'est trop. N'ai-je pas été, toute ma vie durant, hystérique, nymphomane, à la recherche du divertissement ? Je me suis éparpillée, gaspillée, j'ai été larve rampant d'un acte à l'autre » (*DMF*, 292).

Et l'Autre

Sans doute l'autocondamnation est-elle exagérée, mais, pour comprendre ce jugement autodisqualifiant, il faut toujours se rappeler que, tout au long de l'œuvre de Marguerite Andersen, revient un leitmotiv lancinant, celui du rapport difficile, voire impossible parfois, avec soi et surtout avec l'homme et avec la patrie d'origine, l'Allemagne[17], le chronotope originel. Et, couronnant le tout, il y a toujours, en sourdine et de manière récurrente et incessante, cette honte et un fort sentiment de culpabilité.

Le rapport à l'homme n'est pas toujours difficile, bien évidemment. Rien n'est aussi simple. Car l'homme, c'est d'abord le père, cet Autre à la fois familier et légèrement distancié, intellectuel, écrivain et surtout résistant nazi – comme la mère d'ailleurs – et pour tout cela admiré :

> Je suis chanceuse de ne pas être juive. De ne pas avoir été juive dans l'Allemagne nazie. Je proclame avoir été jeune au moment des horreurs. Évoque mon père, membre de la résistance. Mais moi, j'ai toujours choisi

---

[17] À ce sujet, le 21 avril 2009, Marguerite Andersen m'écrit ceci au sujet de son difficile rapport d'altérité avec l'Allemagne : « Serait-ce parce que ma mère, à partir de 1933, m'a laissé entendre que l'Allemagne était un pays qu'il fallait quitter, donc rejeter ? Que nous ne faisions pas partie de ce pays ? Je pense que cette contradiction s'explique ainsi. Mais cela est peut-être difficile à comprendre pour des gens qui n'ont pas vécu de tels problèmes. »

de me sauver. [...] Pour ne pas être accusée des horreurs commises. Et sans y avoir participé, je m'en sens coupable, encore et toujours. [...] je me reproche ma lâcheté[18].

Père résistant, fille qui se juge lâche « encore et toujours », la comparaison n'est pas flatteuse, mais la fille assume au moins son personnage, met sa valeur en question, se remet elle-même en question, entre avant tout dans un dialogisme douloureux avec elle-même, par le truchement d'un Autre, ce père héroïque en comparaison avec ce qu'elle perçoit comme son propre comportement peu exemplaire.

Le deuxième rapport à l'homme est plus difficile et toujours familier, ayant trait à la famille élargie. Anne Grimm raconte, dans *De mémoire de femme*, qu'elle a été violée dès l'adolescence par ses deux beaux-frères :

> J'ai permis à ces deux faux frères de s'en tirer à bon compte. [...] [J]e le raconte aujourd'hui dans l'intérêt de la totalité de mon existence, sachant très bien que certains m'accuseront de rêverie, de fantasmes, de dévergondage, d'imagination maladive (*DMF*, 55).

Ce motif du viol, elle le reprendra comme dans un geste réparateur à retardement et par personne interposée, dans son roman, *Doucement le bonheur*, roman mi-documentaire, mi-fictif, où cette fois une jeune fille, toujours adolescente comme Anne Grimm, Laurence Martel, est violée à Ottawa par un jeune député franco-ontarien, qu'elle accuse du crime. Curieusement, dans une entrevue à Radio-Canada, Marguerite Andersen spécule sur sa propre intention : « Soit il la viole, soit il la séduit : je ne suis pas sûre[19] ». Faisant sans doute écho aux sentiments de l'auteure elle-même, Laurence Martel est plongée dans le doute, elle « se sent coupable », s'autoflagelle, se disant qu'« elle a été sotte, stupide, imprudente, [que] tout cela est de sa faute, [qu']elle aurait dû savoir. Après tout, cet homme n'est pas un criminel, on l'a élu au Parlement [...] Laurence [...] n'arrête pas de se poser des questions[20]. »

---

[18] Marguerite Andersen, *Parallèles. Fiction documentaire*, Sudbury, Éditions Prise de parole, 2004, p. 219-221.
[19] Marguerite Andersen, www.radio-canada.ca, 4 décembre 2006.
[20] Marguerite Andersen, *Doucement le bonheur. Roman*, Sudbury, Éditions Prise de parole, 2006, p. 29.

Je note cela pour signaler la volonté constante dans le discours de Marguerite Andersen de ne pas trancher de manière absolue, de ne pas lancer la pierre à l'Autre, tout en affirmant haut et fort le mal qui a pu être fait. Nous aurions là une sorte de dialogisme où conflit et désir d'harmonie s'avoisinent presque constamment.

Troisième rapport à l'homme : le mari, l'époux, qui violente à son tour la femme qu'il devrait couvrir de tendres soins. Dans plusieurs œuvres, il est fait écho à ce drame, mais c'est dans *Bleu sur blanc*, biofiction en forme de prose poétique, qu'il est le plus clairement évoqué :

> J'ai quitté la Tunisie en 1953. Sans les enfants, que leur père gardait en otage. Épuisée par un mariage qui ressemblait à un emprisonnement, femme battue incapable de me défendre sur place, j'ai été chercher à Berlin l'aide de mes parents[21]. »

Le père, autre homme familier, doux et bon, sert de refuge, d'adjuvant et d'instrument de réparation dans ce conflit avec le mari violent.

Il y aura aussi des moments de pure euphorie avec l'homme, mais ce sera de courte durée :

> L'été 1955 [...]. Sur le paquebot qui [nous] amenait [...] en Afrique, j'étais tombée amoureuse d'un Juif tunisien, Ada, d'une beauté à me couper le souffle de désir. Je venais de Berlin, ville remplie de technocrates de l'amour, voici un homme que l'on aurait dit sorti de l'Ancien Testament[22] (*DMF*, 242).

Certes, il y aura aussi les 10 années tumultueuses avec l'amant taciturne montréalais Amédée, mais cette relation met en relief une autre caractéristique des rapports avec l'homme, le silence qui tue : « [...] jamais nous n'avons su nous parler. Pourtant je déborde de mots, la parole est ma respiration, le silence m'étouffe » (*DMF*, 328).

---

[21] Marguerite Andersen, *Bleu sur blanc. Prose poétique*, Sudbury, Éditions Prise de parole, 2000, p. 75.

[22] L'évocation de ce moment revient dans *Bleu sur blanc* : « Ada / Juif tunisien rencontré sur le paquebot / [...] / toute une nuit de désir / l'amant / d'une beauté biblique / d'une gentillesse désarmante / qui apprivoisait / de son regard de velours / la femme la plus craintive » (*op. cit.*, p. 55).

Violentée ou plongée dans la non-communication, Anne Grimm alias Marguerite Andersen ne peut que souffrir de ce rapport impossible pour une personne née pour le contact harmonieux avec Autrui. Il en résulte un paradoxe fondamental dans l'œuvre: l'amour presque frénétique de l'homme et la crainte qu'il engendre par son comportement: «Possessivement amoureuse, je crains la distanciation, [...], me sens incapable de la vivre[23]».

Elle finira par imaginer un scénario où l'homme aimé sera de papier, assurant ainsi à la fois le rapprochement et la distanciation amoureuse rassurante qui fait fuir la peur constante: «J'ai peur de l'homme, c'est simple. Je me suis brûlé les doigts et le reste plusieurs fois à ce feu de joie de l'amour» (*HP*, 16).

Le dialogisme devient alors affaire de discours intime, de discours de soi à soi, l'autre étant créature de papier, être imaginaire, apprivoisé, contrôlé par la plume, euphémisé, embelli à souhait et dont on se débarrasse comme d'un bout de papier ou une image mentale en fin de parcours:

> Il faut bien le dire, l'Homme-papier n'a existé que dans mon imagination. [...] la rupture est fictive, je ne dois pas l'oublier. [...]. Ce que j'ai ressenti, ce que je ressens aujourd'hui, l'angoisse, le regret, le soulagement et la tristesse, n'est que de la fiction, je le répète. Je n'ai fait de mal à personne (*HP*, 146-147).

On voit donc, toujours bien présente, cette crainte de faire mal à autrui qui résulte en ce recours ultime à la distanciation par rapport à autrui, par la création d'un personnage masculin de papier, imaginaire et, pour cela, idéal.

Les espaces ethnoculturels et chronotopiques

Cette problématique de distanciation-rapprochement parcourt l'œuvre aussi dans la relation que l'auteure entretient avec les espaces ethnoculturels et chronotopiques. Je me concentrerai ici sur deux pôles qui structurent l'univers tant imaginaire que réel de Marguerite Andersen, soit l'Allemagne (familière devenue

---

[23] Marguerite Andersen, *L'autrement pareille*, Sudbury, Éditions Prise de parole, 1984, p. 12.

étrangère) d'un côté, et, d'un autre côté, l'univers de la culture et de la langue Autre, le français (étranger devenu familier).

De l'Allemagne

J'ai déjà évoqué la relation difficile avec le paysage familier, puis rejeté, distancié que représente l'Allemagne pour l'auteure. Il est lié plus que tout autre motif à la honte d'être Allemande, qui prend forme sous le régime nazi et se perpétue toute sa vie durant. Je laisse ici les textes parler d'eux-mêmes :

> Ma Prusse secrète, mon Brandebourg romantique, celui de Kleist [...] pays perdu à jamais, tellement changé que je n'en voudrais plus, même si je pouvais y retourner (*DMF*, 56).

> J'aime l'Allemagne, ce beau pays aux [...] fugues, cathédrales, [...] et contes de fées. Mais là, elle me fait mal. [...] Barbelés. Wagons à bestiaux. Bergers allemands. Chambres à gaz et fours crématoires. Les images défilent au pas de l'oie, ma tête est prête à éclater[24].

> L'Allemagne de maintenant me fait mal. [...] Ma belle Allemagne, [...] musique, livres, où es-tu ? [...] aujourd'hui je ne voudrais plus vivre en toi. [...] Je suis allemande et je ne veux pas l'être, j'aurais dû naître ailleurs, l'Allemagne du poète n'existe plus (*DMF*, 78-79).

> Quand l'Allemagne a finalement admis sa défaite, j'étais exaltée tout en me sachant fautive. J'avais vécu la guerre, le nazisme. J'étais coupable de ne pas avoir résisté, d'avoir ri, mangé, fait l'amour pendant que d'autres souffraient (*DMF*, 89).

> *J'ai honte et j'ai besoin de le dire.* [...] Il faut que je me dépêche d'écrire, d'écrire la honte, la grande, l'allemande, celle qui m'accompagne partout et vient souvent censurer mes plaisirs.
> La honte d'avoir survécu, d'avoir été tiède. [...] J'aurais pu porter l'étoile jaune pour m'identifier aux victimes [...] Et qu'est-ce que j'ai fait ? J'ai ressenti de la pitié et ça n'a servi à strictement rien (*HP*, 58). [C'est moi qui souligne.]

---

[24] Marguerite Andersen, « Buchenwald », *Les crus de l'Esplanade. Nouvelles*, Sudbury, Éditions Prise de parole, 1998, p. 208.

Mais cette honte qui survient quand je ne m'y attends pas, au cinéma, devant un livre ou un journal, un simple nom, au beau milieu d'un rêve, d'une discussion, cette honte permanente, je veux cesser de la traîner.
Dis-moi comment (*HP*, 60).

Que dire de plus sinon que le pays et le paysage familier sont devenus après les crimes nazis le symbole absolu de l'Altérité maléfique même, une altérité rendue encore plus insupportable par le fait que le pays a été l'objet d'un amour intense. La honte du sujet pour cet objet maintenant tenu à distance est si intense qu'elle ne cesse de hanter sa psyché souffrante. Pâtir incessamment devient alors le lot de Marguerite Andersen et de tous ses *alter ego*, eux-mêmes autres dans un monde où le pays d'origine est devenu objet de rejet.

La langue française comme espace de refuge

Lourde de toutes ces souffrances qui ne cessent de la hanter, Marguerite Andersen se tournera vers autre chose qui ne cesse de la nourrir depuis: le français, sa littérature, sa culture, cela dans un parcours qui la mène de la Tunisie, celle du temps du Protectorat français, à Toronto, en passant par la France et Montréal. L'écriture pour elle, toujours en français, devient une entreprise de mise à nu, de dénuement et de purgation, de purification, de catharsis: « Je suis nue et j'écris[25] »; « L'écriture, ça purge. C'est du moins ce que j'espère » (*HP*, 61).

On pourrait parler d'amour de papier, dans le prolongement de *L'homme-papier*, les livres et l'écriture ayant jalonné la vie de l'auteure, née dans une maison de lettrés où elle pouvait lire tous les livres qu'elle voulait, sans aucune censure, sous le regard protecteur et incitatif d'un père idéal.

Les premières lectures sont évidemment en allemand, et liées au père, mais la relation au français, langue autre par excellence pour une Allemande, est liée à la mère, qui la pousse à étudier la langue qu'elle aimera tant. La langue française est aussi la seule dans les trois rapports à l'Altérité ici évoqués qui n'ait pas d'aspect négatif.

---

[25] Marguerite Andersen, *L'autrement pareille, op. cit.*, p. 41.

Sans doute en raison du fait qu'il s'agit d'un choix délibéré, fait en toute liberté :

> Pourquoi [lui demande son amie Lucienne Lacasse-Lovsted] n'écris-tu pas en anglais, Marguerite ? [...] Question de choix. C'est le français que j'aime. [...] je suis née en Allemagne, j'ai grandi en Allemagne, et je n'ai jamais eu de passeport allemand. [...] Un passeport anglais grâce au lieu de naissance de mon père, Abokobi au Ghana ; naturalisée française pour pouvoir enseigner en Tunisie... [...] Ensuite, naturalisation canadienne, par choix encore[26].

Ce brassage d'identité – de multiplicités fondamentales à son être même – qui tourne autour de l'axe d'une langue autre, adoptée amoureusement, met en relief un des aspect importants de l'œuvre de Marguerite Andersen : le goût de l'Ailleurs, de l'Autre, de la Différence, qui est loin de se limiter à la langue française :

> Je veux partir. Aller en Inde. Apprendre à marcher. Croiser des millions de pieds nus sur le chemin des pèlerinages. [...] J'ai envie de connaître les pays où la peau n'est pas blanche[27] (propos de Vava).

> Je le répète, je suis curieuse. Je veux tout connaître, même si ce n'est pas à fond[28] (propos de Vava).

L'auteure ressemble un peu à un de ses personnages dans *Doucement le bonheur*, la Franco-Ontarienne Laurence (devenue Claire dans son passage d'Ottawa à Toronto) Martel, qui, même si elle craint de perdre sa langue maternelle, se plaît au milieu de langues multiples à Londres, où elle travaille comme traductrice :

> [Claire] est dans un environnement de travail où les langues et la façon de les traduire ont la plus haute importance. Elle entend le français, l'allemand, le russe, le polonais, le hollandais, l'espagnol, le japonais et plus ; l'immeuble dans lequel elle travaille ressemble à *une tour de Babel. Et elle y est à l'aise*[29].

---

[26] Marguerite Andersen, *Parallèles, op. cit.*, p. 198.
[27] Marguerite Andersen [et] Paul Savoie, *Conversations dans l'interzone*, Sudbury, Éditions Prise de parole, 1994, p. 57.
[28] *Ibid.*, p. 95.
[29] Marguerite Andersen, *Doucement le bonheur, op. cit.*, p. 170. C'est moi qui souligne.

D'une certaine façon, cela résume un peu le parcours de cette auteure qui édifie une œuvre au carrefour de cultures multiples et qui, en dépit des rapports difficiles à l'Homme et à l'Allemagne, a su trouver «doucement le bonheur» dans une langue autre, d'adoption, tout en célébrant toujours toutes les différences. En cela, Marguerite Andersen ressemble également au personnage de la fille de Claire Martel. En 1952, à Toronto, la fillette aime célébrer toutes les fêtes, ce à quoi sa mère semble l'encourager :

> Il y a les fêtes tristes, comme le 6 août, jour où l'on se souvient de la bombe atomique sur Hiroshima. [...] Puis, il y a les fêtes joyeuses : celle de Nathalie [...] de sa mère [...] Noël, Pâques, Hanouka, Rosh Hashana, Yom Kippour [...], la Saint-Jean et le Nouvel An. [...]. Nathalie aime les fêtes [...] à la maison, on n'en saute pas une[30].

J'évoquerais ici, en faisant un grand saut, l'image de la spirale, spirale de la fête, image de la spirale que Marguerite Andersen affectionne particulièrement. Son autre *alter ego*, Vava dans *Conversations dans l'interzone*, en parle avec clarté : «J'aime le cercle, mais j'aime encore mieux la spirale. Le cercle est fermé ; la spirale, ouverte à tout enlacement pourvu qu'il se déroule en douceur[31]» (propos de Vava).

Cultures, langues, magnifique Babel, fêtes, carnaval, célébration de l'altérité dans un mouvement spiralé, ouvert tous azimuts, dialogique, euphorique, doux, sans violence, voilà qui peut compenser pour les nombreuses figures dysphoriques qui parcourent cette œuvre conçue dans la perspective de la multiplicité, du fragmentaire, mais unie par un discours[32] dialogique que j'appellerais d'accueil de l'Autre, un Autre bénéfique, fait d'ouverture à ce qui se distingue, se différencie, sans jamais taire la souffrance prove-

---

[30] *Ibid.*, p. 188.

[31] Marguerite Andersen [et] Paul Savoie, *Conversations dans l'interzone*, op. cit., p. 92.

[32] D'un point de vue fonctionnel, à l'échelle de l'œuvre, le discours narratif fonctionne autour d'au moins deux complications, l'Allemagne nazie, honnie, et l'homme néfaste, deux figures de la violence et deux agents de malheur avec lesquels la femme pâtit, souffre. Des complications aussi qui provoquent une réaction, la fuite, et conséquemment l'errance, mais qui mènent à la résolution, le refuge dans le français, par l'étude, l'enseignement et l'écriture, la communication et la création. La démarche artistique, esthétique répare ainsi les malheurs du passé. La femme devient enfin agent de son bonheur dans la douceur, loin de toute violence, sinon pour la dénoncer.

nant de l'Autre maléfique, dénonçant sans pitié le mal sous toutes ses formes, surtout la violence, le fascisme, la bêtise.

De *De mémoire de femme*, œuvre marquée par les violences nazies et conjugales, à *L'homme-papier*, œuvre marquée par la représentation de l'homme transmué en papier, donc non violent, jusqu'à *Doucement le bonheur*, où l'homme violent redécouvre en fin de parcours la douceur de vivre et le bonheur, on voit l'inscription de ce qui est au cœur même de la pensée de Marguerite Andersen : le désir de l'élimination de toute violence, véritable complication humaine – de l'humanité – et le désir de la douceur, de l'harmonie et du bonheur, de la relation pacifique, amicale et amoureuse entre les humains. Cela dans une fusion dialogique et non conflictuelle, pacifiée avec l'altérité française devenue sienne, familière, lieu d'un chant utopique :

> Le paradis n'est donc pas perdu. Malgré la vie fragmentée, coupée en tranches, les drames occasionnels et douloureux, le travail parfois mercenaire, il reste accessible.
> Le bleu y persiste, et le blanc. Ciel, sable, eau. Clarté.
> Peu importent les détails du parcours, la boucle est bouclée[33].

En dépit de tous les obstacles devant l'altérité et l'adversité, l'espoir utopique demeure au cœur de l'œuvre de Marguerite Andersen. Dans un autre ouvrage, il faudra parler de l'autre altérité, où se terre la véritable utopie, celle de *L'autrement pareille*, de la femme dans toutes ses autres dimensions et ses autres relations avec elle-même.

---

[33] Marguerite Andersen, *Bleu sur blanc, op. cit.*, p. 78.

Bibliographie

Andersen, Marguerite, *L'autrement pareille*, Sudbury, Éditions Prise de parole, 1984, 94 p.
Andersen, Marguerite, *Bleu sur blanc. Prose poétique*, Sudbury, Éditions Prise de parole, 2000, 81 p.
Andersen, Marguerite, *Les crus de l'Esplanade. Nouvelles*, Sudbury, Éditions Prise de parole, 1998, 221 p.
Andersen, Marguerite, *De mémoire de femme*, Ottawa, Éditions L'Interligne, 2002 [1982], 355 p.
Andersen, Marguerite, *Doucement le bonheur. Roman*, Sudbury, Éditions Prise de parole, 2006, 197 p.
Andersen, Marguerite, *L'homme-papier*, Montréal, Éditions du Remue-ménage, coll. «Connivences», 1992, 149 p.
Andersen, Marguerite, *Parallèles. Fiction documentaire*, Sudbury, Éditions Prise de parole, 2004, 263 p.
Andersen, Marguerite [et] Paul Savoie, *Conversations dans l'interzone*, Sudbury, Éditions Prise de parole, 1994, 133 p.
Bakhtine, Mikhaïl, *Esthétique de la création verbale*, traduit du russe par Alfreda Aucouturier, préface de Tzvetan Todorov, Paris, Gallimard, coll. «Bibliothèque des idées», 1984, 400 p. [Paru d'abord aux Éditions Iskoustvo, Moscou, 1979.]
Belleau, André, «Du dialogisme bakhtinien à la narratologie», *Études françaises*, vol. XXIII, n° 3 (hiver 1988), p. 9-17.
Boivin, Aurélien *et al.*, *Dictionnaire des œuvres littéraires du Québec*, tome VII, 1981-1985, Montréal, Fides, 2003, lxv - 1229 p.
Harel, Simon, *Le voleur de parcours: identité et cosmopolitisme dans la littérature québécoise contemporaine*, Montréal, Préambule, 1989, 309 p.
Lyotard, Jean-François, *La condition postmoderne: rapport sur le savoir*, Paris, Éditions de Minuit, 1979, 109 p.
Martel, Réginald, «Les solitudes groupées», *La Presse*, 10 janvier 1999, p. B-4.
Ouellet, Pierre et Simon Harel (dir.), *Quel autre? L'altérité en question*, Montréal, VLB éditeur, coll. «Le soi et l'autre», 2007, 386 p.
Paterson, Janet M., *Figures de l'autre dans le roman québécois*, Québec, Éditions Nota bene, coll. «Littérature(s)», 2004, 238 p.
Robin, Régine, *La Québécoite. Roman*, Montréal, Typo, 1993 [1983], 229 p.

LES CRUS DE L'ESPLANADE DE MARGUERITE ANDERSEN : « LE RÈGNE DE L'ERSATZ ! »

Catherine Parayre
Université Brock

Dans la nouvelle qui donne son titre à la collection *Les crus de l'Esplanade* de Marguerite Andersen, la vie des résidents, pour la plupart retraités, d'un immeuble de la rue Church à Toronto s'est transformée depuis qu'ils ont pour nouveau passe-temps de produire, à partir d'un concentré, le vin qu'ils consomment : bientôt, on organise des fêtes, on se rend visite la nuit, on troque ou vend ses bouteilles, on se parle et, surtout, on se met à boire à l'excès. Il n'est guère surprenant que l'administrateur de la résidence, Monsieur Renault, voie l'activité œnologique des locataires d'un fort mauvais œil, d'autant plus que ce dernier, originaire d'une région viticole française, se montre scandalisé par l'amateurisme des viticulteurs en herbe et la mauvaise qualité du vin qu'ils fabriquent : « Quel pays ! Du vin en poudre et du fromage multicolore ! [...] D'après *Le Larousse*, les forêts et la glace dominent au Canada. Mon œil ! On assistait au règne de l'ersatz[1]. » La remarque est perfide et

---

[1] Marguerite Andersen, *Les crus de l'Esplanade*, Sudbury, Éditions Prise de parole, 1998, p. 23. Désormais, les références à cet ouvrage seront indiquées par le sigle *CE* suivi du folio, et placées entre parenthèses dans le texte.

l'emploi du terme *ersatz* désigne, de toute évidence et toujours selon *Le Larousse*, « un produit de remplacement de moindre qualité ».

Force est pourtant de constater qu'on assiste, dans l'ensemble des nouvelles de la collection de Marguerite Andersen, au règne de la substitution, à tel point que le thème central du récit « Les crus de l'Esplanade » peut être considéré comme étant aussi celui du recueil entier. D'une part, de nombreuses nouvelles thématisent le rôle d'objets dont la fonction consiste à compenser un vide dans la vie des personnages. D'autre part, la nouvelle chez l'auteure est aussi, en tant que genre, une forme d'ersatz. En effet, dans *Les crus de l'Esplanade*, les brefs récits rapportant une anecdote centrée sur un détail plutôt que sur un développement narratif ou psychologique paraissent être, en raison du contenu de certaines scènes, les ersatz d'un type de récit plus long, l'autobiographie. Néanmoins, la définition de l'ersatz qui s'applique à ces nouvelles est tout autre que celle suggérée par Monsieur Renault, car, contrairement à l'ersatz vinicole dont celui-ci se plaint, les objets de substitution mentionnés dans les nouvelles, de même que les courts récits tenant lieu d'une narration plus étoffée, ne sauraient être perçus de manière aussi entièrement négative. Chez Marguerite Andersen, l'ersatz évoque assurément une profonde détresse, mais, plus encore, une stratégie pour y remédier. Faisant écho à divers travaux critiques portant sur la notion de traumatisme, l'étude du « règne de l'ersatz » mettra en évidence comment l'objet qui comble une crise existentielle et la collection d'anecdotes, masque d'un projet qu'on peut supposer en partie autobiographique[2], constituent, en se substituant à l'aveu d'épreuves ou de conflits esquissés à demi-mot, des indices à suivre et préfigurent d'autres histoires.

Le réalisme du traumatisme

À l'exception de la nouvelle « Les crus de l'Esplanade », le règne de l'ersatz dans l'ouvrage n'est pas sans rappeler les stratégies

---

[2] Comme on le verra dans l'analyse, la dimension autobiographique dans *Les crus de l'Esplanade* est indéniable pour quiconque est familier de l'œuvre de Marguerite Andersen. Il importe toutefois de se prêter au jeu de la fiction à la lecture des nouvelles, puisque celles-ci sont présentées comme de la fiction.

existentielles et narratives mises en place à la suite d'une expérience traumatisante. Riches en analyses sur le sujet, les recherches de Sigmund Freud présentent le traumatisme comme un choc qui, non résolu, se répète inlassablement dans la psyché. Ces travaux seront plus tard poursuivis et approfondis dans ceux de Jacques Lacan et de Jean Laplanche[3]. C'est néanmoins un traité du pédagogue Célestin Freinet qui guidera ici la réflexion sur les notions d'ersatz et de traumatisme. De son avis, l'expérience d'une déception ou d'un manque peut être compensée par un acte de remplacement, par exemple lorsqu'un nourrisson dont la faim n'est pas assouvie suce son pouce. Si nécessaire, il peut même se créer une « vie ersatz » tournée vers des comportements gratifiants, afin de diminuer les contrariétés et les drames de la vie réelle. La « règle de vie ersatz » est un « refuge » ; on y « a recours lorsque les autres règles de la vie ont fait faillite[4] ». L'exemple du nourrisson affamé, pour lequel le geste remplace les mots qui lui manquent encore, suggère, en outre, que l'ersatz est susceptible de se substituer au témoignage de la souffrance. Or, on ne saurait exagérer l'importance de l'implicite et du non-dit dans le récit d'un traumatisme[5]. En fait, d'un point de vue littéraire, les vues sur le sujet sont, à l'occasion, tranchées. Ainsi, une critique telle que Mieke Bal argumente que le traumatisme ne peut en aucun cas donner lieu à une véritable narration, car il est le produit d'un événement qui, en raison du trouble émotionnel causé, reste soit irrésolu soit impossible à communiquer[6]. Sans doute la tentative de narration donne-t-elle un sens au traumatisme, de même qu'elle fournit un contexte, mais, de l'avis de Mieke Bal, le témoignage d'une telle expérience relève plus d'une mise en scène

---

[3] Citons, parmi les analyses les plus connues de Sigmund Freud, celle de l'homme aux loups dans « Extraits de l'histoire d'une névrose infantile » (1917), reprise par Jacques Lacan dans *Les quatre concepts fondamentaux de la psychanalyse* (1964) et par Jean Laplanche dans *Nouveaux fondements pour la psychanalyse* (1987).

[4] Célestin Freinet, *Essai de psychologie sensible II : rééducation des techniques de la vie ersatz*, Paris, Delachaux et Niestlé, p. 6.

[5] Cathy Caruth, *Unclaimed Experience: Trauma, Narrative, and History*, Baltimore, Johns Hopkins University Press, 1996, p. 5. Voir son approfondissement du travail de Sigmund Freud dans *Au-delà du principe de plaisir* et autres textes.

[6] Mieke Bal, « Introduction », dans Mieke Bal, Jonathan Crewe et Leo Spitzer (dir.), *Acts of Memory: Cultural Recall in the Present*, Hanovre et Londres, University of New England, 1994, p. viii.

suggestive que d'un exposé complexe[7]. Dans ce débat, on peut également faire appel à la notion de « traumatic realism » que présente le critique d'art Hal Foster dans le domaine des arts visuels et qui se montre utile dans l'analyse littéraire. Ce dernier affirme que l'art du XXe siècle renouvelle la façon de comprendre le traumatisme. Plutôt que d'atteindre *« the mastery of trauma »*, aspect du plus haut intérêt pour Freud, dont le travail consiste précisément à fournir une théorie rationnelle des mécanismes de l'inconscient, la thématique du traumatisme chez les artistes contemporains *« suggests an obsessive fixation on the object »*, non seulement pour amoindrir l'effet traumatisant, mais aussi, paradoxalement, pour le produire, c'est-à-dire l'accentuer, voire le recréer[8]. Ajoutons que les lecteurs d'aujourd'hui, à croire Hal Foster, sont formés à la réception du *« traumatic realism »*. Nous vivons dans une société qui n'hésite pas à exprimer sa *« fascination with trauma »* : *« For many in contemporary culture truth resides in the traumatic or abject subject, in the diseased or damaged body*[9] *»*. Deux raisons principales en sont données. Premièrement, le discours sur le traumatisme correspond, du point de vue de la psychanalyse, à l'anéantissement du sujet disparu dans l'indicible du choc. Deuxièmement et de manière opposée, il garantit, dans la culture populaire, une place de choix à ce même sujet devenu témoin ou survivant. Il en ressort que *« in trauma discourse […] the subject is evacuated and elevated at once*[10] *»*.

Ces observations ne sont pas sans trouver une résonance dans *Les crus de l'Esplanade*. En effet, les nouvelles de Marguerite Andersen n'y dépeignent pas tant le poids des chagrins, pertes, deuils et regrets subis par les personnages que leur manifestation par le biais d'objets symboliques qui facilitent chez les lecteurs une compréhension immédiate rendant superflue toute longue exposition de la souffrance émotionnelle des protagonistes. Leur présence en dit assez long pour éclairer, sans plus d'explications, la nature du conflit ou du traumatisme vécu par les personnages, et même pour en intensifier

---

[7] *Ibid.*, p. ix-x.
[8] Hal Foster, *The Return of the Real*, Cambridge, Massachusetts, MIT Press, 1996, p. 132. Foster prend pour exemple, chez Andy Warhol, la répétition dans la représentation d'objets.
[9] *Ibid.*, p. 166.
[10] *Ibid.*, p. 168.

l'effet. Ainsi, les objets les plus divers dans les nouvelles de cette auteure – lit, cercueil, lorgnette, bijoux, vêtements –, de même que la collection de brefs récits du recueil que rassemble *Les crus de l'Esplanade*, remplacent la longue narration impossible dont Mieke Bal fait mention, tout en se prêtant à une mise en scène évocatrice de situations douloureuses. En même temps, cette extériorisation permet de pallier une souffrance existentielle indéniable. Somme toute, les personnages traumatisés des nouvelles de Marguerite Andersen connaissent un sort à la fois banal, évoqué par de simples objets au symbolisme accessible, «signatures des micro-histoires de tout le monde[11]», et extraordinaire, étant donné qu'il suffit d'un objet pour cristalliser et «produire» la tension traumatique qui déchire leur vie. D'un certain point de vue, l'objet révèle le sujet et les problèmes qu'il rencontre; «oppos[é] à je», il est, comme l'affirme Julia Kristeva, ce qui «m'équilibre dans la trame fragile d'un désir de sens[12]». Cette impression de révélation d'une signification est particulièrement sensible dans le cas de descriptions littéraires (ici celles d'objets), mode d'expression qui «n'est [...] pas proprement une réponse à la question *Quid est*, qu'est-il? mais à celle-ci, *Quis est*, qui est-il[13]?». Il importe aussi de retenir la nuance de fragilité, c'est-à-dire d'incertitude, qu'invoque Julia Kristeva, car l'objet «ne renvoie pas les images réelles, mais les images désirées [...]. Et je peux le regarder sans qu'il me regarde. Voilà pourquoi s'investit dans les objets tout ce qui n'a pu l'être dans la relation humaine[14].» Si les objets disent le «je» du personnage, ils savent aussi le taire. L'objet est là pour suggérer sans nommer.

La première nouvelle du recueil *Les crus de l'Esplanade*, «Comme à la décharge», est, à ce titre, exemplaire: «Quand on lui demande s'il veut tel ou tel objet qui sinon serait jeté, Alain ne dit jamais non», apprend-on d'emblée (*CE*, 7). Cette déclaration est suivie d'une

---

[11] Michel de Certeau, *L'invention du quotidien I: arts de faire*, Paris, Union générale d'éditions (UGE), 1980, p. 138.
[12] Julia Kristeva, *Pouvoirs de l'horreur: Essai sur l'abjection*, Paris, Seuil, 1980, p. 9.
[13] Apostolos Lampropoulos, *Le pari de la description: l'effet d'une figure déjà lue*, Paris, L'Harmattan, 2002, p. 34. Cette citation est tirée du *Dictionnaire de grammaire et de littérature. Extrait de l'encyclopédie méthodique*, paru en 1789.
[14] Jean Baudrillard, *Le système des objets*, Paris, Gallimard, 1968, p. 108.

longue énumération d'objets hétéroclites qu'Alain entasse chez lui depuis des années. Un objet, cependant, est particulièrement symbolique à ses yeux. Il s'agit d'un «beau lit en bois d'acajou, modèle traîneau» (*CE*, 10) qu'une inconnue dépose, un jour, chez lui après s'être séparée de son mari. Alain hésite ; le lit occupe beaucoup de place. Mais il ne sait pas refuser et voilà l'article encombrant installé chez lui. Trouvant le lit d'acajou confortable, Alain y dort bien et, le matin, reposé, il se sent heureux. Dans le lit, Alain vit, comme dans un conte merveilleux, coupé de la réalité : «Un jour, une princesse viendra l'embrasser et la cabane aux mille objets deviendra un palais sans pareil» (*CE*, 11). Devenu collectionneur, Alain substitue de cette façon le rêve à la réalité et, par ce moyen, rend sa vie plus supportable, car, si le rêve est magnifique, la réalité, littéralement meublée de solitude, est «un cauchemar» (*CE*, 11). Déjà le titre suggérait que la collection d'Alain, semblable à une «décharge», est le symptôme d'un problème qui tourmente le personnage. La fin du récit indique explicitement de quoi il retourne : le lit, symbole du mariage, n'est plus occupé que par une seule personne du moment où Alain le recueille chez lui «[p]arce qu'évidemment Alain n'a pas de femme. Personne n'a jamais voulu de ce bonhomme qui accepte sans discriminer les restes ou le superflu des autres» (*CE*, 11).

Une même problématique est posée dans d'autres nouvelles du recueil, par exemple lorsqu'une jeune femme se voit offrir par son mari amateur de chasse un collier kenyan composé de minuscules figurines animales. Un jour, elle perd un des morceaux du collier, finit par le retrouver et se rend chez l'orfèvre qui avait serti le bijou. Le collier, qui trahit les préférences du mari et, par conséquent, le peu d'intérêt qu'il accorde à celles de sa femme, est le symbole de la carence affective qui touche cette dernière, de même que de sa volonté grandissante de mener une vie plus satisfaisante : trouvant l'artiste kenyan à son goût, elle troque prestement son mari pour sa nouvelle connaissance, qu'elle suit au Kenya. Là, elle et son nouveau compagnon se passionnent pour les safaris photos, alors que le mari rêvait d'un safari de chasse. Depuis, la jeune femme envoie régulièrement des photos du Kenya à son mari et à ses enfants. Le mari qui rêvait du Kenya est remplacé par un

Kenyan; au safari animalier, qui n'enthousiasmait guère la jeune femme, se substitue le safari photographique. Tout aussi curieuse est l'histoire d'un cadeau, à savoir un pessaire contraceptif, qu'une mère envoie à sa fille, qui vient d'avoir son deuxième enfant et n'en souhaite plus. Bien qu'elle ne l'utilise pas, la fille le garde dans ses affaires, comme s'il s'agissait d'un talisman qui la protégerait d'une grossesse non désirée. Le moyen contraceptif revêt à ses yeux une valeur magique, objet qui paraît avoir le pouvoir d'assurer la réalisation de ses désirs. Et c'est effectivement ce qui semble se passer jusqu'au jour où, peu de temps après avoir égaré le cadeau maternel, elle se trouve de nouveau enceinte.

Toutefois, les récits de Marguerite Andersen sont souvent plus angoissés, ainsi lorsqu'une jeune femme munie d'une lorgnette se poste chaque jour à la fenêtre de son appartement et observe un ouvrier sur un chantier voisin, afin d'échapper à la solitude, ou bien lorsqu'une actrice âgée s'amuse dans sa chambre à porter les costumes de scène qu'elle arborait au faîte de sa carrière pour oublier l'isolement de la vieillesse. Plus dramatiques encore sont les nouvelles dans lesquelles les personnages réfléchissent à leur propre mort. Par exemple, Laure, une vieille dame qui a vécu seule toute sa vie, arrange ses propres funérailles et va jusqu'à s'acheter un cercueil, dans lequel elle prend l'habitude de passer la nuit. C'est là qu'on la trouve après sa mort. Depuis son enfance, tandis que son père, autoritaire, l'éduquait selon des règles rigides et faisait des loisirs une dure compétition que seule une stricte discipline pouvait justifier, jusqu'à l'âge adulte où elle travaille comme strip-teaseuse et danse, chaque nuit, sur une chorégraphie bien réglée pour séduire les visiteurs du bar sans jamais s'approcher d'eux, Laure n'a guère eu de contact spontané et chaleureux avec autrui. Sa mort dans le cercueil est le point culminant qui, par la pose du corps, présente (en spectacle) le malheur jamais exprimé de toute une vie : « Elle y gît, raide, oh, si raide! Morte sans avoir connu... quoi? La douceur? La joie? Le plaisir? Sans avoir aimé, vécu? Mais ce sont des questions qui ne se posent pas. Comme toujours, Laure impose le silence » (*CE*, 95). Dans « De fil en aiguille », une autre dame âgée, qui se donne toutes les peines pour se concentrer sur le raccommodage d'un corsage, se livre à ses souvenirs, mais admet que seul le travail manuel lui permet de ne pas penser à la mort. Le temps passé à recoudre fait oublier le temps qui fuit : « Mais si jamais elle venait à mourir, là, dans son fauteuil ou devant sa planche à repasser… ? Vite, branchons le fer, repassons la belle blouse, oublions ces fantaisies qui ne sont pas de mise pour une vieille dame comme il faut » (*CE*, 179)[15]. L'objet révèle le drame de l'existence, mais l'adoucit tout à la fois :

> L'objet est ce dont nous faisons notre deuil – en ce sens qu'il figure notre propre mort mais dépassée (symboliquement) par le fait que nous le possédons, par le fait que, en l'introjectant dans un travail de deuil, c'est-à-dire en l'intégrant dans une série où 'travaille' à se rejouer continuellement en cycle cette absence, nous résolvons l'événement angoissant de l'absence et de la mort réelle[16].

Qu'ils remplacent une contraception scientifique avérée, l'amour d'un mari négligent ou la présence d'une compagne ou d'un compagnon dans la vie, ces ersatz, qui facilitent la négociation émotionnelle d'une crise ou d'une situation difficile, occupent une place non négligeable dans les « inventaires » et les « énumérations[17] » dont François Paré estime qu'ils comptent parmi les caractéristiques les plus marquantes des nouvelles de Marguerite Andersen. Plus exactement, ils dissimulent généralement la honte d'être seul ou de se sentir différent, mais aussi, dans la dernière nouvelle, « Buchenwald », la « honte » (*CE*, 210) de l'émigrée allemande qui se souvient de l'histoire de son pays d'origine. Lors d'une visite du camp de

---

[15] À noter ici le symbolisme traditionnellement féminin du tissage et du filage et le commentaire temporel qu'il suscite. Ainsi, Pénélope tisse chaque jour une tapisserie qu'elle défait la nuit afin de gagner du temps sur ses adversaires, à qui elle a promis d'accepter un nouveau mariage une fois la toile achevée, ce qui aurait pour conséquence d'exclure son mari Ulysse du royaume. Ariane, pour sa part, déroule un fil dans le labyrinthe pour pouvoir influencer le destin. Voir John Scheid et Jesper Svensko, *The Craft of Zeus : Myths of Weaving and Fabric*, Cambridge, Massachusetts, Harvard University Press, 1996, p. 68-69 ; p. 97. On peut également penser au mauvais sort qui, dans « La belle au bois dormant » de Charles Perrault, condamne la jeune princesse à une mort prématurée. Seule l'intervention d'une bonne fée permet de réviser la sentence : la jeune fille ne mourra pas, mais sera jetée dans un sommeil qui durera 100 ans, lorsqu'elle se piquera le doigt au rouet. C'est un prince qui la réveille d'un baiser une fois le temps prescrit écoulé.

[16] Jean Baudrillard, *op. cit.*, p. 117.

[17] François Paré, « Souveraineté et détournement du regard dans les nouvelles de Marguerite Andersen », *University of Toronto Quarterly*, vol. 68, n° 4, octobre 1999, p. 828.

concentration éponyme, celle-ci « ramasse furtivement une petite pierre triangulaire, noire comme les triangles que portaient les détenus qualifiés d'anarchistes », et s'écrie : « Il me faut ce *memento mori* concret, touchable, lourd » (*CE*, 214). Une fois le caillou en poche, elle continue sa visite et quitte le camp bouleversée, mais prête toutefois à faire face aux menues tracasseries de la vie avec plus de sérénité et même à dissocier la culpabilité historique de l'Allemagne de son propre sort, car elle n'a pas commis de crime. Munie de cet ersatz thérapeutique, la narratrice devient, comme ceux qui portaient le triangle noir, une « anarchiste », faisant preuve à la fois de solidarité envers ces victimes du nazisme et d'une liberté personnelle qui lui fait prendre conscience que la honte qui l'habite ne fait pas d'elle un « être allemand de mauvaise renommée » (*CE*, 209). La fin de la nouvelle, qui coïncide avec la fin du recueil, précise que la narratrice, de retour dans la maison de sa sœur, où elle séjourne, finit par apprécier le bonheur simple des vacances d'été. En particulier, elle est dorénavant sensible au charme enfantin de sa nièce, dont le comportement l'avait pourtant jusqu'alors irritée, au point qu'il évoquait en elle des souvenirs d'un passé brutal : « Barbelés. Wagons à bestiaux. Bergers allemands. Chambres à gaz et fours crématoires » (*CE*, 208). Le caillou ersatz la libère de ces associations exagérées : elle « cesse de [s']apitoyer sur [son] sort » et comprend soudain qu'elle peut aimer « une petite fille mal élevée [qu'elle a] injustement associée aux crimes de ses aïeux » (*CE*, 217 et 220). Ce développement évoque la citation de Jean-Paul Sartre dans *De mémoire de femme* – « La conscience est constamment entourée d'un cortège d'objets-fantômes[18]. » – et suggère que l'objet représente et met en relief une conscience qui est à la fois mémoire et sentiment moral.

Traces autobiographiques

Au demeurant, comme dans d'autres nouvelles du recueil, en particulier celles où la narratrice s'exprime à la première personne, cette anecdote nourrit le soupçon autobiographique par une série

---

[18] Marguerite Andersen, *De mémoire de femme*, Ottawa, Éditions L'Interligne, 2002 [1982], p. 37. La citation provient de Jean-Paul Sartre, *L'imaginaire : Psychologie phénoménologique de l'imagination*, Paris, Gallimard, 1940, p. 175.

d'allusions au vécu de l'auteure, sans que celles-ci ne soient pourtant jamais vérifiées. En fait, les nouvelles de Marguerite Andersen peuvent être lues comme autant d'ersatz à un récit autobiographique, à en juger, par exemple, par les exergues qui précèdent les deux parties des *Crus de l'Esplanade*. Le premier, citation tirée d'un ouvrage antérieur de l'auteure, *L'homme-papier*, donne le ton de la fiction : «Rassure-toi. C'est une histoire faite essentiellement de mots et de papier...» (*CE*, 1)[19]. Le second, citation de Pierre Pelletier, inscrit, au contraire, le vécu dans la fiction : «Nous ne perdons rien à nous ancrer dans le vrai» (*CE*, 137). Certes, les liens entre le vécu et le fictif sont indéniables. Marguerite Andersen, bien qu'elle brouille délibérément les traces autobiographiques, ne les laisse pas passer inaperçues. Ainsi, la vie de certaines narratrices et celle de l'auteure sont indiscutablement semblables en certains points : l'origine allemande, la vie dans l'Allemagne nazie, l'émigration, les mariages et les enfants, les études et la carrière littéraire. Cette information biographique est notamment communiquée dans deux autres ouvrages, *De mémoire de femme* et *Parallèles*[20]. Mais, répétons-le, à la simple lecture des nouvelles des *Crus de l'Esplanade*, ces données ne sauraient suffire à véritablement leur attribuer une portée autobiographique.

En effet, aucune intention autobiographique n'est signalée dans le recueil ; il n'existe donc aucun «pacte autobiographique» entre l'auteure et les lecteurs tel que Philippe Lejeune le définit : «Les formes du pacte autobiographique sont très diverses : mais, toutes, elles manifestent l'intention d'honorer sa signature. Le lecteur pourra chicaner sur la ressemblance, mais jamais sur l'identité[21].» Or, c'est cette attestation d'identité qui est absente dans les nouvelles : ces dernières ne contiennent pas de référence explicite à la vie de l'auteure. En vérité, Marguerite Andersen fait part dans *Parallèles*, texte qu'elle définit comme une «fiction documentaire», de sa méfiance à l'égard du récit autobiographique et de l'histoire vraie. Dans une remarque qui pourrait s'appliquer à l'ensemble de

---

[19] Cette citation est tirée de Marguerite Andersen, *L'homme-papier*, Montréal, Éditions du Remue-ménage, 1992, p. 43.

[20] À noter que *L'autrement pareille* (1984), texte poétique traitant des rapports mère/fille, contient différentes allusions biographiques.

[21] Philippe Lejeune, *Le pacte autobiographique*, Paris, Seuil, 1975, p. 26.

son œuvre, elle confie : « [J]e tiens à rester dans la réalité tout en faisant galoper l'imagination qui me distancie des événements. Pas trop, juste assez pour pouvoir écrire[22] ». L'auteure a recours à ce que François Paré appelle le « détournement » du regard[23], c'est-à-dire de l'histoire. Le vrai transite par la fiction et le regard de l'auteure se cache derrière celui des personnages. S'il ne s'agit pas d'autobiographie, on peut alors se demander si *Les crus de l'Esplanade* relève de l'autofiction, notion née sous la plume de Serge Doubrovsky et mode d'écriture particulièrement prisé de nos jours. Lucie Hotte souligne la pertinence du concept à propos de *De mémoire de femme*, dont le sous-titre ajoute qu'il s'agit d'un « récit en partie autobiographique », car l'autofiction entreprend précisément « la fictionnalisation de l'expérience vécue[24] ». Néanmoins, Lucie Hotte émet une réserve quant à l'emploi de cette notion, lorsqu'elle signale que *De mémoire de femme* n'attribue le nom de l'auteure ni à la narratrice ni à un personnage, comme c'est typiquement le cas dans l'autofiction[25]. Cette caractéristique est également absente des *Crus de l'Esplanade*. Ni autobiographie ni autofiction, et pourtant pas entièrement fiction, cette collection de nouvelles échappe bel et bien à toute définition. Et pourtant, les lecteurs ne sauraient ignorer les stratégies d'entrecroisement du vécu et du réel qui l'animent. En fait, peut-être faut-il se contenter de cette notion d'entrecroisement pour décrire la tactique utilisée, qui révèle les limites du vécu et du fictif tout en les troublant.

Les illustrations ne manquent d'ailleurs pas dans l'œuvre de Marguerite Andersen. En particulier, la comparaison de différents passages des *Crus de l'Esplanade* avec certains événements ou détails relatés essentiellement dans *Parallèles* et, à un moindre degré, dans *De mémoire de femme*, livre des ressemblances frappantes, même si les tentatives d'identification avec la vie de l'auteure ne sont jamais

---

[22] Marguerite Andersen, *Parallèles*, Sudbury, Éditions Prise de parole, 2004, p. 12-13. Désormais, les références à cet ouvrage seront indiquées par le sigle *P*, suivi du folio, et placées entre parenthèses dans le texte.
[23] François Paré, « Souveraineté... », *op. cit.*, p. 830.
[24] Lucie Hotte, « Préface : l'écriture et la vie », dans Marguerite Andersen, *De mémoire de femme*, Ottawa, Éditions L'Interligne, 2002 [1982], p. 12.
[25] *Ibid.*

entièrement concluantes. D'une part, *Parallèles* et *De mémoire de femme* ne spécifient pas lesquels de leurs éléments appartiennent à la fiction, dont ils se réclament partiellement. Certaines informations biographiques sont certes identifiables, mais les aspects plus personnels, voire intimes, ne reçoivent pas la garantie d'une authenticité vécue. D'autre part, outre ce mélange inextricable de fiction et de vécu, les éléments communs à ces ouvrages, qu'ils soient fictifs ou non, sont parsemés, parfois de façon contradictoire, dans diverses nouvelles des *Crus de l'Esplanade*, y compris dans certaines qui semblent s'éloigner de toute référence personnelle.

Ainsi, dans *Parallèles*, Marguerite Andersen confie sa «honte» d'avoir, encore jeune, acclamé Hitler lors d'un défilé du Premier mai et de n'avoir rien entrepris pendant la guerre pour résister, comme ses parents l'ont fait, au nazisme: «C'est comme une tare dont je ne réussirai jamais à me débarrasser» (*P*, 49)[26]. Une même culpabilité est avouée dans «Buchenwald»: «Je porte le crime en moi, celui des autres, la possibilité du mien» (*CE*, 209). Une autre référence à la guerre apparaît dans la nouvelle intitulée «Ô Canada!», qui met en scène une écrivaine assise dans un train en route vers Toronto, son lieu de résidence, qui se remémore «un compartiment de seconde classe d'un train se trimbalant à travers la confusion de l'Europe de l'après-guerre» (*CE*, 182). Dans *Parallèles*, la narratrice, écrivaine aussi, fait mention des trains bondés qu'elle a pris pendant la guerre (*P*, 108). Dans «Elle s'appelait Christiane» se dessine une fois encore un itinéraire existentiel semblable en certains points à celui de la narratrice de *Parallèles*, depuis l'expérience de la guerre à Berlin jusqu'à l'émigration au Canada, en passant par les années de mariage à Tunis, où naissent deux enfants, et finalement une carrière dans la création. Certes, Christiane se décide pour la peinture, qu'elle commence à pratiquer à Tunis sous les encouragements de son mari, alors que la femme dépeinte dans *Parallèles* fait en Afrique du Nord l'expérience de la pauvreté et, «mariée à contrecœur», d'une relation éprouvante (*P*, 128). Plus tard, Christiane expose ses

---

[26] De semblables reproches apparaissent dans les réflexions du personnage principal dans *De mémoire de femme*.

œuvres dans des musées canadiens; la narratrice de *Parallèles* fait publier les siennes. De telles similitudes et divergences ne peuvent échapper à l'attention des lecteurs.

Les références aux parents s'entrecroisent elles aussi fréquemment. Par exemple, dans «Le corps écrit», la description du père de la narratrice, attablé devant la vieille Remington (*CE*, 202), est reprise dans *Parallèles* (*P*, 102). De même, Marthe est le prénom d'une femme de 80 ans morte d'un cancer dans «Sois plus douce, Irma» et, dans *Parallèles*, celui de la mère de la narratrice. Toujours dans *Parallèles*, le souvenir de Marthe ne quitte pas la narratrice: «Ma mère survient deux trois fois par jour, calme influence» (*P*, 220). Une phrase similaire figure dans «De fil en aiguille», précisément la nouvelle dans laquelle une dame âgée s'emploie à raccommoder une blouse afin d'éviter les craintes existentielles: au nombre des souvenirs des défunts, «[s]a mère [...] lui apparaît plusieurs fois par jour» (*CE*, 176). La vieille dame ressemble à Marthe dans la «fiction documentaire», cette dernière ayant travaillé à la fin de la guerre à raccommoder du linge «dans le sous-sol d'un hôtel» (*P*, 133). De surcroît, elle partage certaines expériences de la narratrice écrivaine de *Parallèles*, c'est-à-dire de la fille de Marthe dans ce récit: toutes deux ont vécu en Afrique, en Europe et en Amérique du Nord, ont connu le mariage, y compris avec un mari alcoolique (*P*, 157), ainsi que le divorce, et l'écriture. Il est jusqu'à l'épisode du pessaire qui est rapporté dans les deux ouvrages. Dans *Parallèles*, Marthe écrit à sa fille, au sujet de la troisième grossesse: «*Drei brauchst Du nicht*, avait-elle marqué de son écriture énergique sur la petite carte qui accompagnait son cadeau. Deux, ça suffit» (*P*, 170). Suivent la description de la boîte contenant le diaphragme et la décision de ne pas utiliser celui-ci, de même que l'étonnement de le retrouver par hasard: «Le cadeau maternel va aux ordures. Un an plus tard naît mon troisième enfant. Un accident? Une fille en tout cas» (*P*, 171). Dans la version des *Crus de l'Esplanade*, le vocabulaire n'est guère différent: «*Drei brauchst Du nicht*, lisais-je sur la petite carte qui accompagnait le cadeau. "Deux, ça suffit".» Plus tard, lorsque la jeune femme retrouve le diaphragme, «[j]e le mets aux ordures», déclare-t-elle, et « [u]n an plus tard naît mon troisième enfant. Un accident ? Une fille en tout cas » (*CE*, 194 ; 199-200). S'il y a une touche autobiographique, elle est savamment diluée entre fiction et souvenir, prise dans les références entrecroisées, simple allusion offerte à diverses déductions.

En fait, le soupçon autobiographique se manifeste souvent dans la contradiction des chiffres et des noms. Par exemple, « De fil en aiguille » établit que la vieille dame a eu trois maris, « [u]n Allemand, un Français, un Danois » (*CE*, 177). C'est aussi le cas de la narratrice de *De mémoire de femme* : « J'ai vécu sur trois continents, je me suis mariée trois fois, j'ai eu trois enfants[27]. » Il n'est toutefois pas fait mention de mari allemand dans *Parallèles*. Dans la nouvelle, la vieille dame est mère de deux enfants, contrairement à la narratrice de *Parallèles* et à celle de *De mémoire de femme*, chacune ayant trois enfants, dont, pour la seconde, une fille qui s'appelle Marthe (toutes deux sont en vacances chez une amie, Marguerite, qui habite à Paris).

C'est ainsi que les indices et allusions biographiques s'accumulent, s'entrecroisent et se contredisent, et, par conséquent, nourrissent la fiction, jusqu'à ces fameux (ou infâmes, si l'on en croit le concierge français) crus de l'esplanade dans la nouvelle du même nom. En effet, la narratrice de *Parallèles* fait part de son opinion à propos des vins canadiens, qu'elle compare aux vins tunisiens : « Un deuxième verre de vin. Un morceau de fromage, quelques grains de raisin. Pas aussi bon que le raisin muscat d'une autre vie. Voyons, Marguerite, tu ne vas pas te mettre à regretter les fruits d'autrefois » (*P*, 235). Les répétitions, modulations et contradictions contenues dans les différentes œuvres de Marguerite Andersen, de même que ses déclarations dans sa fiction documentaire, rendent sensible dans *Les crus de l'Esplanade* un projet autobiographique ou autofictionnel plus large, tout autant qu'il l'élude ; les nouvelles en sont de toute évidence un ersatz.

Or, le format choisi, de courtes vignettes constituant une collection, est particulièrement approprié pour évoquer un tel flou. Walter Benjamin estime que les objets, une fois présentés sous la

---

[27] Marguerite Andersen, *De mémoire…*, *op. cit.*, p. 28.

forme d'une collection, nous «frappent», prennent une allure «allégorique» et sont «interprètes du destin[28]». Tout collectionneur devient, de la sorte, un «allégoricien[29]». Sans doute ces remarques qualifient-elles la collection de courts textes, de même que le font les observations de Roland Barthes à propos du fragment de récit, lorsqu'il affirme que celui-ci, ne se prêtant guère à l'imaginaire autobiographique, c'est-à-dire à l'élaboration d'un mythe personnel et à une cohérence existentielle factice, possède dans sa sobriété une valeur d'authenticité : «J'ai l'illusion de croire qu'en brisant mon discours, je cesse de discourir imaginairement sur moi-même[30]». Malgré cela, reprend Roland Barthes, le fragment est un «mode de construction» qui rend le monde tantôt «irréel (je le parle différemment), tantôt déréel (je le parle avec peine)[31]» : une telle déclaration laisse entendre que toute impression de vécu reste trompeuse. De fait, comparables à des sketchs, les récits de Marguerite Andersen suggèrent, d'une part, que le protagoniste occupe «a mere function» dans le récit, bien plus qu'il n'est produit en tant que personnage, comme c'est le cas dans les textes plus longs, et, d'autre part, que l'expérience qui cherche à être communiquée est telle qu'elle ne peut pas être formulée selon des *«familiar forms»*, par exemple l'autobiographie[32]. Le sketch est l'ersatz d'un autre mode d'expression littéraire et, ainsi, silence éloquent. Pour reprendre Katherine Lagrandeur dans son étude de *L'autrement pareille*, récit aux teintes autobiographiques, «l'absence fait bruit». De même, le sketch fait «de l'absence une présence, de la présence une absence[33]» non seulement d'un autre texte, mais aussi d'une auteure. Autrement dit, la collection de

---

[28] Walter Benjamin, *Paris, capitale du XIXe siècle : le livre des passages*, traduit de l'allemand par Jean Lacoste, Paris, Éditions du Cerf, 2000 [1982], p. 223, 225.
[29] *Ibid.*, p. 228.
[30] Roland Barthes, *Roland Barthes par Roland Barthes, Œuvres complètes*, tome III, Paris, Seuil, 1993, p. 167.
[31] Roland Barthes, *Fragments d'un discours amoureux, Œuvres complètes*, tome III, Paris, Seuil, 1993, p. 462 ; p. 541.
[32] Sur le sketch, voir Amanda Claybaugh, «The Autobiography of a Substitute : Trauma, History, Howells», *Yale Journal of Criticism*, vol. 18, n° 1, 2005, p. 53.
[33] Katherine Lagrandeur, «*L'autrement pareille* de Marguerite Andersen : (s')écrire (en) silence», *Tangence*, vol. 56, décembre 1997, p. 94.

brefs récits dit et tait la voix autobiographique et le récit des traumatismes, petits et grands, qu'elle pourrait révéler. Pour utiliser la terminologie de Jean Baudrillard, ces sketchs ne sont ni vraiment une « représentation » autobiographique ni vraiment une « simulation » « sans rapport à quelque réalité que ce soit[34] ».

Vers d'autres histoires

En fin de compte et dans le but de reformuler la problématique jusqu'ici examinée, il convient de revenir à Walter Benjamin sur l'allégorie, car la notion d'ersatz et les stratégies utilisées dans *Les crus de l'Esplanade* rappellent le principe de substitution par lequel une figure renvoie à une idée. Pour Walter Benjamin, « le noyau de la vision allégorique » « n'est pas simplement la nature de l'existence humaine, mais l'historicité de la biographie individuelle »[35]. En d'autres termes, et bien qu'elle soit une « image fixée, en même temps que signe qui fixe », la représentation allégorique est une forme de connaissance du monde tout autant qu'un « objet digne lui-même d'être su[36] ». Pourtant, elle révèle le « mutisme » de la signification parce qu'elle rend sensible la difficulté de trouver un sens à l'expérience, d'autant plus que, dans l'allégorie, celui-ci ne semble jamais épuisé, réduit qu'il est à des formes fixes[37]. Alors que, d'après Hal Foster, le récit du traumatisme évacue et élève l'individu, l'allégorie, nous dit Walter Benjamin avant lui, « élèv[e] et abaiss[e] » simultanément le monde des objets et du vécu, car l'allégorie est « convention et expression », « technique froide, prête à servir, et [...] jaillissement expressif[38] ». Sans doute les objets dans les nouvelles de Marguerite Andersen et la collection d'anecdotes participent-ils à un semblable assemblage

---

[34] Jean Baudrillard, *Simulacres et simulation*, Paris, Éditions Galilée, 1981, p. 16-17.

[35] Walter Benjamin, *Origine du drame baroque allemand*, traduit de l'allemand par Sibylle Muller, Paris, Flammarion, 1985 [1963], p. 179. D'autres critiques après Walter Benjamin donneront un angle différent à l'approche de ce dernier. On peut citer, parmi eux, Jacques Derrida, Rosalind Krauss, Paul de Man ou encore Craig Owens, qui reprennent la définition de l'allégorie pour la placer dans le contexte postmoderne. Voir Hal Foster pour une discussion sur ces développements.

[36] *Ibid.*, p. 197.

[37] *Ibid.*, p. 242.

[38] *Ibid.*, p. 188.

paradoxal de connaissances et de conventions, d'expression et de limitation dans celle-ci, de dépréciation de l'expérience et de son appréciation, de mise en récit et de références au vécu. Le lit vide d'Alain, le cercueil dans lequel se couche une vieille femme, le corsage inlassablement raccommodé pour oublier la mort et d'autres objets encore, de même que le contournement de l'autobiographie par l'allusion et divers parallèles dans de courts sketchs pour évoquer ce qui est délicat à confier directement, illustrent tous ces caractéristiques de l'allégorie. À moins qu'on préfère penser, comme Herman Parret, que la dimension allégorique entraîne une « resémantisation du quotidien », c'est-à-dire qu'elle produit une « sagesse » et une « temporalité » nouvelles dans l'évocation des drames et des joies de l'existence[39] : « Nos vies, nos récits, nos arguments, nos souffrances, nos bonheurs » réservent parfois une place à « la présence de l'allégorique[40] » et s'en trouvent ainsi agrandis et porteurs de significations nouvelles. Le quotidien, hétérogène et répétitif, montre sans dire, puisque l'être « quotidien est à l'opposé du penseur, du philosophe, de l'artiste et de l'expert », mais comporte cependant des moments « sublimes » dès qu'il est « accentué dans sa quotidienneté par l'expérience esthétique[41] ». C'est ce qui se produit dans *Les crus de l'Esplanade*, où objets et anecdotes du quotidien, devenus emblématiques, sortent de l'ordinaire et nous instruisent sur le destin des personnages.

Il n'est alors guère étonnant que le règne de l'ersatz soit aussi celui de l'histoire. En effet, il existe toujours un dessein dans l'usage d'objets ou de récits de substitution. Ceux-ci remplacent autre chose et sont, par conséquent, des signes et des messages à déchiffrer. De tels objets suscitent l'anecdote et de semblables récits laissent deviner une autre histoire, que celle-ci soit fiction ou témoignage. Leur fonction consiste à faire déborder la lecture au-delà du texte, car ils supposent un développement hors des lignes offertes à l'analyse des lecteurs. Comme le rappelle Fredric Jameson, l'objet n'a de valeur que dans son utilisation et, à ce titre,

---

[39] Herman Parret, *Le sublime du quotidien*, Paris, Hadès/Benjamins, 1988, p. 23 ; p. 12.
[40] *Ibid.*, p. 11.
[41] *Ibid.*, p. 18-20.

quand l'objet en question est un livre, une des propriétés premières de la lecture est d'arriver à la conclusion de l'ouvrage[42]. On pourrait renchérir que *Les crus de l'Esplanade* s'emploie particulièrement à montrer que la lecture, en dépassant le cadre du texte, acquiert une valeur accrue. À partir de menus objets, la lectrice entraperçoit une histoire, de même qu'au fur et à mesure de la lecture des anecdotes de la vie torontoise et d'ailleurs, et en conjonction avec celle du récit documentaire dans *Parallèles* et de *De mémoire de femme*, une trace autobiographique semble se former. Plutôt que de marquer la médiocrité, l'ersatz est, chez Marguerite Andersen, l'amorce d'une histoire.

---

[42] Fredric Jameson, *Signatures of the Visible*, New York, Routledge, 1992, p. 11-12.

Bibliographie

Andersen, Marguerite, *Les crus de l'Esplanade*, Sudbury, Éditions Prise de parole, 1998, 221 p.

Andersen, Marguerite, *De mémoire de femme*, seconde édition, revue et corrigée, Ottawa, Éditions L'Interligne, 2002 [1982], 355 p.

Andersen, Marguerite, *L'homme-papier*, Montréal, Éditions du Remue-ménage, 1992, 149 p.

Andersen, Marguerite, *Parallèles*, Sudbury, Éditions Prise de parole, 2004, 263 p.

Bal, Mieke, «Introduction», dans Mieke Bal, Jonathan Crewe et Leo Spitzer (dir.), *Acts of Memory: Cultural Recall in the Present*, Hanovre et Londres, University Press of New England, 1994, p. vii-xvii.

Barthes, Roland, *Fragments d'un discours amoureux*, *Œuvres complètes*, tome III, Paris, Seuil, 1993. p. 457-687,

Barthes, Roland, *Roland Barthes par Roland Barthes*, *Œuvres complètes*, tome III, Paris, Seuil, 1993, p. 79-235.

Baudrillard, Jean, *Simulacres et simulation*, Paris, Éditions Galilée, 1981, 164 p.

Baudrillard, Jean, *Le système des objets*, Paris, Gallimard, 1968, 245 p.

Benjamin, Walter, *Origine du drame baroque allemand*, traduit de l'allemand par Sibylle Muller, Paris, Flammarion, 1985 [1963], 264 p.

Benjamin, Walter, *Paris, capitale du XIXe siècle: Le livre des passages*, traduit de l'allemand par Jean Lacoste, Paris, Éditions du Cerf, 2000 [1982], 974 p.

Caruth, Cathy, *Unclaimed Experience: Trauma, Narrative, and History*, Baltimore, Johns Hopkins University Press, 1996, 154 p.

Certeau, Michel de, *L'invention du quotidien I: arts de faire*, Paris, Union générale d'éditions, 1980, 375 p.

Claybaugh, Amanda, «The Autobiography of a Substitute: Trauma, History, Howells», *Yale Journal of Criticism*, vol. 18, n° 1, 2005, p. 45-65.

Foster, Hal, *The Return of the Real*, Cambridge, Massachusetts, The MIT Press, 1996, 299 p.

Freinet, Célestin, *Essai de psychologie sensible II: rééducation des techniques de la vie ersatz*, Paris, Delachaux et Niestlé, 1968, 156 p.

Hotte, Lucie, «Préface: l'écriture et la vie», dans Marguerite Andersen, *De mémoire de femme*, Ottawa, Éditions L'Interligne, 2002 [1982], p. 7-12.

Jameson, Fredric, *Signatures of the Visible*, New York, Routledge, 1992, 254 p.

Kristeva, Julia, *Pouvoirs de l'horreur: Essai sur l'abjection*, Paris, Seuil, 1980, 250 p.

Lagrandeur, Katherine, «*L'autrement pareille* de Marguerite Andersen: (s')écrire (en) silence», *Tangence*, vol. 56, décembre 1997, p. 91-101.

Lampropoulos, Apostolos, *Le pari de la description: l'effet d'une figure déjà lue*, Paris, L'Harmattan, 2002, 292 p.

Lejeune, Philippe, *Le pacte autobiographique*, Paris, Seuil, 1975, 383 p.

Paré, François, «Souveraineté et détournement du regard dans les nouvelles de Marguerite Andersen», *University of Toronto Quarterly*, vol. 68, n° 4, octobre 1999, p. 823-834.

Parret, Herman, *Le sublime du quotidien*, Paris, Hadès/Benjamins, 1988, 283 p.

Sartre, Jean-Paul, *L'imaginaire: Psychologie phénoménologique de l'imagination*, Paris, Gallimard, 1940, 246 p.

Scheid, John et Jesper Svensko, *The Craft of Zeus: Myths of Weaving and Fabric*, Cambridge, Massachusetts, Harvard University Press, 1996, 226 p.

BLEU SUR BLANC : UNE ÉCRITURE AU PLUS PRÈS DE SOI

Johanne Melançon
Université Laurentienne

> Le besoin d'écrire. Le bleu. Je veux comprendre et dire le bleu et toute autre couleur que j'aime et de mon âme. Vague à cette âme quelquefois souvent mais besoin de dé/finir de dé/mesurer pour mieux dépasser la mesure. ESPACE BLEU ET BLANC. Le mien.
> Marguerite Andersen, *L'autrement pareille*

Dès sa première œuvre publiée, *De mémoire de femme* (1982), la part de l'autobiographie – ou plutôt de l'autobiographique, comme on le verra – est, chez Marguerite Andersen, intimement liée à l'écriture, que l'auteure associe à une « écriture de femme » :

> [...] pour moi, l'autobiographie n'était pas une tentation mais une nécessité. C'est bien pour cela que j'ai, à un moment donné, choisi de faire de ma vie un texte littéraire. [...] J'avais le désir de dire mon expérience de femme parce qu'à mon avis la littérature ne comptait, ne compte pas assez « d'histoires de femmes » [...] il fallait que je le dise, non pas pour relater ce qui m'était arrivé, mais pour essayer de comprendre mon époque, moi-même, et moi-même en tant que femme[1].

---

[1] Marguerite Andersen, « L'autobiographie : tentation ou nécessité ? », *La tentation autobiographique*. (Communications de la 14ᵉ Internationale des écrivains tenue à Québec du 19 au 22 avril 1986), édition préparée par P. Morency, Montréal, L'Hexagone, 1988, p. 131-132.

Cependant, identifié comme « roman » et « récit en partie autobiographique », l'ouvrage relève plutôt de l'autofiction, comme le suggère Lucie Hotte dans sa préface à sa réédition en 2002. Toutefois, *De mémoire de femme* ne répond pas tout à fait à la définition de Serge Doubrovsky puisque l'auteure, la narratrice et la protagoniste ne partagent pas la même identité. « Fictionnalisation de l'expérience vécue », *De mémoire de femme* constitue un très bel exemple d'une écriture de fiction qui est, comme le note Marguerite Andersen citant Nicole Brossard, « […] "une stratégie pour affronter le réel, pour transformer la réalité, pour en inventer une autre". Transformer la réalité, c'est transformer le temps et l'espace, la réalité et son histoire[2]. » Aussi faudrait-il voir en *De mémoire de femme* un ouvrage qui va au-delà de la question de l'autobiographie et de l'autofiction pour s'inscrire dans une expérience d'écriture puisque « [e]ntre Marguerite [l'auteure] et Anne [la narratrice], un écart infranchissable s'est creusé par et dans l'acte d'écrire. Mourir à soi-même pour être enfin soi ; voilà ce qui résume le mieux la quête scripturaire d'Anne Grimm dans *De mémoire de femme*[3]. »

Cette expérience d'écriture, Marguerite Andersen la poursuit dans ses autres ouvrages, et ce, très souvent en exposant le projet d'écriture sous forme d'introduction. Tel est le cas de *Parallèles* (2004)[4], à la fois roman et « [f]iction documentaire » : « [c]ertains événements contés dans ce livre ont eu lieu, d'autres sont de l'invention pure et simple » peut-on lire sur la page de garde. *Parallèles* s'ouvre aussi sur un chapitre liminaire portant le titre « Le projet » que Marguerite Andersen résume ainsi :

> C'est au moment des funérailles que j'ai pris la décision de conter un jour l'histoire de Lucienne. Puis l'idée me vint de mêler ma vie à la sienne, pour ne pas la laisser seule ; elle avait peur de la solitude. Et parce que je ne sais

---

[2] Marguerite Andersen, « La douceur n'est pas encore de mise », dans Marguerite Andersen et Christine Klein-Lataud (dir.), *Paroles rebelles*, Montréal, Éditions du Remue-ménage, 1992, p. 310.

[3] Lucie Hotte, « L'écriture et la vie », préface, *De mémoire de femme*, Ottawa, Éditions L'Interligne, coll. « BCF », 2002, p. 12.

[4] Marguerite Andersen, *Parallèles*, Sudbury, Éditions Prise de parole, 2004, 263 p. Désormais, les références à cet ouvrage seront indiquées par le sigle *P*, suivi du folio, et placées entre parenthèses dans le texte.

pas écrire sans m'impliquer. Par vanité ? Par un désir de participation et de contrôle ? Je ne sais pas. En tout cas, ce livre sera à la fois document et fiction, invention, biographie et autobiographie […] Deux personnages plus ou moins fictifs, leurs vies revues, corrigées et complétées (*P*, 10).

Dans *Parallèles* et dans *De mémoire de femme,* il ne s'agissait pas «que» de raconter sa vie :

> Tant pis s'il n'y a pas de plan, si rien n'est prévu. Il ne s'agit pas de raconter des histoires complètes, anecdote après anecdote. J'écrirai une «fiction documentaire» selon la fameuse formule de W.G. Sebald, solution que j'avais déjà entrevue dans *De mémoire de femme.* Car je tiens à rester dans la réalité tout en laissant galoper l'imagination qui me distancie des événements. Pas trop, juste assez pour pouvoir écrire (*P*, 12).

Entre l'autobiographie ou la biographie, deux écritures qui se donnent comme vraies, et la fiction (le roman par exemple), Marguerite Andersen revendique un espace d'écriture à soi :

> À mon avis, tous ceux qui exigent soit l'un, soit l'autre, le noir ou le blanc, le vrai ou le fictif, ne saisissent pas que, sous la dictée de la mémoire, l'écriture y met de toutes les couleurs, mélange l'imaginaire et le vécu, coupe et rajoute, digresse quand elle en a envie, voile, dévoile, tait (*P*, 13).

On le voit, dans l'œuvre de Marguerite Andersen, vie et écriture sont intimement liées[5]; l'écriture est toujours celle de l'intime, nourrie par la vie, et cette écriture de soi emprunte différents genres littéraires, surtout le roman, mais aussi la nouvelle ainsi que la prose poétique pour *L'autrement pareille*[6] (1984) et *Bleu sur blanc*[7] (2000), ouvrage sur lequel portera la présente analyse.

---

[5] À ce sujet, on pourra lire entre autres les articles de François Ouellet, «Le roman de l'écriture», dans Hédi Bouraoui et Ali Reguigui (dir.), *Littérature franco-ontarienne: États des lieux,* Sudbury, Université Laurentienne, 2000, p. 125-142; Katherine Lagrandeur, «*L'autrement pareille* de Marguerite Andersen: (s')écrire (en) silence», *Tangence,* n° 56, décembre 1997, p. 91-101; et Marie-Chantal Killen, «La chair faite verbe: lire *L'homme-papier* de Marguerite Andersen», dans Lucie Hotte et François Ouellet (dir.), *La littérature franco-ontarienne. Enjeux esthétiques,* Ottawa, Le Nordir, 1996, p. 77-89.
[6] Marguerite Andersen, *L'autrement pareille,* Sudbury, Éditions Prise de parole, 1984, 94 p.
[7] Marguerite Andersen, *Bleu sur blanc,* Sudbury, Éditions Prise de parole, 2000, 81 p. L'ouvrage a été finaliste au Prix des lecteurs Radio-Canada au printemps 2001. Désormais les références à cet ouvrage seront indiquées par le sigle *BSB*, suivi du folio, et placées entre parenthèses dans le texte.

Bleu sur blanc exprime des états d'âme, permet de revivre des événements et des sentiments à travers les odeurs, les couleurs et les bruits de la Tunisie. L'auteure-narratrice partage avec nous les sensations et les émotions d'un exil dont elle a gardé de bons souvenirs : « j'ai embelli rétrospectivement ce que j'ai vu en Tunisie, c'est parce que je n'ai jamais pu oublier son absolue beauté » (*BSB*, 77). Il en ressort l'impossibilité de nier l'influence que peuvent avoir sur nous les endroits où nous avons habité, mais c'est surtout de la prise de conscience d'un éveil à soi que témoigne cette prose : « [à] vrai dire, c'est en Tunisie que tout a commencé / l'exil / oui / et le ravissement » (*BSB*, 13) ; « j'ai voulu évoquer une partie de mes jeunes années afin de retrouver le commencement du fil de ma vie d'adulte » (*BSB*, 77).

Entre autobiographie et autofiction, la prose poétique de Marguerite Andersen instaure son propre pacte de lecture, un « pacte de sincérité », et module à sa façon le rapport entre l'écriture et la vie. La forme que prend l'écriture dans *Bleu sur blanc* permet d'aller au plus près de soi, de faire remonter à la surface – comme Combray qui surgit dans la tasse de thé – les souvenirs heureux d'une tranche de vie, déclenchés, dans l'écriture, par des évocations sensorielles, et de donner à lire, par fragments, une expérience de femme.

Entre l'autobiographie et l'autofiction

« [R]écit rétrospectif en prose qu'une personne réelle fait de sa propre existence lorsqu'elle met l'accent sur sa vie individuelle, en particulier sur l'histoire de sa personnalité[8] », l'autobiographie se distingue de l'autofiction, qui est plutôt un « récit dont un auteur, narrateur et protagoniste partagent la même identité nominale et dont l'intitulé générique indique qu'il s'agit d'un roman[9] », notamment par l'aspect fictionnel propre à celle-ci. Cet aspect implique d'ailleurs un pacte

---

[8] Philippe Lejeune, *Le pacte autobiographique*, Paris, Seuil, 1975, p. 14.
[9] Jacques Lecarme, « L'autofiction : un mauvais genre », dans Serge Doubrovsky, Jacques Lecarme et Philippe Lejeune (dir.), *Autofictions & cie*, Paris, Université Paris X, 1993, p. 227. Cette définition est élargie par Pierre-Alexandre Sicart dans une thèse récente : « L'autofiction est un récit intime dont un auteur, narrateur et protagoniste partagent la même identité nominale et dont le texte et / ou le péritexte indiquent qu'il s'agit d'une fiction. » (Pierre-Alexandre Sicart, « Autobiographie, roman, autofiction », thèse de doctorat, mai 2005, f. 498.)

de lecture différent : si l'autobiographie instaure un «pacte autobiographique» qui donne une valeur de vérité au texte, l'autofiction, mélange de réel et de fiction[10], instaure un pacte de lecture particulier où derrière une intention de vérité se cache un jeu entre vrai et faux, entre réalité et fiction, ce qui oblige le lecteur à s'interroger constamment. De plus, si l'autobiographie, affichant nettement une intention biographique, s'écrit au passé, dans un récit continu, l'autofiction est ancrée dans le présent, dans un texte fragmentaire qui est aussi la marque des carnets, des journaux intimes et de la poésie narrative ou de la poésie lyrique[11]. Aussi, dans l'autofiction, «le je ne renvoie plus à une réalité permanente, mais au contraire à une multiplicité fragile qui ruine la croyance en une quelconque profondeur psychologique et ébranle du même coup l'idée de vérité unique dont on a vu qu'elle fondait le projet autobiographique[12]». Mais si à première vue le «je» autobiographique peut être clairement identifié (en principe du moins, par le fait que «l'écrivain assume la triple identité auteur-narrateur-personnage»[13]), il n'en reste pas moins qu'un «je» lyrique peut s'apparenter au «je» de l'autobiographie. C'est du moins ce que suggère Käte Hamberger dans *La logique des genres littéraires* (1986), qui «définit le je lyrique, en opposition au je de la fiction, comme un véritable sujet d'énonciation produisant des énoncés de

---

[10] «Fiction, d'événements et de faits strictement réels [...]», précisait Serge Doubrovsky en quatrième de couverture de *Fils*. Ou encore, selon Vincent Colonna : «[U]ne autofiction est une œuvre littéraire par laquelle un écrivain s'invente une personnalité et une existence, tout en conservant son identité réelle (son véritable nom).» (Vincent Colonna, «L'autofiction, essai sur la fictionalisation de soi en littérature», mémoire de doctorat, E.H.E.S.S., 1989, tome 1, p. 34, cité dans *Autofiction & autres mythomanies littéraires*, Auch (France), Tristram, 2004, p. 239.)

[11] *Ibid.*, p. 30.

[12] *Ibid.*, p. 123.

[13] «Dans le récit autobiographique, l'écrivain assume la triple identité auteur-narrateur-personnage et impose par le fait même le pacte de lecture dont j'ai souligné les limites, c'est-à-dire la façon dont le livre sera lu. L'auteur, qui met en scène sa propre personne, est à la fois sujet et objet de l'action décrite. À l'opposé, dans l'autofiction, le narrateur ou la narratrice incarnent un personnage dont ils ne partagent pas nécessairement l'identité. Mais on sent le plupart du temps celle-ci présente sous les mots, prête à infléchir le texte dans sa direction, à l'investir de son désir, de ses hantises et de ses préoccupations. Et la part d'esquive, de dérobade ou de mystification que le récit permet est sans doute comparable à celle contenue dans le postulat de vérité et d'authenticité auquel se voyaient forcés de souscrire les autobiographes.» Madeleine Ouellette-Michalska, *Autofiction et dévoilement de soi*, Montréal, XYZ éditeur, coll. «Documents», 2007, p. 71.

réalité. Le je lyrique, pouvant être assimilé au poète cherchant à présenter sa propre image, ne serait donc guère différent du je de l'autobiographie[14]. » Mais, comme le souligne Louise Dupré, « [i]l faut pourtant ajouter que le je, dans la poésie, est un je métaphorique, qui renvoie à l'auteur comme figure de l'écrivain alors que, dans l'autobiographie, le je renvoie à l'écrivain comme personne réelle[15] ». Pour Madeleine Ouellette-Michalska, enfin, s'il est difficile de départager l'autobiographie de l'autofiction, « [l]a différence fondamentale qui distingue les deux formes autobiographiques relève surtout du degré de subjectivité avoué, c'est-à-dire du degré de ressemblance établi entre l'auteur, le personnage et le narrateur[16] ».

L'écriture de Marguerite Andersen, qui puise ouvertement dans les données biographiques, échappe à ces catégorisations, exige plutôt de distinguer l'autobiographique de l'autobiographie. Comme le suggère Louise Dupré,

> l'autobiographique ne fait pas l'autobiographie. [...] L'autobiographie indique l'appartenance d'une œuvre à un genre littéraire, fondé sur un pacte de vérité entre auteur et lecteur, on le sait. L'autobiographique, pour sa part, renvoie à une matière, à un contenu relatif à l'expérience personnelle que l'auteur cherchera à dissimuler ou, au contraire, à mettre en relief par une stratégie discursive visant à produire des effets référentiels sur le lecteur. Effets qui remettent en question la frontière entre la matière vécue et la matière fictionnelle[17].

De plus, Marguerite Andersen affirmait avoir « choisi de faire de [s]a vie un texte littéraire » pour dire son « histoire de femme ». Est-ce à dire que le recours à l'autobiographique et/ou à l'autofiction se ferait de façon particulière dans une écriture de femme? Dans un article intitulé « Existe-t-il une autobiographie des femmes[18] ? », Éliane Lecarme-Tabone s'interroge sur la

---

[14] *Ibid.*, p. 51.
[15] Louise Dupré, « *Le lièvre de mars,* de Louise Warren. Vers une réalité "virtuelle" », *Voix et images*, « Effets autobiographiques au féminin », vol. XXII, n° 1 (64), automne 1996, p. 63-77.
[16] Madeleine Ouellette-Michalska, *op. cit.*, p. 73.
[17] Louise Dupré, *art. cit.*, p. 68.
[18] Éliane Lecarme-Tabone, « Existe-t-il une autobiographie des femmes? », *Magazine littéraire*, n° 409, mai 2002, *Les écritures du moi, de l'autobiographie à l'autofiction*, p. 56-59.

spécificité de l'autobiographie au féminin en se demandant si, dans « leur rapport au geste autobiographique, les femmes impriment une marque particulière à l'écriture de soi » et conclut que « les autobiographies de femmes explorent leurs premières années avec un désir plus affirmé d'en ressusciter l'infinie richesse sensorielle[19] », et ce, surtout dans les récits de leur enfance. Enfin, selon Louise Dupré, il va de soi de souligner l'importance de l'autobiographique pour l'écriture au féminin : l'écriture de soi permet de prendre la parole. En effet,

> [d]epuis les années soixante-dix, les femmes ne nient pas leur intérêt pour l'autobiographique : en effet, comme l'affirment Sidonie Smith et Julia Watson dans *De/Colonizing the Subject*, « les pratiques autobiographiques peuvent s'avérer productives dans un procès où le sujet, qui articule les problématiques de l'identité et de l'identification, lutte contre l'appel coercitif d'une "humanité universelle"[20] ».

Éliane Lecarme-Tabone souligne aussi que la pratique d'écriture de soi au féminin s'accompagne d'une esthétique de la fragmentation – ce qui l'apparente à l'autofiction – qui relèverait d'une certaine « pudeur autobiographique dans la mesure où elle favorise l'ellipse et l'esquive et où elle interdit toute reconstruction cohérente et systématique[21] ». De plus, cette esthétique s'inscrit dans une écriture de la mémoire : « [l]a discontinuité, garante de l'authenticité, permet aussi une sélection des événements remémorés [...][22] ». Fragmentation, mémoire, affectivité deviendraient alors les principales caractéristiques de cette écriture de soi au féminin[23].

---

[19] Éliane Lecarme-Tabone, *art. cit.*, p. 57.
[20] Louise Dupré, *art. cit.*, p. 68.
[21] Éliane Lecarme-Tabone, *art. cit.*, p. 59.
[22] *Ibid.*
[23] « La pratique autofictionnelle et autobiographique féminine reste, par conséquent, modélisée par une voix énonciative, moins contrainte par l'événementiel et la cognition que par une saisie phénoménologique, mnémonique, émotive et corporelle de soi-même, de l'autre et de l'Univers, qui détermine l'autoperception du soi comme sujet. » Cécilia Wiktorowicz Francis, « Récits autofictionnels et autobiographiques au féminin en contexte d'exiguïté culturelle », dans Pierre Ouellet (dir.), *Le soi et l'autre, L'énonciation de l'identité dans les contextes interculturels*, Québec, Presses de l'Université Laval, 2003, p. 154.

Madeleine Ouellette-Michalska, quant à elle, va jusqu'à voir dans l'autofiction le genre par excellence d'une écriture au féminin :

> D'avoir occupé si longtemps la position inconfortable et ambiguë de l'entre-deux nature / culture a incité la femme à développer les feintes du non-dit, du dit sans en avoir l'air, du mi-vrai, mi-faux. L'autofiction sera sa chance. Voici une pratique textuelle qui lui offre l'occasion d'être ce qu'elle a toujours été historiquement : un personnage mi-réel, mi-fictif. Il n'y a plus de séparation entre l'écriture et la vie, plus d'intrigue à suivre ni d'organisation hiérarchique des faits. C'est la fin du divorce entre la culture et la vie quotidienne, le grand art et la subjectivité. L'entre-deux du vrai et du faux, du réel et de l'imaginaire permet de brouiller les cartes. L'écrivante pourra aménager des fuites, se dévoiler ou se dissimuler, échapper à l'image simple et réductrice que l'on se faisait d'elle[24].

Mais qu'en est-il de l'écriture de Marguerite Andersen, en particulier dans *Bleu sur blanc* ?

Le « pacte autobiographique » andersenien dans *Bleu sur blanc*

D'entrée de jeu, *Bleu sur blanc* instaure un pacte autobiographique en affirmant une intention biographique. Sur la page couverture du livre, par exemple, Marguerite Andersen, en compagnie de ses deux fils, nous regarde, visiblement heureuse ; en fait, elle sourit à son amie Marianne Cramer Vos, « l'amie Marianne » (*BSB*, 65), qui a pris cette photographie en 1955[25]. Le texte en quatrième de couverture vient confirmer cette identité entre l'auteure et le « je » : « Dans *Bleu sur blanc*, elle [Marguerite Andersen] nous livre une partie de son passé de nomade, ces sept années tunisiennes qui continuent de l'inspirer » (*BSB*, 4ᵉ de couverture). À ces indices, on pourrait ajouter les remerciements : « Marguerite Andersen est reconnaissante à M. Abderrahman Ayoub, des Éditions L'Or du temps (Tunis), qui, lors de sa rencontre au Salon du livre de Toronto 1998, lui a suggéré d'écrire un livre sur son expérience tunisienne ». Dans la facture même du livre, on note le souci autobiographique, que l'on peut associer à un souci de « réalité »,

---

[24] Madeleine Ouellette-Michalska, *op. cit.*, p. 81-82.
[25] Voir les crédits photos précisés au début du livre.

sinon de « vérité » ; en témoigne également l'inclusion d'une carte géographique de la Tunisie (*BSB*, 6) ainsi que d'un glossaire des termes arabes utilisés dans le texte (*BSB*, 80). Cependant, si un pacte de lecture autobiographique se met en place, aucune indication générique sur la page couverture ne permet d'associer le texte à une autobiographie ou à un texte de fiction.

Pour soutenir ce pacte de lecture, une stratégie discursive se met en place dès le premier texte, intitulé « Conversation avec É., ma petite-fille » (*BSB*, 7). Non seulement la mise en situation péritextuelle est-elle autobiographique, mais la mise en situation textuelle – une conversation entre la grand-mère et sa petite-fille – l'est également, précisant l'identité entre l'auteure et la narratrice, le texte faisant dire à la petite-fille : « – Enfin tu as décidé d'écrire sur cette étape de ta vie, l'étape tunisienne ! » (*BSB*, 7). L'identité auteure-narratrice est nettement établie puisque la petite-fille s'adresse à sa grand-mère en l'appelant par son prénom : « Marguerite » (*BSB*, 8). Plus loin, c'est la belle-mère qui fera de même dans un dialogue remémoré : « Vous, Marguerite, […] » (*BSB*, 24). Par contre, le texte établit dès le départ non pas un pacte de « vérité » (autobiographique), mais plutôt ce que l'on pourrait appeler un pacte de sincérité, puisque les propos seront non seulement vrais, mais sincères, authentiques : « – Cela n'a pas toujours été parfait. / – Non. » (*BSB*, 7) –, et aussi, souvenons-nous, embellis par le passage du temps comme l'avoue « Marguerite » à elle-même et à son lecteur ou sa lectrice en fin de parcours. « Pacte de sincérité » aussi, parce que le projet d'écriture est présenté dès les premières pages du récit ; le lecteur ou la lectrice connaît donc, d'entrée de jeu, le statut de « vérité » de ce qu'il lira. Ainsi, comme dans une autobiographie, le texte propose, ici et là, des références à des faits objectifs réels, des repères temporels absolus : « Sept ans de ma vie, de 1946 à 1953 » (*BSB*, 7) ; « Je suis arrivée à Tunis en février 1946. » (*BSB*, 17) ; « Je me suis mariée le 23 février 1946. » (*BSB*, 20). À cela s'ajoutent des informations qui permettent de faire le lien entre la vie de l'auteure et celle de la narratrice, quand on sait qu'elle a effectivement deux fils, tous deux nés en Tunisie (*BSB*, 20), que sa mère vivait à Berlin

(*BSB*, 22), ou encore que «Tunisie / Éthiopie / trois enfants nés en terre africaine » (*BSB*, 19). Et, même tournée vers soi, la narratrice, se remémorant une manifestation de 1953 (*BSB*, 30), reste sensible au contexte social et politique – l'indépendance de la Tunisie –, qu'elle peut, à rebours, associer à la sienne (*BSB*, 77). Dans cet ouvrage en prose poétique, on peut donc associer le «je» lyrique à un «je» autobiographique.

Bien sûr, tout récit, qu'il relève d'un pacte autobiographique ou non, est nécessairement partiel et partial, sans le dire. Mais le pacte autobiographique de *Bleu sur blanc* s'avère davantage un pacte de sincérité, puisque Marguerite Andersen nous dit qu'elle choisit les éléments qu'elle nous racontera, qu'elle les «embellit rétrospectivement», et avoue, en conclusion, ne pas avoir tout raconté :

> Pourtant je n'ai pas tout dit. Il me semble que moi, mon corps, tout mon être est secrètement imbibé de mes années tunisiennes. Je peux en parler, mais pas pendant très longtemps. / Profondément enfoui en moi, il reste un trésor, une source de beauté, de joie et de douceur que je ne partagerai avec personne. La Tunisie, c'est aussi mon secret (*BSB*, 79).

Marguerite Andersen avait d'ailleurs insisté dès le départ, affirmant qu'elle allait nous raconter ce qu'elle a conservé en mémoire de beau de cette époque, non pas tant les événements, les «faits concrets», mais plutôt les émotions, ce que ses sens ont capté et retenu (*BSB*, 7). Son texte inspiré de la Tunisie est travaillé par une écriture du corps et de l'âme («moi, mon corps, tout mon être est secrètement imbibé de mes années tunisiennes»). C'est en ce sens qu'il faut parler ici d'un pacte de sincérité.

C'est dire que l'écriture de Marguerite Andersen se situe aux limites de l'autobiographie et de l'autobiographique, selon la distinction que propose Louise Dupré. Dans *Bleu sur blanc*, il n'y a pas vraiment de «matière fictionnelle» – si ce n'est l'altération, par le temps, de ce qui est évoqué, revécu, événements ponctuels ou émotions, sensations. Bien sûr, la «matière vécue» nourrit l'écriture, puisque les éléments biographiques – la vie – sont pour Marguerite

Andersen une «toile de fond». Mais le fait de les raconter n'est pas une fin en soi : il ne s'agit pas de faire son autobiographie ni de tout raconter ; pour une fois, il s'agit de parler de moments de bonheur[26] :

> – Vas-tu parler de ta tristesse, de ton manque de bonheur, de ta solitude ?
> – Non. Il y a tellement de livres qui parlent des amours flouées. Avec ce texte, je veux célébrer ce qui reste en moi, aujourd'hui, de la Tunisie.
> – Les couleurs, les sons, les parfums ?
> – Oui. Essentiellement.
> – Pas de faits, de détails…
> – … plus concrets ? Quelques-uns peut-être. Pour donner une sorte de cadre, de toile de fond… (*BSB*, 7).

Ainsi, les éléments biographiques, tout comme les sensations, ne sont que souvenirs épars qui surgissent au fil de l'écriture – comme les souvenirs surgissent de la mémoire –, contribuant ainsi à la fragmentation du récit. Celui-ci, d'abord ancré dans le présent («*Conversation…*»), se déroule ensuite selon un ordre chronologique (de 1946 à 1953, puis 1955 et aujourd'hui), pour se terminer au présent («Après»), tout en effectuant un va-et-vient constant entre passé et présent. Il s'organise aussi à partir des lieux : «Tunis même», «Ez Zahra» et les nombreuses villes visitées lors du voyage de l'été 1955 («Interlude»), ainsi que Toronto, ville du présent. Il n'y a cependant ni souci de chronologie claire ni même d'itinéraire précis ; l'enchaînement se fait au gré du hasard, comme surgissent les souvenirs – telles de vieilles photographies que l'on retrouve au fond d'une boîte –, ou par association d'idées, d'images et de sensations.

Cette esthétique du fragment mémoriel est au cœur du projet d'écriture alors que l'auteure-narratrice avoue qu'elle se contentera d'évoquer le réel plutôt que de retourner sur les lieux mêmes : «Je veux me laisser aller, me souvenir, chiner les lambeaux, buter au hasard contre les bribes de la mémoire» (*BSB*, 10). Ces «bribes», ces

---

[26] Contrairement à ce que suggère une remarque de Madeleine Ouellette-Michalska à l'effet que «[l']autofiction telle qu'elle est pratiquée par certaines femmes paraît rarement heureuse, rarement sereine […]», *op. cit.*, p. 98.

« lambeaux » sont bien des morceaux de vie, qu'elle réunira en toute subjectivité comme ils voudront bien revenir à la surface de la conscience (« me laisser aller »). Ils viendront tisser le texte – « chiner », c'est « faire alterner des couleurs sur les fils de chaîne avant de tisser une étoffe, de manière à obtenir un dessin, le tissage terminé », comme ce tissé par la femme berbère à Toujane il y a longtemps qui sert maintenant de nappe à Toronto (*BSB*, 12). On sent que le souvenir est d'autant plus précieux pour l'auteure-narratrice qu'elle ne peut que constater combien « [l]a distance entre elle et moi est immense » (*BSB*, 12), malgré la tentative d'associer sa table de travail, où est déposé le châle, au métier de cette femme du passé. Artisane à son tour, elle veut « ciseler [s]on texte » (*BSB*, 11) comme les artisans tunisiens – dinandier, bijoutier, orfèvre – qui travaillent le cuivre, l'argent ou font des colliers (*BSB*, 11) ; elle veut travailler son écriture pour arriver à recréer la Tunisie même, la revivre.

L'éclatement spatio-temporel permet donc une écriture mimétique dont le fonctionnement est calqué sur celui de la mémoire. Ainsi, un objet, au présent, permet non seulement d'évoquer le passé, mais aussi, de façon très proustienne, de faire ressurgir les émotions à travers les sens, de revivre (« Le revivre alors », (*BSB*, 8) le souvenir :

> J'ouvre le plan de la ville acquis en 1999, l'étale sur mon bureau torontois. J'ai du mal à y trouver cette institution, point de départ de mon indépendance. [...] Je me rappelle un bâtiment gris, une odeur d'école. Je regarde encore une fois le plan, cherche mais en vain, le replie, contrariée. Le cartographe aurait-il effacé l'établissement ? Celui-ci n'existe plus ?
>
> Alors que je cesse d'y réfléchir, le miracle proustien se produit. Tout prend forme, surgit de « l'édifice immense du souvenir ».
>
> Automobiles, charrettes à bras, chameaux, vélos, marchands ambulants, bourricots, mendiants professionnels et piétons pressés, la vie de la ville veut me happer, la rue de la Kasbah m'attire, moi qui dois dans quelques minutes m'asseoir avec d'autres sur les bancs de cette école.
>
> Je cherche à garer la voiture près de la place de la Victoire. Y aura-t-il une place rue des Tanneurs ? Ou bien à droite, rue des Salines ? Eurêka ! devant moi – il n'y a pas de doute – l'édifice, ses escaliers, son odeur (*BSB*, 31).

Car c'est bien de cela qu'il s'agit dans *Bleu sur blanc :* « Écrire Tunis dans l'absence » (*BSB*, 10) pour revivre toute l'aventure tunisienne à partir de remémorations sensorielles déclenchées de façon involontaire : « Dans le métro torontois, au marché central de cette ville canadienne multilingue, j'entends parfois de l'arabe. Des bribes, qui me font sourire, me déplacent le temps de me souvenir » (*BSB*, 68).

Le passé est donc constamment réactualisé au présent, par exemple en superposant les temporalités et les lieux : « Jours de sirocco / en Tunisie / jours de tempête de neige / au Canada / vent froid / poudrerie de neige / vent chaud / soufflant du sud / charriant du sable / 40° ou moins 40° / les deux m'enferment [...] » (*BSB*, 39), évocation qui suscite l'écriture à la fois dans le passé et le présent : « j'écris à ma mère / mon père / je lis / j'écris » (*BSB*, 39). L'élément déclencheur du souvenir est souvent un objet du passé que l'on retrouve au présent, comme le châle de laine bleue aux motifs géométriques blancs, cet objet devenu désormais un « point de repère qui, tel un tapis magique, [lui] permet de survoler le passé » (*BSB*, 12). C'est aussi l'amphore en terre cuite volée à Carthage qui rappelle l'été de 1955, « été de l'exubérance » (*BSB*, 65), qui se trouve maintenant dans « l'armoire vitrée du salon » avec le bouquet de jasmin tout fané mais dont les fleurs nous ramènent en Tunisie par l'évocation de leur parfum à la fois absent mais présent par le miracle du souvenir et de l'écriture :

> Séchées, elles ont perdu leur parfum, mais j'entends encore la voix du vendeur passant entre les tables du café, vois le jeune garçon me tendant le chef-d'œuvre brodé, pris sur le plateau en paille rempli de ces trésors.
>
> Toute la soirée, je tenais le bouquet à la main, le portais à mes narines, humais son parfum inoubliable (*BSB*, 76).

Aussi, bien que autobiographique, *Bleu sur blanc* n'est pas autobiographie ; l'autobiographique est ici mis au service d'un projet d'écriture et d'une subjectivité féminine qui cherche à se dire. On l'a vu, plus qu'un pacte autobiographique ou un pacte de vérité, c'est un pacte de sincérité que nous propose Marguerite Andersen. Cette sincérité paraît inévitable tant il est vrai qu'écrire à propos du passé, à partir de sa mémoire, ne peut que s'apparenter à « vivre le mirage.

S'en approcher dans la crainte qu'il ne s'évanouisse » (*BSB*, 10). « De toute façon, le mirage est permanent. La Tunisie revient dans mes rêves, meuble mon imaginaire. Elle m'accompagne dans ma réalité » (*BSB*, 75). Il ne s'agit donc pas tellement de savoir dans quelle mesure cette prose poétique tient de l'autofiction comme écriture qui se joue de la frontière entre véridiction et fiction (« c'est moi et ce n'est pas moi ») que de voir dans quelle mesure cette écriture de soi, au plus près des sens, permet de se dire et quelle expérience elle permet ainsi d'évoquer, peut-être même avec plus de « vérité » qu'une autobiographie parce que plus près des émotions, plus près de soi, en faisant remonter à la surface de la conscience un passé qui, ainsi, n'a pas moins de réalité que le présent.

Bleu sur blanc : une écriture autobiographique au plus près de soi

L'autobiographique est donc à la source de l'écriture et les éléments biographiques (dates, lieux, événements ou objets qui rappellent la Tunisie) surgissent à travers une perception subjective et sensorielle du monde alors que le passé finit par se superposer au présent. Les éléments « objectifs » sont peut-être moins choisis qu'évoqués parce qu'ils sont liés à des émotions : la beauté ou la joie (*BSB*, 7). Comme promis, le passé est embelli : « Cet août-là, elle [la véranda de la maison à Ez Zhara] devient pays de cocagne : des centaines de grappes de raisin muscat demandent à être cueillies. / Depuis, j'ai eu d'autres jardins. Mais jamais plus je n'ai vécu une telle abondance » (*BSB*, 51). C'est le pacte d'écriture que nous propose Marguerite Andersen :

> Je me suis efforcée de parler ici sans sentimentalité ou démesure. J'ai voulu évoquer une partie de mes jeunes années afin de retrouver le commencement du fil de ma vie d'adulte. Si j'ai embelli rétrospectivement ce que j'ai vu en Tunisie, c'est parce que je n'ai jamais pu oublier son absolue beauté. Le temps n'a pas aboli l'émerveillement. Il l'a décuplé, solidifié, en a fait une clairière dans la broussaille parfois si impénétrable des souvenirs (*BSB*, 77).

L'écriture assume ainsi pleinement sa subjectivité, ne cherche pas à jouer le jeu entre réalité et fiction, entre autobiographie et autofiction, mais dévoile en toute conscience l'inévitable transformation des éléments racontés, «revécus». Le recours à la prose poétique permet à cette écriture de se déployer pleinement selon son projet.

Aussi, dans *Bleu sur blanc*, l'écriture est constamment nourrie par le phénomène de la mémoire involontaire, une écriture d'inspiration proustienne où il s'agit davantage de faire surgir de nouveau les émotions plutôt que de les raconter. Chaque objet ou moment remémoré devient pré-texte à la construction de tableaux impressionnistes en ce sens qu'ils sont peints à partir d'impressions, celles des cinq sens. Les textes se suivent mais plutôt, de façon fragmentée, comme les souvenirs, telle cette évocation de deux situations mettant en scène la mère qui est venue de Berlin (*BSB*, 22 et 23). Des paysages sont évoqués par petites touches à la fois par les objets, les couleurs surtout et les odeurs:

> Vie méditerranéenne / sol rouge / lie-de-vin / blanc / palmiers dattiers ou d'ornement / taillés avec régularité / filigrane des palmes / gris et argent / des oliviers / dans le sol ocre / luxe des fruits / de la terre fertile / bleu de l'eau et du ciel / harmonie / apaisant les tumultes / du cœur / tant d'années plus tard / encore (*BSB*, 35)

D'ailleurs, s'il ne s'agit pas d'un récit poétique, mais bien de prose poétique, n'est-ce pas parce que le fil conducteur est plutôt constitué de leitmotivs sensoriels, en particulier ce bleu et ce blanc qui nous sont donnés dès le titre, dès l'illustration de la page couverture? Les deux couleurs sont régulièrement évoquées, symboles mêmes de la beauté de la Tunisie, véritable paradis – «puis la Tunisie / paradis terrestre / clair et simple / bleu sur blanc» (*BSB*, 9) en écho à ces mots de *L'autrement pareille* cités en exergue, où le bleu est clairement l'espace de l'écriture. Ces couleurs emblématiques évoquent des objets comme ce châle de laine bleue aux motifs géométriques blancs qui, ne l'oublions pas, «comme un tapis magique», permet de «survoler le passé» (*BSB*, 12); le souvenir surgit, par magie – par la magie de l'écriture? – à travers ces deux couleurs. Le blanc et le bleu, c'est aussi «le linge sur la terrasse du toit, blanc contre le ciel bleu» (*BSB*, 24), qui rappelle cette époque où Marguerite Andersen apprenait la vie avec sa belle-mère. C'est le blanc du sol – le sable – et le «bleu de l'eau et du ciel»

(*BSB*, 35), du paysage méditerranéen, en « harmonie / apaisant les tumultes / du cœur » (*BSB*, 35). Le blanc est d'abord la neige d'un jour d'hiver ensoleillé qui fait oublier la grisaille de la vie (*BSB*, 7), alors que le blanc dans les toiles tunisiennes de Vassily Kandinsky « [...] est / silence absolu » (*BSB*, 69), toiles qui se superposent aux murs blancs, peints à la chaux, qui rappellent « un rire de femme heureuse » et le « silence de l'âme / apaisement total » (*BSB*, 69). La Tunisie, bleue et blanche, Bleu sur blanc, est bien ce paradis, à cause de l'écriture qui a permis à nouveau l'émerveillement et, comme le temps, la mémoire « l'a décuplé, solidifié, en a fait une clairière dans la broussaille parfois si impénétrable des souvenirs » (*BSB*, 77), « [l]e paradis n'est donc pas perdu. [...] Le bleu y persiste, et le blanc. Ciel, sable, eau. Clarté » (*BSB*, 78).

Cette écriture sensuelle et sensorielle permet à Marguerite Andersen de témoigner de son expérience de femme, de son cheminement personnel et, plus précisément, de la conquête de son indépendance, entre autobiographie et autofiction. Surtout, l'expérience tunisienne représente la liberté : « Je poursuis la lumière depuis Tunis me semble-t-il, c'est là que j'ai appris à apprécier la clarté et ses nourritures terrestres. / Depuis, personne n'a réussi à m'enfermer, du moins pas pour longtemps » (*BSB*, 71). Ce n'est pas un hasard si la « cage d'oiseau, *bleue* et *blanche* » (c'est moi qui souligne), « incroyablement gracieuse » (*BSB*, 75) qui descend d'un fil de nylon du plafond de la chambre torontoise de Marguerite Andersen est vide.

Une écriture au plus près de soi

Bleu sur blanc permet de dire l'expérience intérieure, de la retrouver et de la réactualiser, dans la réinvention d'une Tunisie en partie imaginaire. Selon une esthétique de la fragmentation propre à l'écriture au féminin, le moi se reconstruit, nourri par des tranches de vie et des souvenirs modifiés par le temps. L'écriture de Marguerite Andersen, par la mémoire, la mémoire involontaire et les sensations, nous amène certainement à « penser autrement le sujet et son rapport à la subjectivité, voir d'un autre œil la frontière entre le réel et sa représentation, la fabulation et ses effets de vérité[27] ». Ni autobiographie ni autofiction, la prose poétique de *Bleu sur blanc* permet l'épanouissement d'une écriture de soi, d'une parole de femme, au moyen d'une narration qui ne donne pas lieu à un véritable récit, mais qui permet de revivre le passé au présent, à partir de fragments sensoriels tissés au fil du souvenir. Écriture à la fois autobiographique et autofictionnelle, *Bleu sur blanc* propose un pacte de sincérité, refusant la tension entre la vérité et la fiction, dévoilant le leurre, consenti et assumé, de la vérité dans la remémoration au sein d'une prose poétique qui tient à la fois du projet d'écriture proustien et des correspondances baudelairiennes.

L'écriture, comme l'autobiographique, est nécessaire chez Marguerite Andersen parce que « le souvenir vit en ce qu'on en dit, écrit » (*BSB*, 24). Et seule la pleine liberté de l'écriture, au carrefour de genres canoniques qu'elle se plaît à transgresser, permet de « relance[r] le rêve[28] ».

---

[27] Madeleine Ouellette-Michalska, *op. cit.*, p. 78.
[28] « *"Je vivais là"* relance le rêve » de Nicole Brossard, c'est l'exergue que nous offre Marguerite Andersen à *Bleu sur blanc*.

Bibliographie

Œuvres et textes de Marguerite Andersen

Andersen, Marguerite, « L'autobiographie : tentation ou nécessité ? », *La tentation autobiographique*. (Communications de la 14e Internationale des écrivains tenue à Québec du 19 au 22 avril 1986), édition préparée par P. Morency, Montréal, L'Hexagone, 1988, p. 131-134.

Andersen, Marguerite, *L'autrement pareille*, Sudbury, Éditions Prise de parole, 1984, 94 p.

Andersen, Marguerite, *Bleu sur blanc*, Sudbury, Éditions Prise de parole, 2000, 81 p.

Andersen, Marguerite, *De mémoire de femme*, Ottawa, Éditions L'Interligne, coll. « BCF », 2002, 355 p.

Andersen, Marguerite, « La douceur n'est pas encore de mise », dans Marguerite Andersen et Christine Klein-Lataud (dir.), *Paroles rebelles*, Éditions du Remue-ménage, 1992, p. 297-322.

Andersen, Marguerite, *Parallèles*, Sudbury, Éditions Prise de parole, 2004, 263 p.

Sur l'œuvre de Marguerite Andersen

Hotte, Lucie, « L'écriture et la vie », Préface, *De mémoire de femme*, Ottawa, Éditions L'Interligne, coll. « BCF », 2002, p. 7-12.

Killeen, Marie-Chantal, « La chair faite verbe : lire *L'homme-papier* de Marguerite Andersen », dans Lucie Hotte et François Ouellet (dir.), *La littérature franco-ontarienne. Enjeux esthétiques*, Ottawa, Le Nordir, 1996, p. 77-89.

Lagrandeur, Katherine, « *L'autrement pareille* de Marguerite Andersen : (s')écrire (en) silence », *Tangence*, n° 56, décembre 1997, p. 91-101.

Ouellet, François, « Le roman de l'écriture », dans Hédi Bouraoui et Ali Reguigui (dir.), *Littérature franco-ontarienne. État des lieux*, Sudbury, Université Laurentienne, 2000, p. 125-142.

Études et critiques

Dupré, Louise, « *Le lièvre de mars*, de Louise Warren. Vers une réalité "virtuelle" », *Voix et images*, « Effets autobiographiques au féminin », vol. XXII, n° 1 (64), automne 1996, p. 63-77.

Ouellette-Michalska, Madeleine, *Autofiction et dévoilement de soi*, Montréal, XYZ éditeur, coll. « Documents », 2007, 152 p.

Wiktorowicz Francis, Cécilia, « Récits autofictionnels et autobiographiques au féminin en contexte d'exiguïté culturelle », dans Pierre Ouellet (dir.), *Le soi et l'autre, L'énonciation de l'identité dans les contextes interculturels*, Québec, Presses de l'Université Laval, 2003, p. 149-168.

Ouvrages théoriques

Colonna, Vincent, *Autofiction et autres mythomanies littéraires*, Auch (France), Tristram, 2004, 250 p.

Hubier, Sébastien, *Littératures intimes. Les expressions du moi, de l'autobiographique à l'autofiction*, Paris, Armand Colin, 2003, 154 p.

Lecarme, Jacques et Éliane Lecarme-Tabone, *L'autobiographie*, Paris, Armand Colin, coll. «U», 1997, 315 p.

Lecarme, Jacques, «L'autofiction : un mauvais genre», dans Serge Doubrovsky, Jacques Lecarme et Philippe Lejeune (dir.), *Autofictions & cie*, Paris, Université Paris X, 1993, p. 227-249.

Lejeune, Philippe, *Le pacte autobiographique*, Paris, Seuil, 1975, 357 p.

Régnier, Thomas, «De l'autobiographie à la fiction : une généalogie paradoxale», *Magazine littéraire*, n° 409, mai 2002, *Les écritures du moi, de l'autobiographie à l'autofiction*, p. 64-65.

Sicart, Pierre-Alexandre, «Autobiographie, roman, autofiction», thèse de doctorat, mai 2005, 541 f.

LE MYTHE DANS LE CONTE FÉMININ D'ANNE CLAIRE

ÉLODIE DANIÉLOU
UNIVERSITÉ D'OTTAWA

Le conte, en général constitué de faits surnaturels, a donné jour à une quantité de personnages qui, depuis toujours, envahissent notre imaginaire, tels le Petit Chaperon rouge, Cendrillon ou la Belle au bois dormant. La création de ces personnages se base souvent sur la mythologie et les mythes. Mais de quoi est-il question lorsque l'on parle de présence mythique en littérature? Quels sont ces *mythes* dont s'inspirent les écrivains? Gilbert Durand explicite le lien entre mythe et récit dans *Les structures anthropologiques de l'imaginaire*: «Nous entendons par mythe un système dynamique de symboles, d'archétypes et de schèmes, système dynamique qui, sous l'impulsion d'un schème, tend à se composer en récit[1].» Le mythologue Mircea Eliade propose une définition plus simple et complémentaire: «Le mythe raconte une histoire sacrée; il relate un événement qui a eu lieu dans le temps primordial, le temps fabuleux des "commencements". […] C'est donc toujours le récit d'une "création": on rapporte comment quelque chose a été produit, a commencé à être[2].»

---

[1] Gilbert Durand, *Structures anthropologiques de l'imaginaire*, Paris, Bordas, 1969, p. 64.
[2] Mircea Eliade, *Aspects du mythe*, Paris, Gallimard, 1983, p. 15.

Le récit mythique serait donc la mise en forme d'un mythe que l'auteur adopte et ressuscite dans un cadre littéraire. Le mythe perd ainsi la fonction religieuse que lui donnait sa définition première. Mais qu'apporte la figure mythique au support littéraire dans lequel elle s'inscrit ? Quelles transformations subit le mythe lors de sa réactualisation ? La transposition littéraire consolide-t-elle ou remet-elle en question la figure mythique ? N'en propose-t-elle pas une nouvelle dimension ?

Deux œuvres contemporaines publiées par la romancière franco-ontarienne Nancy Vickers sous le pseudonyme d'Anne Claire permettent de répondre à ces questions : *Le pied de Sappho* (1996) et *Les nuits de la Joconde* (1999). Enrichis de la mythologie antique, autant que des légendes indo-européennes et des contes chamaniques d'Amérique, ces textes se servent du mythe et, à plus forte raison, de la figure mythique comme charpente pour le récit. Publiés à trois ans d'intervalle, ils ouvrent l'étude sur une controverse particulière, déjà débattue par Régis Boyer : « Existe-t-il un mythe qui ne soit pas littéraire[3] ? »

Afin de comprendre comment le mythe peut agir au service du conte, ou au service de la littérature, je propose ici de définir les modalités d'inscription des mythèmes, au sein des deux œuvres d'Anne Claire. Je mettrai ainsi en lumière les aspects onomastiques, psychologiques et physiques qui rapprochent ou éloignent les personnages de leur source mythologique. Par une analyse des personnages principaux et secondaires, je dégagerai ensuite l'influence de la figure mythique sur les personnages du récit, principalement en ce qui a trait à l'élaboration d'un milieu féminin. Enfin, j'étudierai comment le mythe apporte au récit sa dimension de conte. Bref, l'étude montrera ce que les personnages d'Anne Claire gagnent de leur relation avec la figure mythique et comment l'insertion du mythe dans la littérature ne s'effectue pas sans compromis.

---

[3] Régis Boyer, « Existe-t-il un mythe qui ne soit pas littéraire ? », dans Pierre Brunel (dir.), *Mythes et littérature*, Paris, Presses de l'Université de Paris-Sorbonne, 1994, p. 153.

Mythèmes et mythes autour du personnage principal

Les travaux de Mircea Eliade et d'André Jolles[4] permettent de comprendre le mythe comme un concept particulier et original qui cherche à rendre compte de l'inexplicable, ainsi que l'entendait déjà Honoré de Balzac en 1836 : « Les mythes nous pressent de toutes parts, ils servent à tout, ils expliquent tout[5] ». Selon André Jolles, le mythe se compose d'une structure primordiale que le texte viendrait actualiser. Or, pour étudier les mythes dans les deux récits d'Anne Claire, il faut tout d'abord extraire cette structure primaire des textes mêmes. Mais comment envisager de détacher cette structure alors qu'elle se trouve déjà actualisée par le texte ? Pour retrouver la forme primitive du mythe, j'ai souligné les invariants présents dans le texte d'Anne Claire, ce que Gilbert Durand appelle les « mythèmes[6] ». J'ai relevé des références marquantes aux textes religieux, homériques et virgiliens, ainsi qu'à, en plus faible proportion, des légendes occidentales appartenant à la tradition orale. Ces références onomastiques ainsi que les aspects psychologiques et physiques des personnages constituent autant de petites unités sémantiques en lesquelles le récit mythique peut être segmenté.

L'héroïne du conte *Le pied de Sappho* est la première soumise à cette utilisation d'invariants. Au travers de descriptions, de comparaisons, Sappho, aussi appelée Catherine, répond à un nom dont les connotations religieuses laissent deviner son destin, mais aussi le mythe dont elle s'inspire. J'y vois tout d'abord une référence au personnage mythique de Psapphâ[7], poète grecque du VIIe siècle avant notre ère. On rattache surtout à son nom l'idée d'amours homosexuelles, sous le terme d'amours saphiques ou lesbiennes, du nom de l'île qui l'a vue naître. L'amour est évoqué dans sa poésie par les parfums, les cheveux, les fleurs et la lune, autant de thèmes symboliques qu'Anne Claire reprend autour de l'héroïne de son conte comme des leitmotivs.

---

[4] Mircea Eliade, *op. cit.*, ; André Jolles, *Formes simples*, Paris, Seuil, coll. « Poétique », 1972.
[5] Honoré de Balzac, *La comédie humaine/La vieille fille*, Paris, Club français du livre, coll. « Classiques – Œuvres de Balzac », vol. 11, 1950, p. 12.
[6] Gilbert Durand, *op. cit.*
[7] Pour plus de commodité et afin d'éviter toute confusion avec l'héroïne du roman, nous n'utiliserons que cette transcription grecque du prénom de la poétesse.

La chevelure des femmes[8], ce symbole de sensualité, fait l'objet d'une description détaillée tout au long du conte. La blondeur solaire ou angélique de Sappho est l'un de ses attributs majeurs. À la fin du conte, la coupe des cheveux des femmes[9] représente le deuil, mais aussi la renonciation à un symbole de féminité. Ce n'est pas sans raison que leur règne – et leur histoire – s'achèvent à la suite de cette coupe symbolique. Les parfums évoqués sont ceux du corps et de l'encens. Les effluves enivrants (*PS*, 36) de coquillages (*PS*, 77), d'encens (*PS*, 104), de miel parfumé (*PS*, 118), de vanille (*PS*, 138) ou de miel et de rosée (*PS*, 163), et même les parfums d'émeraude (*PS*, 95), par leur délicatesse, hissent les femmes du conte au rang des dieux en créant un climat irréel, quasiment paradisiaque. Notons que, dans l'Antiquité grecque, les déesses étaient censées éclipser toutes les femmes par leur parfum[10]. Enfin, symbole connexe, les fleurs sont, tout au long du récit, prétexte à la sexualité. Elles sont à la fois l'image récurrente du désir – puisque orchidée (*PS*, 69) et sabot de la vierge (*PS*, 10) décrivent le sexe de Sappho –, mais aussi prélude à l'acte sexuel saphique, alors qu'India, autre «fille» de Salomé, offre gaillardes, anémones, bermudiennes et ancolies à la femme qu'elle aime (*PS*, 118-120): «Chaque fleur qu'elle lui offrait servait de prétexte pour la toucher, lui chanter son amour» (*PS*, 119).

De plus, le désir et la passion n'existent pas sans la figure lunaire, notamment parce que la Lune représente l'activité nocturne des femmes de ce conte. Symbole de beauté et de féminité[11], elle renvoie souvent à Sappho, qui a tantôt des seins comparés «à deux lunes se réfléchissant, la nuit, dans la rivière» (*PS*, 119), tantôt «un corps de lune» (*PS*, 30). Malgré tant de références à la poésie de Psapphâ, l'héroïne ne possède pas les qualités poétiques que son nom laisse entendre.

---

[8] Jean Chevalier et Alain Gheerbrant, «Cheveux», dans *Dictionnaire des symboles*, Paris, Robert Laffont, 1982, p. 234.

[9] Anne Claire, *Le pied de Sappho*, Québec, Trois, 1996, p. 184. Désormais, les références à cet ouvrage seront indiquées par le sigle *PS*, suivi du folio, et placées entre parenthèses dans le texte.

[10] Jean Chevalier et Alain Gheerbrant, «Parfum», *op. cit.*, p. 732.

[11] *Ibid.*, article «Lune», p. 589.

Outre celui de la poétesse, le prénom de Sappho évoque également dans la mythologie grecque celui d'un personnage mythologique qui anima et dirigea une confrérie de jeunes femmes nobles vouées au culte d'Aphrodite et des muses. On constate encore une fois que, dans *Le pied de Sappho*, le mythème est détourné: le culte est donné par Salomé. On reviendra plus tard sur le rôle qu'occupe cette femme à la fois maternelle et castratrice. Ce détournement a une raison bien particulière: celle qui incarne la déesse n'est autre que Sappho, qui ne peut dès lors occuper les deux rôles. « L'enfant prodige au pied d'orchidée » (*PS*, 32) qu'est Sappho est véritablement adulée par chacun, comme le montrent ces quatre citations:

> Alexandre criait au miracle devant sa fille et l'adorait comme une divinité (*PS*, 12).

> Catherine ressemblait maintenant à un petit Jésus couché dans une crèche. Son pied était devenu un objet sacré que les fillettes vénéraient (*PS*, 24).

> Tu seras la plus adulée de mes filles, la déesse de la Porte des Anges (*PS*, 35).

> Julien fit de Sappho sa propre déesse. Agenouillé devant elle, il l'adorait. Le corps de sa belle était ce soir un autel sur lequel il voulait s'immoler. (*PS*, 129).

Parallèlement à cette adoration qui la hisse au rang de déesse mythique, Sappho est, chez Anne Claire, entourée de tout un champ lexical qui la lie au monde démoniaque: « Possédée par le démon » (*PS*, 10), elle est décrite comme « une malédiction » (*PS*, 11), le « fruit maudit [des] entrailles [de sa mère] » (*PS*, 11), « l'enfant de Satan » (*PS*, 31) et même comme « Satan lui-même » (*PS*, 57-58). Le christianisme se mêle donc aux mythes grecs. Tour à tour déesse et démon, Sappho possède donc le nom, le rang de déesse et les principaux thèmes rattachés à la célèbre figure mythique. En revanche, de nombreux mythèmes rattachés à la figure originale sont attribués à d'autres personnages, comme Salomé, Alexandre ou même Julien.

Qu'en est-il de Frédérique, l'héroïne multiple des *Nuits de la Joconde*? Publié après *Le pied de Sappho*, sous la mention générique de roman, cet ouvrage utilise des figures mythiques étrangement similaires. Frédérique, schizophrène aux multiples identités, est avant tout «*la Joconde*». Non seulement elle lui ressemble physiquement, mais sa vie semble teintée de mystères autant que l'est le modèle irréel qu'a peint Leonardo Da Vinci vers 1503-1506.

> [Elle] lui parla de sa passion pour la peinture, de son obsession pour La Joconde. Il lui dit en riant qu'elle lui ressemblait. Habillée et peignée comme dans son portrait, elle pourrait sûrement la personnifier dans des soirées costumées. [...] La Joconde serait tombée de son portrait qu'il n'eût pas plus été surpris tant elle lui ressemblait: la même robe, le même sourire[12].

De cette citation se dégage la volonté d'Anne Claire de modeler un personnage qui possède également l'amour de la peinture et de l'art. Frédérique est une artiste et ne se contente donc pas d'être le modèle au physique asexué d'un peintre. En effet, physiquement, l'héroïne est «plus masculine que féminine», agissant comme un homme (*NJ*, 12) et ressemblant à une amazone (*NJ*, 20). On se demande même si elle ne serait pas «un travesti ou un transsexuel» (*NJ*, 48). Elle emprunte ainsi le mystère de la si célèbre Joconde: qui ne s'est jamais interrogé sur l'identité de la Joconde? N'a-t-on jamais prétendu qu'il pouvait s'agir d'un jeune éphèbe?

Ce mystère relié au personnage peint est réactualisé au sein du texte de différentes manières. En multipliant les visages dans sa folie, Frédérique renvoie aux mille identités que l'on a attribuées à la figure mythique qu'est la Joconde. Le mystère qui entoure les personnalités de l'héroïne est souvent caractérisé par un brouillard psychologique qui rappelle le sfumato utilisé par Da Vinci pour traiter les horizons lointains et brumeux de son tableau. Cette technique, utilisée sur la Joconde elle-même, renforce son aura mystérieuse.

---

[12] Anne Claire, *Les nuits de la Joconde*, Québec, Trois, 1999, p. 12-13. Désormais, les références à cet ouvrage seront indiquées par le sigle *NJ*, suivi du folio, et placées entre parenthèses dans le texte.

Par analogie, Frédérique « dégage une lumière étrange » (*NJ*, 11), presque irréelle, qui ne permet pas de l'identifier. « Sachant très peu de la riche héritière dans la jeune trentaine, on l'entourait de légendes. Elle était mystérieuse et secrète, comme sortie d'un tableau d'une époque ancienne. » (*NJ*, 32) Le brouillard est également un symbole de l'indéterminé, d'une phase de l'évolution traversée par l'héroïne[13]. Le fait qu'elle ne se souvienne pas de l'étape qu'elle vient de traverser chaque fois qu'elle change de personnalité rappelle les kasumis présents dans la peinture japonaise : ces brouillards horizontaux ou verticaux symbolisent un trouble dans le déroulement de la narration, une transition dans le temps. C'est la période transitoire entre deux états psychologiques de Frédérique, le calme avant la tempête.

Outre l'identité picturale, Frédérique présente d'autres aspects symboliques et mythiques. Tandis que Sappho n'était Catherine que dans le monde réel, Frédérique, au contraire, n'est la Joconde que dans le monde irréel qu'elle crée dans sa maladie. Les thèmes que j'ai pu identifier autour de Sappho comme illustration d'une figure mythique – le parfum, la Lune – sont présents chez Frédérique dans le seul but d'actualiser la figure mythique. L'utilisation de mythèmes qui ne se rattachent pas exclusivement à la Joconde propose une nouvelle dimension au mythe principal peint par Da Vinci.

Le parfum et la Lune servent donc dans *Les nuits de la Joconde* à renforcer une image mythique dont la seule représentation picturale ne suffisait pas à l'élaboration d'une héroïne de récit chez Anne Claire. Symbole de périodicité, de renouvellement et de transformation[14], la Lune est utilisée pour affirmer l'idée de dualité chez Frédérique, dualité entre la vie et la mort, entre la féminité et la masculinité, entre l'image du père et celle de la mère. Sans doute n'est-il pas innocent que la Lune soit, pour Frédérique, une si puissante image de la mère décédée, car Hécate, déesse lunaire, liée aux cultes de la fertilité, est la déesse « des spectres et des terreurs nocturnes, des fantômes et des monstres terrifiants. [...] Elle

---

[13] Jean Chevalier et Alain Gheerbrant, « Brouillard », *op. cit.* p. 149.
[14] *Ibid*, « Lune », p. 589.

pourrait représenter les trois phases de l'évolution lunaire »[15] ou les trois phases de l'évolution de Frédérique, définie par ses entités : Bijou, la Joconde, Chanel.

Le parfum représente également la mère pour Frédérique. Pour elle, il est le symbole de la sensualité et de la féminité maternelles. Le souvenir du parfum de sa mère est si puissant pour Frédérique que le nom du parfum (Chanel N° 5) constitue le nom d'une de ses entités. Chanel est tout ce que Frédérique admirait chez cette mère parfumée : une belle séductrice dévoreuse d'hommes. Cette image est reprise par Anne Claire tandis que Frédérique est comparée à une amazone (*NJ*, 19, 91 et 101). L'amazone symbolise la femme tueuse d'hommes, mais au cœur des *Nuits de la Joconde*, elle est représentée tour à tour comme celle qui s'oppose à Aphrodite et celle qui protège l'enfant. En effet, selon le *Dictionnaire des symboles*, « l'amazone voue un culte à Artémis[16] ». On sait qu'Artémis, sœur d'Apollon, est l'antithèse d'Aphrodite, de sorte que ses fidèles sont « impitoyables avec les femmes qui cèdent à l'attrait de l'amour », c'est-à-dire avec des femmes comme Chanel ou Philippa, la mère séduisante de Frédérique. Artémis est également une déesse lunaire, protectrice des femmes enceintes. Il est donc clair que Frédérique, regrettant sa mère décédée au travers de la figure lunaire, n'en rejette pas moins le modèle très féminin d'une mère castratrice qui l'a toujours considérée comme « un laideron ». Les différentes entités de la jeune femme ne font que renforcer cet aspect paradoxal de sa personnalité.

Enfin, sa grossesse, qui la rapproche encore d'Artémis, déesse des enfantements, donne lieu à l'utilisation d'un thème religieux. Ignorant l'identité du père puisque ne se souvenant pas d'avoir eu aucune relation, Frédérique, dans son rôle de mère, devient soudain « l'Immaculée conception » (*NJ*, 99), image qui l'oppose de manière percutante à « l'ange noir » (*NJ*, 101) ou à la « démone » (*NJ*, 29) au « regard démoniaque » (*NJ*, 92) qu'elle s'accuse d'être en raison de sa folie. La réactualisation du mythe de la Joconde et de Sappho au travers des textes d'Anne Claire se fait donc par

---

[15] *Ibid.*, « Hécate », p. 495.
[16] *Ibid.*, « Amazone », p. 28.

l'utilisation de mythèmes onomastiques, physiques et psychologiques.

Toutes les composantes du mythe ne sont pas présentes dans le texte, comme nous l'avons vu, mais des symboles et des thèmes récurrents viennent offrir à la figure mythique une dimension plus contemporaine, tandis que certains mythèmes complètent la composition de personnages secondaires.

L'influence de la figure mythique

La richesse des deux ouvrages d'Anne Claire réside principalement dans cet apport de la figure mythique aux personnages secondaires et au récit. Comment dégager cette influence? Comment établir un lien entre les personnages mythiques et les personnages allégoriques et, enfin, comment déterminer le rôle précis de la figure mythique? Il s'agit d'examiner comment la présence de figures allégoriques complète l'emploi des personnages mythifiés, afin de comprendre comment le mythe, associé au réalisme du récit, s'actualise positivement au cœur d'un huis clos presque exclusivement féminin. Les personnages qui entourent Sappho, puis Frédérique, semblent être des faire-valoir ou des doubles de la figure mythique. La tante Salomé est, en ce sens, le personnage le plus problématique. Elle occupe pleinement le rôle que lui octroie son nom. À l'image de Salomé, fille d'Hérodiade, cette femme est désirable, gracieuse, représentative de la féminité tentatrice, castratrice et fatale, voire personnification du sacrilège. Profondément rétive aux hommes, Salomé cherche à leur être supérieure, comme l'indiquent les rôles qu'elle s'octroie dans ses propres scenarii. Elle y est l'archange Carabosse qui retarde autant qu'elle le peut les retrouvailles de Julien et de Sappho (*PS*, 52), à l'instar de la fée Carabosse qui empêche le prince de rejoindre la Belle aux bois dormant dans les contes de Charles Perrault ou des frères Grimm.

Salomé incarne aussi la mère-grand du Petit Chaperon noir (*PS*, 93). Le désir lesbien que cette grand-mère «dévorée» par le loup éprouve pour Sappho semble constamment en opposition avec l'esprit maternel qui la pousse à protéger «ses filles»: «Elle trouvait Sappho la plus affriolante de ses filles, elle en devenait presque amoureuse. C'était étrange, car son instinct maternel lui faisait aussi la guerre. » (*PS*, 43) Salomé est à la fois chef d'orchestre et metteur en scène. En effet, elle décide de tout: des gestes, des paroles des hommes, mais aussi de leur désir et de leur plaisir. Elle ne leur coupe pas la tête en un geste castrateur, comme la fille d'Hérodiade, mais c'est tout comme: « Salomé manipulait les hommes, les tourmentait pour les dominer. » Dangereuse sorcière (*PS*, 136), elle est cependant peu convaincante dans son rôle de mère, ce qu'illustre Bruno Bettelheim lorsqu'il présente la fée Carabosse: « Ces fées-marraines représentent les deux aspects, le bon et le mauvais, de la mère; l'une d'elles, en effet, vexée d'avoir été traitée avec mépris, jette un mauvais sort à l'enfant[17]. » Cette représentation manichéenne de la figure maternelle présentée par Bruno Bettelheim est symbolisée par Anne Claire dans l'opposition catégorique qui existe entre Willow-Mary, la mère de Sappho, et Salomé. La première voit le pied de Sappho, ce pied sur lequel fleurit un deuxième sexe, comme une infirmité qu'il faut amputer, l'autre comme une divinité qu'il faut adorer. L'une, alarmée, lui défend de dévoiler cette « chose offensante » (*PS*, 12), l'autre, en extase, encourage Sappho à prendre son pied. L'expression, loin d'être anodine, prend ici tout son sens, puisque la particularité de Sappho est justement de pouvoir obtenir un orgasme grâce à son pied.

Sappho pourrait d'ailleurs personnifier la fille d'Hérodiade puisqu'on découvre tout au long du conte une Sappho réifiée, instrumentalisée et manipulée pour servir les désirs de sa tante. À la fois innocente et perverse, elle est, comme la fille d'Hérodiade, à la fois idole, femme-enfant et femme tentatrice pour le compte d'une femme manipulatrice qui s'avère être sa tante. La Salomé d'Anne Claire personnifierait ainsi la mère de la Salomé mythique, qui ordonna à sa fille de réclamer la tête de Jean le Baptiste. Les deux personnages de la tante et la nièce réunissent donc deux figures mythiques dont elles partagent les mythèmes en se dédoublant à loisir.

On peut voir en Salomé deux autres références mythiques:

---

[17] Bruno Bettelheim, *Psychanalyse des contes de fées*, Paris, Éditions Robert Laffont, 1977, p. 289.

Salomé la Myrophore, demi-sœur de Marie, mère du Christ, et Salomé Alexandra, reine de Palestine, de -76 à -67. Dans *Le pied de Sappho*, Salomé est la belle-sœur de Mary, la sœur d'Alexandre et Reine ou Déesse de la Porte des Anges. Cette référence religieuse est également présente à travers le second prénom de l'héroïne, prénom que lui donne sa mère lorsqu'elle souhaite disparaître aux yeux du monde : Catherine. Un lecteur averti peut y voir une référence à sainte Catherine d'Alexandrie, en raison du père de Sappho (Alexandre), mais aussi à sainte Catherine de Sienne, symbole féminin de la poésie. La poésie est par ailleurs l'apanage de Julien – amant de l'héroïne –, du père et de Salomé, la tante (qui se veut prêtresse et sorcière).

Tout comme la mère de Sappho, Willow, Salomé est cette femme qui refuse la proximité des hommes quand elle n'est pas obligée de la subir. Le nom est un choix symbolique pour les deux femmes. En effet, Willow est un nom emprunté à la mythologie finlandaise, nom d'une déesse qui devient lesbienne après avoir été trahie par le monde humain. La mère de Sappho est, rappelons-le, une femme qui fuit et « craint tous les hommes de la Terre » (*PS*, 16) alors qu'elle arrache sa fille au désir incestueux de son père. De la même façon, son second prénom, Daphné, montre cette fuite de l'homme. Dans la mythologie grecque, Daphné est en effet une nymphe aimée d'Apollon. Elle fuit les ardeurs du dieu avant d'être changée en laurier ou en roseau, selon les versions. L'Apollon de l'histoire est ici Julien, l'amant de Sappho, et le roseau est Sappho : « Sappho était un roseau enroulé autour de lui, indénouable » (*PS*, 64).

Les autres personnages du roman sont nommés en fonction de leur utilité dans le roman, mais pas spécialement selon leurs liens avec l'héroïne. Certains personnages possèdent un nom dont la signification cerne un aspect principal de leur personnalité. Ils sont réduits à un stéréotype. Solfège, l'une des anges, est ainsi la femme dont le don musical est l'éponyme. Le nom commun devient un nom consacré. India, quant à elle, est réduite au détail de son origine orientale. Parmi les autres personnages qu'Anne Claire nomme, on trouve le Renifleur, le Coiffeur, Monsieur Chevalier, Zizi Crochu, etc. Ces hommes sont réduits à une fonction, une qualité, un attribut. Les autres personnages, tous des habitués de la maison de Salomé, ne sont pas nommés.

Qu'en est-il des liens entre Frédérique et les autres personnages des Nuits de la Joconde? Comme au sein du conte *Le pied de Sappho*, l'homme est présenté de manière stéréotypée, dans un monde presque exclusivement féminin. La figure paternelle est à peine évoquée. Comme pour Sappho, Frédérique a vécu le désir incestueux de son père. Cet amour perverti est cependant le seul que connaisse Frédérique, car sa mère n'aime pas cette enfant unique qui ne lui ressemble pas et qui a gâché sa beauté par les déformations de la grossesse. Le père, dont Frédérique tire sa ressemblance avec la Joconde, n'est qu'une figure pâle dont l'héroïne ne se souvient qu'avec peine, traumatisée par l'inceste. Dans ce roman où l'inceste se mêle sans cesse au viol, l'homme est tour à tour «bâtard» et géniteur, mais jamais amant, jamais aimé. Francesco est l'homme que Chanel choisit pour être le père de l'enfant de Frédérique, mais qu'elle oubliera aussitôt dans sa folie. Il se rattache à la figure mythique de la Joconde de trois façons. Le second prénom sous lequel il se présente est Leonardo, une référence à Leonardo Da Vinci. De plus, lorsqu'elle le peint, Frédérique précise qu'elle immortalisera sa beauté et sa jeunesse comme «le portrait de Dorian Gray» (*NJ*, 14). Ce portrait, qui fait l'objet de l'œuvre d'Oscar Wilde publiée en 1890, est un tableau fantastique assurant la jeunesse à son modèle, puisque le tableau vieillit à la place du modèle. Ici, le tableau et la mort assurent l'éternelle jeunesse à Francesco, ce qui renvoie encore une fois au domaine artistique. «Sa beauté indicible» (*NJ*, 14) en fait un «bel Apollon» (*NJ*, 12) qui reprend assez bien les caractéristiques du dieu Apollon que dépeint l'*Iliade*. À l'origine, Apollon[18] est en effet un dieu qui s'apparente à la symbolique lunaire, et non solaire. Il inspire les poètes et les artistes. Il est l'amant de la nymphe Clytia, qu'il métamorphose en tournesol pour l'empêcher de nuire. Dans l'œuvre d'Anne Claire, Frédérique s'inspire de la beauté et le

---

[18] Jean Chevalier et Alain Gheerbrant «Apollon», *op. cit.*, p. 57.

métier du jeune homme (la prostitution) fait de lui un être nocturne, avant que Frédérique le rende à Clytia :

> Francesco aurait des funérailles dignes d'Apollon. En grande pompe, un cortège de croque-morts d'écume et de vent l'emporterait vers son nouveau royaume où, se disait-elle, il irait séduire la nymphe Clytia, fille de l'Océan. [...] [La Lune] se réverbérait partout à la fois. [...] Chanel était heureuse, elle avait vu les yeux de Francesco la remercier partout dans l'eau. Finalement, elle l'avait choisi pour en faire le père de l'enfant d'une riche héritière, et il habiterait désormais le palais de vagues de la nymphe Clytia (*NJ*, 19-20).

On trouve dans *Les nuits de la Joconde* comme dans *Le pied de Sappho* le mythe d'Apollon dans la figure de l'homme amant. L'homme, qu'il soit le père ou le bâtard violeur, n'est jamais une figure positive, pas même dans la personnification de l'oncle Serge, qui n'a pourtant qu'un rôle passif dans *Les nuits de la Joconde*. La femme, quant à elle, est à la fois tentatrice et manipulatrice, tour à tour femme fatale et femme maternelle. L'aigle[19] d'or, utilisé comme avatar de Philippa, représente l'ange dans la dualité entre le ciel et la Terre. Par rapport à Frédérique, la mère-aigle est donc la représentation d'un idéal à atteindre, l'ange blond qu'elle rêve d'être alors qu'elle ne se voit qu'en démon (*NJ*, 29). L'aigle est aussi un psychopompe, c'est-à-dire celui qui transporte ou accompagne l'âme des défunts vers l'au-delà. Dans *Les nuits de la Joconde*, c'est sous le costume de l'aigle que Philippa trouve la mort, mais c'est aussi à la suite de la vision de l'aigle que Frédérique décède. L'épithète peut s'appliquer à Apollon, à la couleur blanche de la Lune, mais aussi à l'eau, trois mythèmes réunis dès le début de l'œuvre pour mettre en lumière la scène du meurtre de Francesco. L'aigle possède également la fonction de révéler ; dans *Les nuits de la Joconde*, c'est déguisée en aigle que Philippa initie sa fille à ses jeux sexuels. La seule association entre l'aigle et la couleur dorée est celle de l'aigle d'or présent sur l'étendard de l'Iran achéménide. En revanche, l'aigle représente peu l'image maternelle, si ce n'est dans les mythes indiens, où l'aigle ingurgite l'âme pour la

---

[19] *Ibid.*, « Aigle », p. 15.

réincarner après gestation. Cet oiseau royal et solaire est davantage le symbole primitif et collectif du père et de toutes les figures de la paternité. Il accompagne et représente les plus grands dieux comme les plus grands héros. Par cette symbolique peu féminine, la mère possède chez Anne Claire la personnalité androgyne qui caractérise la Joconde, tout en demeurant, aux yeux des hommes qui l'entourent, un Ange noir (*NJ*, 140) à la beauté infernale (*NJ*, 143) et au corps d'Aphrodite (*NJ*, 56).

Enfin, Cassandre, qui est dans le roman le personnage avatar de la mère, ressemble à s'y méprendre à Philippa. De son vrai nom Diane, la Cassandre de la mythologie n'est pas l'opposée d'Aphrodite, comme l'est la déesse Diane, double romaine d'Artémis. Au contraire, elle en possède toutes les caractéristiques. « Blonde sylphide » (*NJ*, 95) à la « chevelure d'ange » (*NJ*, 88), Cassandre-personnage possède également le nom mythique d'une princesse troyenne ayant reçu d'Apollon qui l'aimait le don de prophétie. Cette dernière figure devient la première pythie ou sibylle. Lorsqu'elle repousse l'amour du dieu des arts, il décrète que ses prédictions ne seront jamais prises au sérieux. Ainsi Cassandre annonce-t-elle en vain la chute de Troie. Ce n'est sans doute pas un hasard si le couple Cassandre-Apollon et Diane-Apollon se trouvent au sein du même récit et si le terme Sibyl est rattaché à Frédérique au sein du roman. On trouve deux références au mot Sibyl : la première renvoie au *Portrait de Dorian Gray*, puisque Sybil Vane était l'amoureuse de Dorian, et la seconde renvoie au film télévisé, inspiré du livre de Flora Rheta Schreiber, publié en 1974 :

> – Tu as déjà vu le film Sibyl ? Ce que tu me dis me fait penser à cela.
> – Oui, je me suis beaucoup reconnue en Sibyl qui avait, elle, seize personnalités, je crois. Imagine, j'en ai trois et c'est déjà l'enfer ! (*NJ*, 84)

Cette citation montre le lien entre Frédérique et Cassandre, lien qui ne peut être mis en place qu'à travers les caractéristiques propres aux différentes figures mythiques. Les personnages et les figures mythiques font donc, dans les deux textes, l'objet d'un amalgame qui, loin de brouiller la perception des lecteurs, favorise et renforce les liens qui existent entre eux. Une telle utilisation apporte au récit sa dimension de conte.

Le mythe au sein du conte

Définir le conte dans son essence première, c'est-à-dire dans ce qu'il a de plus traditionnel, n'est pas chose aisée et ceux qui s'y sont risqués (Vladimir Propp, Bruno Bettelheim, Christophe Carlier, Tzvetan Todorov[20]) me fournissent des critères distinctifs et des règles spécifiques. Qu'il vienne de la tradition orale ou, comme plus récemment, de la tradition écrite, le conte est avant tout ce récit d'aventures imaginaires dont toutes les caractéristiques visent à divertir le lecteur, à l'aide de personnages surnaturels, merveilleux, voire mythiques. *Le pied de Sappho* et *Les nuits de la Joconde* d'Anne Claire n'échappent pas à la règle. Contrairement aux auteurs classiques qui, tout en cherchant à séduire un public adulte, feignaient l'innocence derrière la forme apparemment bénigne de la charmante fillette et de sa mère-grand, Anne Claire ne se heurte pas au problème de la censure, puisque d'entrée de jeu son œuvre se place sous la bannière du style «érotique». Toutefois, elle choisit de puiser dans les images usitées par ses prédécesseurs afin de situer ses récits dans un temps et un lieu plus ou moins abstraits. Moins élaborés qu'un conte traditionnel sur certains aspects, *Le pied de Sappho* et *Les nuits de la Joconde* n'en respectent pas moins les conventions du conte, tant par les personnages qu'ils mettent en scène que par le schéma narratif qui forme leur structure. De la figure mythique à la figure stéréotypée, les personnages accomplissent, au cours du récit, les mêmes actes que ceux des contes habituellement dits «merveilleux» et effectuent le même parcours aux motivations initiatiques. L'action transporte l'héroïne dans un voyage initiatique de l'enfance, représentée par la maison familiale, à l'âge adulte, âge de l'accomplissement, de l'épanouissement, du dépassement des peurs mais aussi celui des contraintes. Vladimir Propp démontre, dans son article «Les transformations des contes fantastiques», que l'envoi

---

[20] Vladimir Propp, *Morphologie du conte*, Paris, Seuil, 1970; Bruno Bettelheim, *op. cit.*; Christophe Carlier, *La clef des contes*, Paris, Ellipses, 1998; Tzvetan Todorov, *Introduction à la littérature fantastique*, Paris, Seuil, 1976.

et le départ sont des constantes du conte traditionnel[21]. Comme le précise Isabelle Smadja dans son essai *Harry Potter ou les raisons d'un succès*[22], l'envoi se fait en général à la suite de la mort de la mère, car le traumatisme lié au départ lui est intimement lié. C'est le départ vers la quête pour le héros ou l'héroïne. La mort de Philippa constitue le début du traumatisme de l'enfant qu'est Frédérique, tout comme la mort de Willow entraîne le départ de Sappho. Selon Marthe Robert, dans Roman des origines et origines du roman :

> Il s'agit toujours de prouver l'exemple d'un héros souffrant, pitoyable en raison même de sa jeunesse, qu'on peut être *infirme*, mal né, *mal aimé*, torturé avec raffinement par un entourage inhumain, et accéder néanmoins au pouvoir suprême par la vertu magique de l'amour et *d'une alliance avec une personne de haut rang*. Pour expliquer le destin de ce héros déshérité qui prend une revanche si éclatante sur la vie, le conte mène *grand bruit autour d'un accident de naissance* qu'il rattache tantôt à un phénomène naturel, tantôt à la malfaisance d'une quelconque puissance invisible[23].

Pour Sappho, il s'agit de l'existence du pied anormal. Pour Frédérique, il s'agit de l'enfant mal aimée qui tire sa force de son dédoublement de personnalités. Si Sappho est née « infirme », malgré les obstacles que lui impose l'opposition de sa mère elle-même, son destin se déroule de lui-même grâce à sa tante Salomé. La mort des principaux adjuvants qui auraient pu appuyer les héroïnes, c'est-à-dire leurs parents, permet de montrer qu'elles ne doivent leur réussite qu'à elles-mêmes.

Les héroïnes demeurent les seuls personnages identifiés et décrits. On ne connaît des autres personnages que leur statut familial ou leur appartenance sociale, tandis que la jeune Sappho est abondamment décrite, physiquement comme psychologiquement. Elle a tout d'abord l'importance de l'héroïne. Personnage premier,

---

[21] Vladimir Propp, « Les transformations des contes fantastiques », *Poetika, Vremennik Otdela Slovesnyx Iskusstv*, IV, 1928, p. 70-89, texte traduit et présenté par Tzvetan Todorov dans *Théorie de la littérature*, Paris, Seuil, 1966, p. 235.

[22] Isabelle Smadja, *Harry Potter, les raisons d'un succès*, Paris, PUF, 2001.

[23] Marthe Robert, *Roman des origines et origines du roman*, Paris, Gallimard, 1972, p. 83-84. C'est moi qui souligne.

c'est devant elle que se dressent les obstacles et les péripéties. De plus, elle possède une identité plus complexe que les autres personnages principaux que sont Julien et Salomé. Frédérique, de son côté, écrase les autres personnages par la multiplicité de ses identités. Julien, homme dans un conte au féminin, se fait loup par le fantasme. Bruno Bettelheim, dans *Psychanalyse des contes de fées*, propose de voir dans le loup l'incarnation des tendances animales de l'être humain, mais aussi l'avatar du père qui « dévore » l'héroïne et dépasse par ce geste le tabou de l'inceste. Je peux suivre cette logique à travers l'aigle d'or qui dévore lui aussi Frédérique. D'un autre côté, Salomé, cette tante qui n'a rien à envier à la mère-grand du Chaperon, est le point d'arrivée prévu par Sappho. C'est grâce à elle que le dénouement est rendu possible, puisque c'est grâce à elle que Sappho devient femme et se détache enfin des contraintes de sa mère. Frédérique, elle, ne devient femme qu'une fois qu'elle échappe aux figures identitaires nées de son traumatisme.

Par ailleurs, soulignons la description conventionnelle des héroïnes. Il faut, bien entendu, qu'elles soient belles, éclipsant par leur charme les autres femmes du récit. Anne Claire parle de la « merveilleuse enfant » pour Sappho et de « l'incroyable ressemblance » de Frédérique et donne ainsi une nuance affective aux adjectifs, car, comme le signalent les linguistes Henri Bonnard et Marcel Cressot[24] : le cœur place l'adjectif avant, l'esprit le place après. De plus, outre les références directes aux contes classiques *La belle au bois dormant* (PS, 49) et *Alice au pays des merveilles* (PS, 25), on constate qu'il y a une grande simplification des personnages. On trouve des bons et des méchants, mais guère d'intermédiaires. Comme le fait observer Bruno Bettelheim, « les personnages sont nettement dessinés et les détails sont laissés de côté[25] », à l'exception de Sappho et Frédérique. Le monde réel est parodié à l'extrême comme pour permettre au lecteur d'entrer plus facilement dans le monde des héroïnes, qui dénoncent par leur spontanéité et leur sincérité la réalité de la nature humaine. En effet, elles

---

[24] Henri Bonnard, *Procédés annexes d'expression*, Paris, Magnard, 1981 ; Marcel Cressot, *Le style et ses techniques*, Paris, PUF, 1971.
[25] Bruno Bettelheim, *op. cit.*, p. 25.

sont loin d'être des enfants parfaites. Le thème de l'interdiction transgressée qui permet au héros du conte de progresser se trouve précisément dans l'exposition du pied de Sappho et dans les fugues de Frédérique. Quant aux autres personnages, ils correspondent tous à un type que vient appuyer le nom qui leur est donné. Ils n'ont d'unique que leurs attributs, par lesquels ils ne laissent pas la place à l'ambivalence comme ils devraient le faire dans la réalité. Les héroïnes parlent donc au subconscient du lecteur par leurs caractéristiques mythiques.

Reste la symbolique des chiffres, qui parachève le schéma du conte. Le chiffre *trois* représente les trois membres de la famille, mais aussi les hommes qui gravitent autour des deux femmes. Le trois est également le symbole de l'Amour par le triangle amoureux que forment Sappho, India et Julien ou les trois entités de Frédérique : la Joconde, Bijou et Chanel. C'est encore les trois noms que porte Sappho : Sappho, Catherine, mais aussi Ysolde. Le trois est représenté par les trois lieux par lesquels passent les jeunes héroïnes. De la même manière, le chiffre *13* est utilisé symboliquement pour les 13 filles de Salomé, que l'on peut rapprocher des 13 personnes présentes à la table du célèbre tableau de Leonardo Da Vinci *La cène*. Le 13 symbolise la disparition d'une culture pour de nombreuses civilisations. Dans *Le pied de Sappho*, la disparition de « La Porte des Anges » ne semble due qu'à l'arrivée de la « treizième fille », Sappho. Le 13, qui s'apparente en général au déséquilibre, illustre ici la croyance selon laquelle il ne faut jamais être 13 à la même table ou dans la même maison. L'arrivée de Sappho entraîne un déséquilibre fatal, puisqu'elle ne se conforme pas aux coutumes de la maison. Elle est l'élément perturbateur. Enfin, le chiffre 13 est, dans les croyances populaires, annonciateur de mort (mort d'un prophète, mort d'une civilisation). Notons que, dans le conte, la disparition de « La Porte des Anges » est précédée de la « mort » fictive de Sappho et que, dès la mort de celle-ci, l'existence des autres anges semble soudainement ne plus avoir de raison d'être. L'utilisation du mythe apporte donc au récit sa dimension de conte, puisque le recours à certains mythèmes renforce le schéma narratif du conte, ou d'un récit mythique. La description des personnages et l'emploi des nombres symboliques sont très représentatifs de ce genre littéraire et permettent un parcours narratif et herméneutique au sein du récit.

Conclusion

Je crois possible de voir au sein des écrits d'Anne Claire une jonction originale entre le mythe et une réalité douloureuse. La permutation entre réel et imaginaire, c'est-à-dire entre mythe et réalité, permet de « renseigner l'homme sur lui-même[26] ». La réalité présentée par *Les nuits de la Joconde* et *Le pied de Sappho* parle d'inceste et de viol. La reprise des mythes chez Anne Claire s'effectue suivant des degrés de réécriture qui préservent plus ou moins l'intégralité de la forme primaire du mythe. Mais cette conjonction ne se fait pas sans de multiples distorsions, qui renforcent les liens entre la figure mythique et les autres personnages tout en rendant les textes d'Anne Claire inclassables, à mi-chemin entre le roman et le conte.

Les figures mythiques de la Joconde, de Sappho, de Salomé, de Chanel apportent au support littéraire une dimension herméneutique qui peut surprendre le lecteur. En effet, la figure mythique semble exploser au travers du récit, puisque les mythèmes ne sont pas centrés sur un seul personnage. De plus, actualisé par son utilisation littéraire, le mythe pourrait avoir tendance à s'épuiser, comme le remarque Claude Lévi-Strauss dans son traité *Mythe et roman* : « Le passage de l'oralité au texte littéraire marquerait une "exténuation du mythe"[27] ». Sous la plume d'Anne Claire, nous assistons au contraire à une réappropriation enrichissante du mythe puisque, en se dédoublant, la figure mythique, à l'instar de Frédérique, domine les autres figures. Le mythe est donc renforcé par son actualisation, et non « infirmé par des explications rationnelles et scientifiques », ainsi que l'atteste Dominique Kunz Westerhoff dans son étude *L'autobiographie mythique*[28].

La transposition littéraire renforce et consolide donc la figure

---

[26] Isabelle Smadja, *op. cit.*, p. 12.
[27] Dominique Kunz Westerhoff, « L'autobiographie mythique », © 2005 Département de français moderne – Université de Genève – http://www.unige.ch/lettres/framo/enseignements/methodes/automythe/ (visité le 31 mai 2008).
[28] *Ibid.*

mythique, qui gagne, tout comme le récit, une nouvelle dimension. Le renvoi aux mythes antiques, bibliques, littéraires, artistiques et communautaires est favorisé par l'emploi d'un schéma précis : celui du conte. Dans un univers merveilleux (*Le pied de Sappho*) ou fantastique (*Les nuits de la Joconde*), où les objets symboliques comme le capteur de rêves amérindien ou l'orchidée noire, représentation de la mort, prolifèrent au sein d'un décor d'outre-monde, la figure mythique a tout le loisir de prendre son essor pour séduire l'inconscient du lecteur.

Bibliographie

Corpus

Claire, Anne, *Les nuits de la Joconde*, Laval, Trois, 1999, 249 p.
Claire, Anne, *Le pied de Sappho*, Laval, Trois, 1996, 191 p.

Ouvrages théoriques

Bonnard, Henri, *Procédés annexes d'expression*, Paris, Magnard, 1981, 241 p.
Boyer, Régis, «Existe-t-il un mythe qui ne soit pas littéraire?», dans Pierre Brunel (dir.), *Mythes et littérature*, Paris, Presses de l'Université de Paris-Sorbonne, 1994, p. 153-164.
Cressot, Marcel, *Le style et ses techniques*, Paris, PUF, 1971, 253 p.
Eliade, Mircea, *Aspects du mythe*, Paris, Gallimard, 1983, 246 p.
Jolles, André, *Formes simples*, Paris, Seuil, 1972, 212 p.

Ouvrages critiques sur le conte

Bettelheim, Bruno, *Psychanalyse des contes de fées*, Paris, Éditions Robert Laffont, 1976, 403 p.
Carlier, Christophe, *La clef des contes*, Paris, Ellipses, 1998, 120 p.
Propp, Vladimir, *Morphologie du conte* suivi de *Les transformations des contes merveilleux*, Paris, Seuil, 1970, 254 p.
Propp, Vladimir, «Les transformations des contes fantastiques», *Poetika Vremennik Otdela Slovesnyx Iskusstv*, IV, 1928, p. 70-89; traduit et présenté par Tzvetan Todorov dans *Théorie de la littérature*, Paris, Seuil, 1966, 315 p.
Robert, Marthe, *Roman des origines et origines du roman*, Paris, Gallimard, 1972, 364 p.
Smadja, Isabelle, *Harry Potter, les raisons d'un succès*, Paris, PUF, 2001, 134 p.
Todorov, Tzvetan, *Introduction à la littérature fantastique*, Paris, Seuil, 1976, 188 p.

Autres

Balzac, Honoré de, *La comédie humaine/La vieille fille*, Paris, Club français du livre, coll. «Classiques – Œuvres de Balzac», vol. XI, 1950, 1185 p.
Chevalier, Jean et Alain Gheerbrant (dir.), *Dictionnaire des symboles*, Paris, Éditions Robert Laffont, 1982, 1 060 p.
Westerhoff, Dominique Kunz, *L'autobiographie mythique*, [en ligne] Département de français moderne – Université de Genève – http://www.unige.ch/lettres/framo/enseignements/methodes/automythe/.

LA MORT ET SES DOUBLES DANS LA FICTION D'ANDRÉE CHRISTENSEN

KATHLEEN KELLETT-BETSOS
RYERSON UNIVERSITY

Depuis longtemps, le double s'associe au *doppelgänger* annonciateur de la mort, au D[r.] Jekyll et à M[r.] Hyde, au retour du refoulé et à l'*unheimliche* de Freud. Dans son premier roman *Depuis toujours, j'entendais la mer*[1], Andrée Christensen fait foisonner les figures du double – tant l'ombre des personnages que celle de l'auteure elle-même. Chez cette auteure, cependant, le leitmotiv du double se rattache à une cosmogonie syncrétique inspirée des récits sacrés scandinaves, égyptiens et chrétiens. Le double ici n'inspire ni crainte ni épouvante, mais participe plutôt d'une vision solennelle et passionnée d'une quête initiatique menant à une connaissance approfondie de soi-même. Dans leurs études respectives de la poésie d'Andrée Christensen, Metka Zupančič[2] et François Paré[3] montrent le rôle central des mythes d'Isis et d'Osiris, d'Eurydice et d'Orphée dans la pensée féministe et holistique de la poète

---

[1] Andrée Christensen, *Depuis toujours, j'entendais la mer; roman-tombeau*, Ottawa, Éditions David, 2007, 297 p. Désormais, les références à cet ouvrage seront indiquées par le sigle *DTJM*, suivi du folio, et placées entre parenthèses dans le texte.
[2] Metka Zupančič, « Le mythe vivant chez Andrée Christenson », *Canadian Literature*, 187, janvier 2006, p. 28-35.
[3] François Paré, *Théories de la fragilité*, Ottawa, Le Nordir, 1994, 156 p.

outaouaise. En particulier, François Paré souligne l'importance pour Andrée Christensen des ouvrages d'auteures féministes tels que *The Great Cosmic Mother* de Monica Sjöö et *Gate of Horn* de Gertrude Rachel Levy, qui examinent l'apport des religions matriarcales depuis la préhistoire[4]. Dans cet article, mon propos sera de montrer comment la romancière Andrée Christensen puise dans son propre héritage danois pour incorporer à cette vision mystique des éléments de la mythologie scandinave célébrant les personnages Freyr et Freya, frère et sœur, amants, dieux de la fertilité et de l'amour. Étant, avec Odin, celle qui accueille dans le monde des morts les combattants tués sur les champs de bataille, Freya se place au carrefour de la vie et de la mort. Andrée Christensen rapproche le personnage mythologique de Freya de celui d'Isis, déesse égyptienne de la fertilité qui pleure la mort de son frère et mari Osiris et qui rassemble les morceaux du corps de son bien-aimé pour le ramener à la vie. Elle souligne à travers son roman la puissance régénératrice de la Déesse primordiale aux visages multiples.

En insistant sur les liens entre Freyr, représenté ici par l'archéologue danois Thorvald Sørensen, cousin qui survient à l'improviste dans la vie de l'auteure, et les diverses manifestations de sa jumelle Freya, ce roman participe de la riche tradition littéraire du récit du double, leitmotiv qui met en scène l'être tourmenté par la fragmentation psychique. Comme le recueil de poésie *Les visions d'Isis* d'Andrée Christensen, *Depuis toujours, j'entendais la mer* dévoile le rapport entre la révélation mystique et l'art de l'écriture, que ce soit sous forme d'hiéroglyphes égyptiens ou de l'écriture runique des Scandinaves anciens découverte par le dieu Odin. Ce roman est ainsi à la fois une méditation sur l'écriture et un hymne à la vie et à la mort chanté sous les auspices du double: Freya, jumelle et amante. En premier lieu, je voudrais me pencher sur les rapports entre l'auteure et ses doubles, car l'élément autofictionnel est très visible dans ce texte. En deuxième lieu, j'examinerai les rapports entre le protagoniste Thorvald Sørensen et les divers personnages féminins qui représentent les différentes incarnations du double

---

[4] *Ibid.*, p. 92-93.

dans sa vie et qui l'amènent au cours de la trame romanesque à atteindre l'épanouissement personnel en réintégrant les fragments de sa psyché et en se réconciliant avec les forces de la vie et de la mort. C'est de la même façon que l'auteure fictionnelle, aux prises avec l'identité culturelle et le deuil du père, atteint l'illumination en saisissant le double à bras-le-corps.

Le double et le déséquilibre identitaire

Les rapports entre le personnage et son double ne dépendent pas de la simple ressemblance, mais d'un vide chez l'un que l'Autre vient combler. En étudiant la manifestation du double dans la littérature occidentale, C. F. Keppler, dans *The Literature of the Second Self*, précise que le double se démarque par des origines mystérieuses, le sentiment d'urgence et d'inévitabilité qui le rattache au protagoniste et la façon subtile dont il/elle incite l'Autre à l'épanouissement personnel[5]. Effectivement, chez Andrée Christensen, l'impression que la rencontre du Double est dictée par le destin est soulignée par certains phénomènes naturels, surtout ceux qui se rapportent à la fertilité de la terre, signes de la complicité de la Grande Déesse dans la quête initiatique du personnage. Selon Carl Francis Keppler, le dédoublement qui relie l'homme et la femme suppose le rôle du double comme bien-aimé/e ou jumeau/jumelle[6]. Il associe ce dédoublement sexué au couple jungien de l'*animus* et de l'*anima*[7]. En poursuivant le double de l'autre sexe, l'âme cherche à équilibrer en elle les principes masculin et féminin, souci que l'on trouve à l'intérieur de l'œuvre entière d'Andrée Christensen. Les théoriciens du double s'accordent sur son rôle comme catalyseur. Karl Miller, auteur de *Doubles: Studies in Literary History*, en exprime la fonction libératrice en disant: « *One self does what the other self can't*[8] ». Dans *The Double and the Other*, Paul Coates étudie ce leitmotiv sous

---

[5] Carl Francis Keppler, *The Literature of the Second Self*, Tucson, University of Arizona Press, 1972.
[6] *Ibid.*, voir Chapitre 7, « The Second Self as the Beloved », surtout p. 148-150.
[7] *Ibid.*, p. 203-204.
[8] Karl Miller, *Doubles; Studies in Literary History*, Oxford, Oxford University Press, 1987 [1985], p. 416.

un angle plutôt socioculturel en notant sa fréquence chez des auteurs «suspendus entre des langues et des cultures», notamment Joseph Conrad, Oscar Wilde et Henry James: «*Here the Double is the self when it speaks another language*[9].» Il explore la façon dont la culture seconde sert d'espace de liberté à l'intérieur duquel l'auteur minoritaire peut se détacher des contraintes de sa propre culture: «*If [...] the preoccupation with the Double is common in bilingual authors, then the foreign culture is perceived as providing a space in which to live a secret, second life [...]*[10]». Or, en commentant les textes poétiques d'Andrée Christensen, François Paré parle d'éprouver un certain «dépaysement» devant des écrits qui ne manifestent nullement «l'enracinement dans un corpus et une chronique de l'Ontario français», si typique de la littérature franco-ontarienne en général[11]. Par contre, dans *Depuis toujours, j'entendais la mer*, Andrée Christensen, auteure franco-ontarienne de mère canadienne-française et de père danois, se lance dans un discours romanesque où le dédoublement des personnages donne lieu à une quête identitaire axée sur les origines culturelles en parallèle avec une interrogation sur la vie et la mort.

L'auteure et ses doubles

Dans la première partie du roman, intitulée «Genèse», Andrée Christensen établit un pacte autobiographique avec le lecteur au moyen du nom propre[12] et insiste sur ses propres origines multiples: sa mère canadienne-française, son père danois, sa grand-mère algonquine. Au nom francisé que sa mère lui a donné, elle préfère le nom danois d'Andrea, qui non seulement la rapproche de son père Anders, mais aussi renferme une «féminine fluidité»: «Andrea est le nom que j'ai adopté par fierté pour le pays d'origine de mon père, auquel je m'identifiais sans même le connaître. Mais aussi par refus de l'ordinaire, par besoin de différence» (*DTJM*, 14-15). Enfant rebelle, elle raconte à son institutrice qu'elle est née sur un bateau de

---

[9] Paul Coates, *The Double and the Other: Identity as Ideology in Post-Romantic Fiction*, Londres, Macmillan Publishers, 1988, p. 2.
[10] *Ibid.*, p. 3.
[11] François Paré, *op. cit.*, p. 83-84.
[12] Philippe Lejeune, *Le pacte autobiographique*, Paris, Seuil, 1975.

croisière, à savoir, le paquebot Mauretania, qui avait en réalité transporté son père immigrant à Ellis Island. Sa mère doit intervenir pour rétablir les faits: son nom est plutôt Andrée et elle est fille canadienne née à Eastview. De nos jours, on connaît «Eastview» sous le nom de «Vanier», nommé en l'honneur de l'ancien gouverneur général francophone Georges Vanier. Ce discours auctorial nous renvoie à l'autre contexte biculturel qui fait partie de son héritage de Franco-Ontarienne minoritaire en pays majoritairement anglais. Le titre originel du roman à l'étude, *Testament de lumière*[13], témoigne de l'importance de l'héritage reçu du mystérieux cousin Thorvald Sørensen. Dans la première partie, la narratrice autodiégétique met en contexte le récit encadré en décrivant l'arrivée d'une lettre et d'un carnet de notes appartenant à un cousin dont elle n'avait jamais soupçonné l'existence. Ces documents lui proviennent de l'avocat d'un certain Thorvald Sørensen, qui se dit le fils de Kirstine, la sœur du père de Christensen. La famille Christensen avait toujours cru que Kirstine était morte dans l'épidémie de grippe espagnole en 1918-1919. Or, selon Thorvald, elle serait plutôt morte en accouchant de lui et de sa sœur mort-née Freya. En lisant la lettre et le carnet que lui envoie Thorvald, Andrée Christensen doit maîtriser de nouveau la langue danoise, qu'elle n'a pas eu l'occasion d'utiliser depuis la mort de son père. Du vivant de son père, elle écrivait à sa place, premier dédoublement de l'écrivaine: «J'étais devenue d'abord sa main, la sienne trop tremblante pour lui permettre de tenir assez fermement un stylo, puis sa mémoire, celle-ci vacillant plus encore que son poignet» (*DTJM*, 15). Thorvald lui impose un dédoublement semblable en l'invitant à assumer la parole à sa place, à transformer son carnet en roman. Comme le *doppelgänger* de la tradition romantique, ce cousin aux origines mystérieuses a partie liée avec la mort: «Lorsque tu prendras connaissance de cette missive, je ne serai déjà plus de ce monde depuis le 24 juin dernier. Oui, c'est bien un mort qui t'écrit» (*DTJM*, 17). Son association avec la mort

---

[13] Communication personnelle d'Andrée Christensen, Colloque international *L'écriture au féminin au Canada français*, Sudbury, le 3 mai 2008. L'auteure révèle les deux titres provisoires qu'elle avait pensé donner au roman: *Testament de lumière* et *Mains de lumière*. Confirmé par courriel le 14 juillet 2009.

pourrait inspirer l'horreur, mais en fait ce roman ne cesse d'appeler le lecteur à suivre Thorvald dans sa quête initiatique des mystères de la vie et de la mort. En poursuivant cette quête avec lui, la narratrice autodiégétique devient le double de Thorvald comme il le désirait :

> À toi de dévoiler mon histoire en la créant, de signer mes joies, mes peines, mes désirs. Ma voix dans la tienne. Mon image en toi. À toi de me rêver en mots et en images, de transcrire ton rêve pour qu'il devienne réalité. Sous ta plume, ma mort deviendra création. Je t'ai choisie pour me raconter, car je sais que les poètes voient le mieux le fond des choses, ne se perdent pas dans des détails superflus (*DTJM*, 21).

En acceptant de transformer le carnet noir de Thorvald Sørensen en roman, elle entreprend « un pèlerinage au pays de [ses] origines » (*DTJM*, 20). Elle recrée donc l'enfance de cet orphelin, les premières amours de son adolescence, sa carrière d'archéologue, la perte de sa femme et de sa fille au cours d'un naufrage, sa vigile auprès de son vieux père malade et finalement son choix de se suicider.

Le double et la quête initiatique

La littérature du double privilégie le personnage de l'orphelin, de l'être marginalisé par son manque de liens familiaux et par ses origines mystérieuses[14]. De père inconnu, Thorvald Sørensen perd sa mère Kirstine en arrivant au monde puisque celle-ci ne survit pas à l'accouchement. Il a été conçu jumeau, mais sa jumelle Freya s'est étranglée à force de jouer avec le cordon ombilical in utero comme s'il s'agissait d'« un collier, une écharpe, une ceinture ou même un bracelet » (*DTJM*, 38). Tiré du ventre de sa mère déjà morte, Thorvald fera longtemps le deuil des siens, mais surtout de sa jumelle Freya, hanté par sa culpabilité de survivant. Le motif du double est explicite dans le texte :

> En effet, ma sœur morte serait pour moi le double, l'autre moi de moi-même en tant qu'autre. Dans une indissoluble fusion, nous étions deux faces de la même médaille. Un, par miracle, a survécu, l'autre est mort, mais le contraire aurait bien pu se produire. Intensément liés, non par des

---

[14] Karl Miller, *op. cit.*, p. 39-40.

souvenirs communs, mais par un destin que nous ne partagerions pas. Impossible de se départir du double, identique à soi sans l'autre (*DTJM*, 43).

Thorvald décrit avec nostalgie cet univers intra-utérin qu'il a partagé avec sa sœur et qu'il appelle «notre éden liquide» (*DTJM*, 38). Suivant la doctrine du luthéranisme, secte protestante austère du pays natal de Thorvald qui s'oppose tout au long du roman à l'exaltation païenne du culte de la Déesse, la chute succède au paradis. Cette opposition est d'autant plus significative si l'on se souvient qu'un aspect de l'ascétisme protestant est ce que Julia Kristeva appelle un «manque dans l'édifice religieux protestant à l'endroit du Maternel», conséquence du rôle diminué accordé à la Vierge Marie, la *mater dolorosa* célébrée dans les traditions catholique et orthodoxe[15]. Pour Thorvald, la quête du double implique nécessairement la recherche de la Déesse primordiale, qu'il retrouve chez les divinités païennes Freya et Isis: «Je cherchais ma sœur, comme Isis s'efforça de trouver, par monts et par vaux, son frère jumeau Osiris, dont elle était déjà amoureuse dans le sein de leur mère» (*DTJM*, 43-44).

Les jumeaux représentent toujours un certain mystère de par leur intimité et leur ressemblance troublante qui semble mettre en question notre individualité, comme le souligne C.F. Keppler lorsqu'il rappelle les cultures anciennes où la superstition dictait la mise à mort de l'un des jumeaux, sinon les deux. Les jumeaux de sexe différent étaient encore plus sinistres parce qu'on supposait non seulement qu'ils étaient issus de l'adultère de la mère mais aussi qu'ils avaient eu des relations intimes à l'intérieur du ventre maternel[16]. D'ailleurs, Thorvald insiste lui-même sur le caractère intime de la vie matricielle, dont les attouchements entre frère et sœur, ce qui rappelle le désir qui relie les dieux Freya et Freyr ainsi qu'Isis et Osiris. On apprend que Thorvald a même incorporé la main de sa sœur en lui-même par ce que le médecin appelle le «cannibalisme

---

[15] Julia Kristeva, «*Stabat mater*», *Histoires d'amour*, Paris, Éditions Denoël, 1983, p. 304. Julia Kristeva parle d'une plus grande initiative accordée aux femmes «sur le plan social et rituel» dans les pays protestants, en suggérant que cette liberté se rattache en partie à un manque associé au statut religieux réduit accordé à la Vierge Marie chez les protestants.

[16] Carl Francis Keppler, *op. cit.*, p. 148.

intra-utérin où le fœtus survivant dévore littéralement les restes de son jumeau dans l'utérus» (*DTJM*, 124)[17]. Selon le médecin, les os de la main de Freya avaient formé un kyste dans le ventre de Thorvald. On constate un lien entre ce kyste et les douleurs de ventre que l'enfant Thorvald avait attribuées à l'existence en lui d'un scarabée vivant et qu'il avait nommé Atoum en l'honneur du dieu solaire des Égyptiens. Il attribue au scarabée le pouvoir de «sismographe» (*DTJM*, 122) de son état émotif. Ce n'est pas une coïncidence si le kyste se compose des os de la main gauche de sa sœur mort-née, puisque dans la tradition occidentale, le côté gauche est associé à tout ce qui est «sinistre», ce dernier mot provenant du latin *sinister*, c'est-à-dire «à gauche». Par contre, on verra que la mythologie scandinave réserve un autre sens au côté gauche.

Les visages multiples de la Déesse primordiale

Comme sa contrepartie égyptienne Isis, également évoquée dans le récit de Thorvald, la déesse Freya participe de l'archétype de la Déesse primordiale. Dans son étude magistrale *Freyja – the Great Goddess of the North*, Britt-Mari Näsström reconnaît les ressemblances entre Freya et les divinités grecques de l'amour et du désir, mais insiste aussi sur les fonctions multiples de Freya; son domaine inclut non seulement la fertilité et le cycle des saisons, mais aussi la guerre et le monde des morts, où elle accueille dans son hall Folkvangr ceux qui meurent sur le champ de bataille. Adepte d'une forme de sorcellerie que les Scandinaves appellent le seidr, elle a le don de voyance. Freyja incarne les qualités de la Grande Déesse, comme le signale Britt-Mari Näsström:

> *A great goddess is thus distinguished from other female deities by her complex of characteristics and by holding a dominating position in the pantheon. Her cult is widespread; she is worshipped by both men and women and she usually bears many bynames*[18].

---

[17] Curieusement, on trouve ce même leitmotiv chez l'auteur populaire Stephen King, dans un roman intitulé *The Dark Half* où un écrivain est tourmenté par son double, le jumeau maléfique, absorbé *in utero* dans son cerveau et qui exige sa propre existence individuelle.

[18] Britt-Mari Näsström, *Freyja – the Great Goddess of the North*, Lund, Suède, University of Lund, 1995, p. 73.

Malgré ses liens fraternels et érotiques avec le dieu de la fertilité Freyr, Freyja agit de façon indépendante car elle est le centre d'un culte répandu dans le nord de l'Europe avant l'arrivée du christianisme. Transportée dans son chariot tiré par des chats, ornée de son fameux collier d'or qu'on appelle le Brisinga men[19], elle est connue pour sa passion et ses aventures érotiques, mais elle est aussi la veuve qui pleure avec des larmes d'or la perte de son mari Odr. Son culte persistera longtemps malgré le prosélytisme chrétien et certaines de ses propriétés divines seront intégrées dans le culte de la Vierge Marie, selon Britt-Mari Näsström[20]. Déesse de l'amour, de la guerre et de la mort, Freyja incarne la puissance féminine au centre de l'œuvre d'Andrée Christensen.

Pour Thorvald, la quête de la jumelle est au fond une quête de la Mère déesse médiatrice entre la vie et la mort. La narratrice autodiégétique Andrée Christensen y participe aussi puisqu'elle représente un des visages de la sœur perdue. Dans un rêve récurrent, elle est hantée par une voix qui l'interpelle en disant: «*Du er Freya*». Ayant assumé la responsabilité du récit de Thorvald, la narratrice finira par assumer son vrai nom avec les paroles «*Jeg er Freya*» (*DTJM*, 285). Au cours du roman, les diverses incarnations de la mère déesse apportent à Thorvald ainsi qu'à la narratrice la sagesse et l'inspiration créatrice.

Thorvald fait la connaissance de la Déesse primordiale sous les traits d'Ingelise, sa mère adoptive et sa première source d'inspiration. Musicienne aveugle, chaque nuit elle joue sa musique et Thorvald traverse dans le noir ce qu'il croit être un labyrinthe qui lui permettra de rejoindre sa «*Natmor,* mère-nuit». Le jour appartient à «la pudeur luthérienne» selon le narrateur, mais la nuit appartient à Ingelise, qui pourrait aussi évoquer la déesse grecque Vénus, puisqu'elle joue le *Chant de l'étoile du soir* de Richard Wagner, «l'étoile du soir» étant un autre nom pour la planète Vénus. Quand Ingelise meurt, les chiens sauvages de son île, qu'elle avait apprivoisés avec sa musique, telle une «Orphée féminine»

---

[19] Le collier d'or de Freya rappelle ici le cordon au cou de l'enfant mort-née Freya, sœur de Thorvald.
[20] Britt-Mari Näsström, *op. cit., passim.*

(*DTJM*, 64), disparaissent eux aussi. Créature de la nuit, la blonde Ingelise est également associée à la lumière. Elle tient en horreur les dessins de morts que fait son mari Erland, entrepreneur de pompes funèbres. Pourtant, ses propres liens avec Isis et avec la mort se révèlent après les funérailles lorsque, après avoir découvert un hanneton venu s'écraser contre sa fenêtre, Thorvald en fera une momie, selon la pratique égyptienne, pour ensuite l'honorer comme «[s]a souveraine», sa «Nefertiti» (*DTJM*, 68). Puisqu'on l'exclut des funérailles d'Ingelise, il doit créer sa propre cérémonie pour l'aider à faire face encore une fois à la mort. Le lendemain, en visitant la plage où les chiens écoutaient autrefois leur «Orphée féminine», il est témoin d'un spectacle extraordinaire lorsque la mer foisonne de la laitance des poissons:

> En effet, dans ma naïveté d'enfant, et pour me consoler de ma perte, je m'étais imaginé qu'Ingelise et les chiens s'étaient dissous dans la mer, l'avaient fécondée, transformée à nouveau en une vaste force nourricière. Leur mort, une naissance (*DTJM*, 165).

L'interprétation du jeune Thorvald souligne les liens inextricables entre la vie et la mort en tant que cycles naturels sous les auspices de la Déesse primordiale.

Le père adoptif de Thorvald, Erland, perçoit son travail comme une œuvre d'amour, une lutte contre la mort elle-même. C'est lui qui initie Thorvald à l'art d'entrepreneur de pompes funèbres, travail qui vise à déjouer la mort en redonnant au cadavre son apparence originelle. Pour Thorvald, cette initiation représente une révélation, une perte d'innocence sur le plan spirituel: «Si l'œil est un hymen, le mien venait d'être percé, transpercé, et se dilatait à l'énergie de la genèse, où peu à peu le chaos de la création devenait lumière» (*DTJM*, 96). Thorvald est chargé d'embaumer lui-même le corps d'une jeune femme qui, apprend-il avec horreur, est celui de Lisbeth, une amie d'enfance qu'il avait aimée et avec qui il avait échangé des serments d'amour; «Nous étions frère et sœur de sang, toi et moi» (*DTJM*, 102), se lamente-t-il. Bouleversé par la découverte de cette jeune femme à «la longue et épaisse chevelure blonde des Vierges des Primitifs» (*DTJM*, 102), il cède à l'attraction de son corps et, après en avoir caressé et mordu les seins, il pénètre de son doigt l'hymen, faisant couler du sang. Horrifié par ses actes, qui scandalisent ce qu'il décrit comme sa « conscience luthérienne » (*DTJM*, 107), il se résout à faire honneur au cadavre en le préparant dignement pour les funérailles. Symboliquement, son amie-sœur Lisbeth joue donc le rôle du double, partageant avec lui la perte d'innocence dans le rite d'initiation à la mort. La passion féroce du jeune homme révèle la colère ressentie contre toutes celles qui l'ont abandonné.

Toujours à la recherche du principe féminin éternel, Thorvald choisit de faire carrière comme archéologue : « Avant le commencement, il y eut un visage. Le visage, encore sans nom, de ma jumelle. [...] Si, avec le temps, la mémoire d'un visage se déforme, s'estompe, devient béance, le visage du Visage, lui, demeure » (*DTJM*, 113). En Égypte, au pays de la déesse Isis, Thorvald tombe amoureux d'une jeune femme aux origines inconnues qui sera encore une fois son double. Divers signes marquent la parenté de cette femme mystérieuse avec la figure de la Déesse primordiale, qui a partie liée avec la mort et l'illumination. Entomologiste, elle porte autour du cou un pendentif représentant le scarabée sacré de la mythologie égyptienne. Comme une guerrière amazone, il lui manque le sein gauche, ravagé par le cancer. Refusant de lui révéler son vrai nom, elle invite Thorvald à la nommer et s'annonce très heureuse de son choix de « Katla », qui désigne un volcan sous-glaciaire islandais. Comme le scarabée Atoum imaginé par le jeune Thorvald, Katla sera le sismographe de son cœur, celle qui détient la clé des secrets de la vie émotive de son mari. Leur voyage de noces a lieu à Skagen, lieu de dualité par excellence puisqu'il s'agit d'une péninsule où les eaux de la mer du Nord et de la mer Baltique se rejoignent. Le rôle de Katla comme Double qui essaie d'amener Thorvald à l'autoépanouissement est évident dans l'urgence avec laquelle elle l'encourage à retrouver son vrai nom à lui. Son affinité pour l'aspect sacré de la nature est soulignée par les circonstances de la conception de leur fille à la suite du spectacle de la danse des grues, « orgie sacrée » marquée par la « joie dionysiaque » (*DTJM*, 135). En tant qu'amants, ils participent eux aussi à la danse de la fertilité sous les auspices de Dionysos, dieu grec du vin et de la fécondité.

Katla insiste pour choisir le nom de leur enfant selon une pratique de certaines sociétés où l'on prononce le nom des défunts en guettant la réaction de l'enfant pas encore né mais qui reconnaîtra l'âme dont il sera la réincarnation[21]. Le couple finit par donner au bébé le nom de la jumelle mort-née de Thorvald. Ce choix sinistre souligne la précarité de la vie des bien-aimés de Thorvald. Destinée à une mort précoce, Katla proteste contre les efforts de Thorvald pour saisir l'image d'elle et de sa fille par la photographie : « En essayant de figer la vie dans le temps, tu te mets au service de la mort. L'appareil de photographie est un embaumeur. Quand je regarde une photo de moi, j'ai l'impression d'un spectre » (*DTJM*, 179). Comme Ingelise qui s'emportait contre les portraits des morts créés par Erland, Katla est rebutée par le désir de fixer les traits humains afin de déjouer la mort et l'écoulement du temps.

Se réfugiant dans leur île danoise d'Endelave à l'époque où les nazis cherchent à déporter les Juifs et les gitans du Danemark occupé, Thorvald voudrait protéger sa femme aux cheveux et aux yeux noirs, mais, se rebellant contre l'enfermement, Katla s'échappe avec leur fille et les deux périssent dans la mer orageuse. Le bateau, qui explose avant de couler, est le *Koerlighed*, propriété de Peter Christensen, le grand-père de l'auteure, qui avait sauvé tant de personnes persécutées par le régime nazi, un détail qui renforce les liens entre l'auteure narrante et son double. Bouleversé par le chagrin, Thorvald ne retrouve que bien plus tard la seule trace qu'il lui reste de sa fille : l'empreinte de sa main tachée de confiture sur un mur de la maison, ce qui rappelle bien sûr la main gauche de sa sœur et son double Freya. Se sentant coupable, Thorvald se demande s'il n'est pas puni pour avoir essayé de percer les secrets de sa femme : « Étais-je en train de payer le même prix qu'Orphée qui dévisagea son Eurydice, la chassant à jamais dans le royaume

---

[21] Voir Hilda Roderick Ellis, *The Road to Hel; A Study of the Conception of the Dead in Old Norse Literature*, New York, Greenwood Press, 1968, 208 p. Les Scandinaves anciens avaient coutume d'accorder aux nouveau-nés le nom des morts, une pratique qui suggère à certains historiens la croyance en la réincarnation.

des ombres ? » (*DTJM*, 181). Il n'a pas su répondre aux exhortations de sa femme qui l'encourageait à poursuivre la quête initiatique, à retrouver son vrai nom et à accéder aux secrets de la vie et de la mort.

Abattu par l'amertume et le chagrin, Thorvald reprend son travail d'archéologue, qui l'amènera à la découverte d'un autre de ses doubles, le serviteur de la déesse Freya. Spécialiste dans l'étude des momies et des masques funéraires, Thorvald est appelé à examiner le corps momifié d'un homme des tourbières du Danemark, au Tollund, qui veut dire « les bois de Thor » (*DTJM*, 195). Il se trouve face à un ancêtre jadis inconnu qui pourrait être son sosie, un homme aux cheveux et à la barbe roux comme lui. Curieusement, cet homme porte une corde au cou, l'image même du Pendu, carte du tarot dont une cartomancienne qui ressemblait étrangement à Katla lui avait déjà parlé. Selon la jeune Tzigane, dans la tradition du tarot, le Pendu représente le compromis qu'on accepte de peur de tout perdre. En lisant dans sa main gauche, la main du cœur, elle lui conseille de rentrer chez lui et de retrouver celle qui connaît son vrai nom, celui qu'il n'a pas su découvrir, celui dont Katla avait parlé. Or, dans la tradition scandinave de l'époque de l'homme de Tollund, le pendu évoque le culte d'Odin ainsi que celui de Nerthus, incarnation de la déesse de l'amour et de la fertilité antérieure à Freya. L'archéologue Peter Vilhelm Glob, mentionné d'ailleurs par Thorvald dans le roman, explique dans *The Bog People* que l'homme de Tollund, comme d'autres momies trouvées dans les marais scandinaves, fut rituellement sacrifié à la déesse Nerthus afin d'assurer la fertilité de la terre[22]. Or, selon Britt-Mari Näsström, le couple divin Nerthus et Njordr fut le précurseur de Freya et Freyr dans la mythologie scandinave ; selon certains scientifiques, cette divinité dédoublée suggérerait le caractère androgyne des dieux de la fertilité[23]. Puisque « *Freyr* » et « *Freya* » veulent dire simplement « Seigneur » et « Seigneuresse », Britt-Mari Näsström élabore l'hypothèse selon laquelle la déesse Freya assume les rôles de plusieurs

---

[22] Peter Vilhelm Glob, *The Bog People*, Londres, Paladin Press, 1972.
[23] Britt-Mari Näsström, *op. cit.*, p. 49-54.

autres déesses mineures. En assumant sa parenté avec l'homme de Tollund, Thorvald s'approche de la Déesse primordiale et polyvalente qui maintient l'équilibre entre les principes masculin et féminin de la vie.

L'écriture, l'art et le sacré

À la lumière de la mort rituelle de l'homme de Tollund, les thèmes du double et de l'écriture se rejoignent puisque dans la mythologie scandinave c'est Odin qui accède aux secrets de l'écriture runique en étant pendu à l'arbre de la vie, le grand Yggdrasil. Thorvald révèle que l'œil droit d'Odin représenterait « son côté divin » alors que « son œil gauche [serait] symbole de la vision affective que l'homme porte sur les choses de ce monde » (*DTJM*, 200). La main gauche de Freya jumelle, assimilée par Thorvald dans la matrice, est effectivement celle qui le rattache affectivement à la Terre. L'image récurrente des parties du corps fragmentées – la main de Freya jumelle, le sein gauche de Katla, l'empreinte de la main de Freya enfant – rappelle la quête d'Isis pour retrouver et rassembler les parties du corps de son frère et époux bien-aimé Osiris, tué et démembré par son frère Seth. Dans *Les visions d'Isis*, Andrée Christensen fait le lien entre la quête initiatique, l'écriture poétique et la tentative amoureuse de la part d'Isis de ramener le corps déchiré d'Osiris à la vie :

> La longue quête d'Isis à la recherche d'Osiris, ses amoureuses angoisses et ses efforts pour le ressusciter symbolisent le douloureux cheminement de l'initié. [...] L'initié ne souffre-t-il pas aussi de la nostalgie des origines ? Ne tente-t-il pas de retrouver l'unité primordiale – l'état de l'androgyne spiritualité où l'homme et la femme sont fondus dans l'amour divin, où le sens coïncide avec le penser, où le sacré ne s'oppose plus au profane – but ultime de l'alchimie ? De même, la vocation du poète et sa longue marche vers lui-même, sa quête de la parole perdue, la lente gestation du poème, le difficile re-membrement de l'œuvre à partir de fragments désordonnés[24].

En commentant *Les visions d'Isis*, Metka Zupančič cite une conversation au cours de laquelle Andrée Christensen insiste sur

---

[24] Andrée Christensen, *Les visions d'Isis*, Ottawa, Éditions du Vermillon, p. 11.

l'importance du «re-membrement» comme processus poétique: «[...] ce processus de rassemblement de morceaux épars du sens, par l'acte de "remembrer", donner un sens nouveau à tout ce qui est disloqué dans le monde[25]». Selon Metka Zupančič, «[...] le mythe d'Isis et d'Osiris incarne en quelque sorte l'idéal de la fusion amoureuse permettant le retour à un être unique, androgyne ou encore hermaphrodite, ce que présente justement le recueil d'Andrée Christensen[26]». De la même façon, dans *Depuis toujours, j'entendais la mer*, en incorporant dans son œuvre les personnages mythologiques Freya et Freyr, Andrée Christensen met en scène la difficile réconciliation avec le double, catalyseur narratif et émotif, qui représente l'appel à l'illumination personnelle à travers la réintégration des éléments de la psyché fragmentée.

Thorvald interprète la découverte de l'homme de Tollund comme un signe qu'il devrait rentrer au pays natal. C'est sur l'île d'Endelave qu'il amorce l'étape finale de sa quête pour accéder aux mystères de la Grande Déesse. Réjoui par le retour de l'enfant prodigue, Erland l'invite à participer à la chasse aux anguilles à l'époque de leur migration vers la mer des Sargasses pour la reproduction. Ce rappel de la fertilité de la Terre laisse apercevoir une autre manifestation de la Grande Déesse. Thorvald se rappelle l'anguille qu'il avait baptisée en la nommant Ran en l'honneur de la déesse nordique des eaux. Enfant, il a dû faire le deuil de l'anguille lorsque Erland l'avait tuée, sans savoir que Thorvald l'avait apprivoisée. Pour le réconforter, Erland a creusé dans le tronc d'un arbre une barque funéraire destinée à transporter le corps de l'anguille à la mer. Cette créature, sous la protection de la déesse Ran, participe de la conjonction des pulsions vitales Éros et Thanatos. Le narrateur révèle que cette bête aquatique fait le trajet vers la mer des Sargasses à partir des eaux nordiques, tant de la mer Baltique que du fleuve Saint-Laurent, autre rappel des liens entre le pays de l'auteure et celui de son double danois.

Sur le tard de la vie, Thorvald se décide à jouer auprès de son vieux père adoptif le rôle de Charon, passeur qui permet l'entrée

---

[25] Metka Zupančič, *op. cit.*, p. 32.
[26] *Ibid.*, p. 33.

dans le monde des morts. Ayant accepté, avec beaucoup de douleur, de tuer son père lorsque celui-ci aura perdu ses facultés, Thorvald tâche de respecter sa promesse, mais le vieillard résiste car il veut encore vivre. Honteux d'avoir accepté une telle entente, Thorvald se transforme en «sage-femme» (*DTJM*, 242) de la mort de son parent, qui finit par mourir de sa belle mort. Thorvald lui-même prépare le corps d'Erland pour les funérailles luthériennes tout en déplorant une telle concession à la bienséance. Ayant vidé le corps de son sang, il s'inspire d'une éclaboussure sur le mur pour devenir pinceau humain, reliant l'art et le deuil dans une frénésie dionysiaque: «Le deuil en travail, acte de naissance, de mise au monde.» C'est à ce moment qu'il entend la voix de sa jumelle, «Tu es Freyr, Freyr, dit-elle. Je suis Freya, Freya, ajoutait-elle en écho. Tu es moi et je suis toi» (*DTJM*, 254). Thorvald se réunit avec le double: «Toute ma vie, je m'étais senti incomplet, cherchant à combler la part orpheline en moi. Freya, ce double dont j'avais tant ressenti l'absence, je l'avais portée en moi sans la reconnaître» (*DTJM*, 255). Pour la première fois, il peut accepter la mort sans craindre l'abandon par ceux qu'il aime. Les funérailles luthériennes, auxquelles il assiste pour satisfaire aux attentes des voisins de son oncle, ne représentent qu'un rituel sclérosé à côté de ce deuil vécu dans la joie.

Lorsque c'est au tour de Thorvald de rejoindre la mort, il choisit de se suicider, ce qui lui paraît un dernier acte de lucidité. L'éruption du volcan Katla, qui l'émeut plus qu'il ne l'aurait pensé, peut se présenter comme l'appel de la mère déesse qui l'invite à rejoindre ses morts. Le suicide lui permettra d'abandonner son nom terrestre: «Dans un imperceptible murmure, j'abandonnerai mon nom, une lettre à la fois» (*DTJM*, 276). Thorvald désire se noyer en laissant la mer, symbole de la maternité, l'accueillir au royaume de la mort: «Je regarderai la mer accoucher des vagues, enfantement inlassable [...] Berceau de mon enfance, maîtresse de mes errances, elle sera le ventre insondable de ma mort, mon cimetière» (*DTJM*, 275). Le choix spécifique du moment de la mort souligne le rôle de l'auteure franco-canadienne d'origine danoise comme double de Thorvald. Ce dédoublement rappelle le rapport entre le leitmotiv du double et la problématique identitaire qui, selon Coates, représente souvent la possibilité pour l'auteur minoritaire de trouver un espace de liberté et de jeu à l'intérieur d'une autre culture. Avant de mourir, Thorvald célébrera le 23 juin, deux jours suivant le solstice d'été, c'est-à-dire la fête Sankt Hans ou la veille de la Saint-Jean, une date qui relie donc la fête nationale des Danois à celle des Canadiens français. Thorvald ne serait-il pas ce double qui permet à la narratrice autodiégétique de participer à la descente aux enfers, à cette traversée du labyrinthe qu'est le subconscient, afin de résoudre les tourments de l'être en conflit avec lui-même? Le roman met en jeu cette angoisse de concilier les multiples appartenances identitaires, de transcender les vestiges de la conscience luthérienne austère afin d'accéder à l'illumination offerte par la Déesse primordiale, qui donne accès à un rapport privilégié avec la nature transcendante.

La consécration du « roman-tombeau »

Dans l'épilogue, où la romancière narrante reprend la parole, la reprise de certains éléments du récit de Thorvald renforce l'effet du dédoublement entre l'auteure du « roman-tombeau » et le personnage dont le carnet lui fournit la trame romanesque. La narratrice autodiégétique incorpore les paroles de son cousin dans les siennes tout comme Thorvald avait ingéré la main de sa sœur *in utero*. Elle écrit une dernière lettre à son cousin danois en affirmant: « Vous m'avez demandé de vous tuer et, par ma plume, vous vous êtes donné la mort » (*DTJM*, 283). Elle reconnaît en lui son propre double: « Nos vies se ressemblent si peu, pourtant j'ai rencontré en vous, qui n'étiez déjà plus de ce monde, une âme sœur, mon double » (*DTJM*, 284). Elle accepte comme cadeau le nom qui lui appartient: « *Jeg er Freya* ». Le livre qu'elle crée pour Thorvald sera une « barque funéraire » (*DTJM*, 289). En traversant l'océan pour retourner au Danemark et, ensuite, en sortant de l'avion pour retrouver la terre de ses ancêtres, la narratrice autodiégétique passe par un rite initiatique qui représente la renaissance de l'être au prix de la disparition du double. Elle déposera sur le rivage le livre qui porte le titre *Depuis toujours, j'entendais la mer* et qui reprendra les derniers mots du carnet de Thorvald:

« Il n'y aura que la mer, grouillante de vie. / Son souffle... / infini » (*DTJM*, 292). Et, comme dit la narratrice, « La mer l'aura bu jusqu'à son dernier mot » (*DTJM*, 291).

Dans une interview où il était question de la musique qui l'avait inspirée lorsqu'elle écrivait ce roman, Andrée Christensen cite *Spiegel im Spiegel* (« miroir dans un miroir ») du compositeur estonien Arvo Pärt[27], ce qui suggère justement l'effet de miroir que produit ce dédoublement de l'écrivaine et de son double, du personnage masculin et de ses doubles féminins. Tout comme Thorvald se réconcilie avec la Grande Déesse aux visages multiples en retrouvant son vrai nom de Freyr, l'auteure dans cette autofiction se réconcilie avec son double masculin en retrouvant son vrai nom à elle – Freya. En s'affirmant comme l'auteure de ce « roman-tombeau » qu'elle livrera aux eaux de la mer du Nord, elle assume pleinement son identité comme Andrea, fille de père danois, qui choisit la langue de sa mère pour écrire. Comme ailleurs dans l'œuvre d'Andrée Christensen, l'écriture et l'art offrent des moyens de célébrer le cycle de la vie et de la mort sous les auspices de la Déesse primordiale, quelle que soit la forme qu'elle revêt. Comme dans son recueil de poésie *Les visions d'Isis*, Andrée Christensen présente l'écriture comme processus de remembrement de la psyché fragmentée, l'art offrant la guérison de l'âme meurtrie par le deuil. Par contre, dans cette œuvre romanesque, l'auteure ajoute une nouvelle dimension à son écriture en forgeant des liens entre le mythe archétypal de la Déesse primordiale et de la traversée du labyrinthe et la quête identitaire propre à l'être métissé, aux appartenances culturelles multiples.

---

[27] Interview entre Andrée Christensen et Lucie Hotte, Salon du livre, Sudbury, le 3 mai 2008. Confirmé par un courriel d'Andrée Christensen, le 14 juillet 2009 : « *Spiegel im Spiegel* (miroir dans un miroir), improvisation du compositeur estonien Arvo Pärt, version pour piano et violoncelle. Musique introspective, sereine, lumineuse. La musique qui m'a inspiré les tendres scènes nocturnes d'initiation à la musique par la violoncelliste Ingelise ».

Bibliographie

Christensen, Andrée, *Depuis toujours, j'entendais la mer; roman-tombeau*, Ottawa, Éditions David, 2007, 297 p.

Christensen, Andrée, *Les visions d'Isis*, Ottawa, Éditions du Vermillon, 1997, 110 p.

Coates, Paul, *The Double and the Other; Identity as Ideology in Post-Romantic Fiction*, Londres, Macmillan Press, 1988, 152 p.

Davidson, Hilda Roderick Ellis, *Gods and Myths of Northern Europe*, Londres, Penguin Books, 1964, 251 p.

Davidson, Hilda Roderick Ellis, *Roles of the Northern Goddess*, New York, Routledge, 1998, 211 p.

Ellis, Hilda Roderick, *The Road to Hel; A Study of the Conception of the Dead in Old Norse Literature*, New York, Greenwood Press, 1968, 208 p.

Glob, Peter Vilhelm, *The Bog People*, Londres, Paladin Books, 1972, 142 p.

Keppler, Carl Francis, *The Literature of the Second Self*, Tucson, University of Arizona Press, 1972, 241 p.

King, Stephen, *The Dark Half*, New York, Viking Press, 1989, 431 p.

Kristeva, Julia, «Stabat mater», *Histoires d'amour*, Paris, Éditions Denoël, 1983, 478 p.

Lejeune, Philippe, *Le pacte autobiographique*, Paris, Seuil, 1975, 357 p.

Levy, Gertrude Rachel, *The Gate of Horn; A Study of the Religious Conceptions of the Stone Age, and Their Influence Upon European Thought*, Londres, Faber and Faber, 1948, 349 p.

Miller, Karl, *Doubles; Studies in Literary History*, Oxford, Oxford University Press, 1987 [1985], 468 p.

Näsström, Britt-Mari, *Freyja – the Great Goddess of the North*, Lund, Suède, University of Lund, 1995, 244 p.

Paré, François, *Théories de la fragilité*, Ottawa, Le Nordir, 1994, 156 p.

Sjöö, Monica, *The Great Cosmic Mother; Rediscovering the Religion of the Earth*, San Francisco, Harper & Row, 1991 [1987], 501 p.

Zupančič, Metka, «Le mythe vivant chez Andrée Christensen», *Canadian Literature*, n° 187, janvier 2006, p. 28-35.

ANDRÉE CHRISTENSEN, AUX DIMENSIONS EXALTÉES, ALCHIMIQUES, COSMIQUES, FACE À LA MORT

Metka Zupančič
Université d'Alabama à Tuscaloosa

Enracinée dans son jardin à l'est d'Ottawa, poète prolifique, artiste aussi dans le domaine des arts visuels, avec son engouement pour les collages et la photographie, longtemps peu connue, et le préférant presque, Andrée Christensen a réussi à susciter, avec son premier roman, un intérêt auquel elle ne s'attendait pas. Honorée par ses lecteurs et par la critique[1], elle a dévoilé, dans des entrevues accordées à différents médias, certaines des préoccupations les plus profondes de son être. En réponse aux questions de Yolaine Mottet, en avril 2008[2], Andrée Christensen a défini son écriture comme un processus de transformation, de transmutation spirituelle où la mort n'est pas à percevoir comme un phénomène morbide mais plutôt comme la force majeure qui nous aide à

---

[1] La liste des prix, uniquement pour son roman *Depuis toujours, j'entendais la mer*, comprend les reconnaissances suivantes : prix Christine Dumitriu van Saanen 2007 ; prix littéraire Le Droit 2008, catégorie fiction ; prix Émile-Ollivier du Conseil supérieur de la langue française du Québec. L'écrivaine était en outre finaliste au Prix des lecteurs Radio-Canada et finaliste au prix Trillium.

[2] Yolaine Mottet, *Entrevue avec Andrée Christensen*, «Le pont des arts», Radio-Canada, 15 avril 2008 ; [en ligne] http://www.radio-canada.ca/audio-video/pop.shtml#urlMedia%3D/Medianet/2008/CBUF/00035601_20080415_192303.as, consulté le 22 avril 2008.

comprendre notre existence. C'est précisément dans cette optique, à savoir celle de l'alchimie du verbe qui permet à l'écrivaine de faire face à la mort et à la souffrance, que se situe aussi mon analyse de deux œuvres d'Andrée Christensen, riches et envoûtantes, se prêtant tout particulièrement à une lecture mythique et symbolique, soit *Le livre des sept voiles*[3] et *Depuis toujours, j'entendais la mer*[4].

Si nous voulons percevoir les paradigmes de cette parole très poétique, il est utile de prendre en considération la perpétuelle évolution de l'auteure et le fait qu'elle ne cesse de nous échapper encore, de s'envoler vers de nouvelles dimensions scripturales. Ainsi, d'un texte à l'autre, Andrée Christensen continue ses efforts pour forcer l'imaginaire, à l'aide des tournures poétiques, des mythes et des symboles qui s'en dégagent, de lui livrer les secrets de la vie, de la mort, des cycles de la nature, de sa propre existence. Par exemple, déjà dans son recueil de poèmes *Lèvres d'aube* suivi de *L'ange au corps* (1992), la problématique centrale pourrait se résumer à la question suivante : L'amour fou, l'abandon total à l'autre, la confiance entière dans l'être aimé sont-ils possibles, « vivables », ou alors s'inscrivent-ils nécessairement dans le couple élucidé par Freud, celui d'Éros et Thanatos – comme l'auteure le met en scène de manière éloquente dans son récit *Le livre des sept voiles* ? La mort est-elle définitive, ou alors peut-on lui voler son secret en allant vers elle, en la devançant, comme le font plusieurs personnages dans cet ouvrage, ce premier roman tant apprécié qu'est *Depuis toujours, j'entendais la mer* ? Face au silence de ce qui ne se laisse que deviner (à peine, après grand effort), la poète, l'écrivaine déploie un langage surchargé, baroque, truffé de termes porteurs d'émotions fortes et passionnées. Et ceci tout en faisant avouer, par exemple, à la narratrice du *Livre de sept voiles* la tentation et le péril de cet emportement qui risque plutôt de faire dévier du parcours choisi et, par la surcharge narcissique du

---

[3] Andrée Christensen, *Le livre des sept voiles,* Ottawa, Le Nordir, 2001. Désormais, les références à cet ouvrage seront indiquées par le sigle *LSV*, suivi du folio, et placées entre parenthèses dans le texte.
[4] Andrée Christensen, *Depuis toujours, j'entendais la mer,* Ottawa, Éditions David, 2007. Désormais, les références à cet ouvrage seront indiquées par le sigle *DTJM*, suivi du folio, et placées entre parenthèses dans le texte.

plaisir des mots, du plaisir de s'y mirer (*LSV*, 12), d'éloigner de l'objectif que la chercheuse n'arrête cependant jamais de poursuivre. En s'élevant au-delà de toute préoccupation mondaine, quotidienne ou politique, ce cheminement vise d'abord et surtout le contact avec les dimensions sacrées, l'imprégnation de cette manne céleste qu'il incombe à l'écrivaine de communiquer à ses lectrices et ses lecteurs. La littérature, telle que la conçoit Andrée Christensen, peut-elle alors aider à restructurer, à « remembrer[5] », voire à sauver le monde ? La guérison toujours espérée, face à la blessure causée par la conscience aiguë de la mort inévitable pour tout être humain, est-elle possible, comme le propose dès l'ouverture *Le livre des sept voiles* (*LSV*, 11), au moyen de cette quête intérieure qui, pour l'auteure, est d'abord littéraire ? Ainsi, le dialogue que j'établis avec l'œuvre de l'écrivaine vise principalement à observer dans quelle mesure son écriture, dans un acte de transmutation perpétuelle, réussit à montrer de nouvelles voies à la conscience humaine. Autrement dit, les moyens utilisés par Andrée Christensen parviennent-ils à aider ses lectrices et ses lecteurs à percevoir la vie dans un contexte élargi où la mort n'est qu'une étape nécessaire dans la permutation des énergies ?

L'alchimie de la mort

La réflexion sur plusieurs textes d'Andrée Christensen, dont surtout le roman *Depuis toujours, j'entendais la mer*, aurait pu avoir pour titre « L'alchimie de la mort », puisque la mort accompagne constamment l'écrivaine et que l'alchimie, ne serait-ce qu'avec *Les visions d'Isis* (1997), décrite dans ce contexte et sur la quatrième de couverture comme « ces mystères alchimiques en vingt-quatre heures », continue à se placer au cœur de ses préoccupations. C'est le roman, le premier grand texte en prose de l'écrivaine qui m'intéresse tout particulièrement mais, pour le saisir, le retour en arrière s'impose. Ainsi, je m'attarderai d'abord au *Livre des sept voiles*, pour montrer la continuité dans cette écriture pénétrante et passionnée

---

[5] Le verbe *remembrer* renvoie dans ce contexte à ce que je perçois comme le renversement radical, dans les œuvres des femmes contemporaines, du paradigme orphique traditionnel, celui du démembrement, du *sparagmos* grec, de la déchirure qui a marqué une grande part de l'histoire littéraire occidentale.

de même que les différences et les variantes dans la transformation intérieure, voire l'initiation spirituelle des personnages. Je montrerai ensuite comment, dans *Depuis toujours j'entendais la mer*, tout processus de transformation passe nécessairement par le contact extrêmement étroit et assez déroutant avec les cadavres, la disparition des êtres chers et la difficulté de comprendre la vie, le souffle vital et l'anéantissement de (tout) ce qui paraît important.

Ainsi, malgré les similitudes thématiques qui traversent l'œuvre d'Andrée Christensen, à savoir la quête spirituelle, la recherche de l'union parfaite, de la communion des âmes, la transformation alchimique face aux cycles de la nature, *Le livre des sept voiles* marque en 2001 un tournant important dans cette écriture, puisqu'il est désigné comme « récit », donc délibérément écrit en prose. Il propose surtout une visée narrative qui est autre, différente de celle des recueils de poésie ou en prose poétique de l'auteure. Ainsi, la mort, dans *Le livre des sept voiles*, apparaît plutôt sous le signe de la célébration, puisque « ta perte », celle de l'enfant rêvée, imaginée, représente pour la narratrice « [s]a plus grande richesse » (*LSV*, 24). La perception de la mort ici est différente, puisque l'effort littéraire, à savoir le processus scriptural, celui de la narratrice qui compose le « poème » (partie intégrante du *Livre des sept voiles*), y est conçu comme « musique de résurrection » (*LSV*, 24). Dans ce récit, la maladie et la disparition de la mère, le rituel de deuil particulier face à cette mort, puisque la narratrice décide de communier avec la défunte en avalant ses cendres (*LSV*, 130), évoluent parallèlement à une naissance (alchimique elle aussi), symboliquement très chargée, au-dessus de laquelle plane de surcroît l'ombre de l'amour idéal – possible, impossible, tangible ou imaginé, désiré. Ainsi, « [l]'amour démesuré de ce mystérieux voyageur deviendrait la plus exaltante provocation de ma vie » (*LSV*, 48). Iacchos, né dans une île, probablement grecque, sous le signe des vignes, porteur de l'extase, est cependant sorti d'une mère « vidée de son sang » (*LSV*, 49)[6]. Le personnage qui porte donc un des noms de Dionysos, dieu du vin et de la transformation, et que la narratrice désigne comme cet

---

[6] Je signale dès à présent que le thème de la naissance insulaire, depuis une mère morte, reviendra dans *Depuis toujours, j'entendais la mer*.

amant parfait qui comprend la langue des femmes et qui est capable d'anticiper leurs attentes (*LSV*, 65), lui fait « croire en l'au-delà » (*LSV*, 47). La narratrice se présente dans le texte comme une sorte de prêtresse de la poésie, de l'écriture, « Vestale d'un secret inouï », entrant dans un « récit sacré » (*LSV*, 55). Elle conçoit avec Iacchos une enfant bien particulière, une fille imaginaire à laquelle s'adresse une grande partie du récit (« Aube », *LSV*, 67). Fille appelée, espérée, éthérée, elle vit cependant dans les profondeurs psychiques, plutôt celles de la conscience universelle, dans « un serment de naissance »; elle restera « l'unique enfant l'un de l'autre » (*LSV*, 60). L'« étreinte » du couple, entièrement sous le signe d'« excès », dépasse toute séparation des sexes: l'écrivaine-poète la désigne comme « ni mâle ni femelle ». Cette union relève en même temps d'un mariage alchimique, tantrique et dionysiaque; elle s'ouvre tout à fait sur les dimensions cosmiques, étant « un pacte de lumière » (*LSV*, 60), le « Mystère révélé » (*LSV*, 65).

Cet amour, cet acte charnel qui dépasse les interdits, au lieu de produire un(e) enfant en chair et en os, ne sert à mettre au monde que celle qui écrit, qui écrira: « Écrire devenait l'acte d'amour » (*LSV*, 66). Ainsi, l'amour, la sensualité, les retrouvailles avec le verbe originaire, « miracle du vin devenu verbe, verbe qui prenait chair » (*LSV*, 63), permet de refaire le monde à l'image des deux amants, d'instaurer « l'ordre d'un monde nouveau » (*LSV*, 65), comme déjà dans *Lèvres d'aube*, où le « Vaste tremblement de chair » mène à « la première voyelle / faite femme[7] ». Autrement dit, cet emportement amoureux du *Livre des sept voiles* qui semble annoncer la venue de l'enfant (*LSV*, 63) ne mène pas à la gestation, à la naissance physique, malgré la nature « initiatrice » de cette énergie de la conception, de ce « rien d'avant la vie », où « la naissance et la mort » semblent arborer « la même couleur » (*LSV*, 68):

> Je n'ai jamais connu de maternité physique parce que toujours enceinte du désir de tous les enfantements, préférant d'autres déploiements de la fécondité – une permanente liberté du cœur, l'ouverture à toutes les réincarnations du symbolique et de l'imaginaire (*LSV*, 83).

---

[7] Andrée Christensen, *Lèvres d'aube* suivi de *L'ange au corps*, p. 11. En fait, la pagination dans le texte se fait en mots, à savoir « onze ».

Voici que le texte opère aussi un parallèle avec le couple d'Isis et d'Osiris, paradigme souvent présent dans l'écriture d'Andrée Christensen, notamment dans ses *Visions d'Isis*[8]. Ce paradigme est suggéré, dans *Le livre des sept voiles*, par le couple, «frère et sœur du même sang», des «êtres incestueux, unis jusqu'au bout du corps et de l'esprit, lien à l'origine de toutes les naissances, seule force capable de vaincre la mort» (*LSV*, 71). Comme dans le mythe isiaque et osirien, la séparation est également inévitable dans *Le livre des sept voiles* («le douloureux sentiment d'être abandonnée», *LSV*, 78). Le fruit de l'amour ne s'y manifeste que grâce à la force créatrice de la femme, mais avec un résultat différent de celui du mythe isiaque traditionnel, où Isis enfante Horus, conçu de son frère-époux mort, mais remembré à la suite des efforts surhumains de sa sœur-épouse. C'est le départ, l'absence de l'homme qui, dans *Le livre des sept voiles*, permet à la narratrice de se tourner vers elle-même et de creuser son rapport avec cette fille qui ne naîtra pas.

Au fond, il s'agit du rapport avec la force créatrice à l'état pur, avec le rappel du mythe isiaque qui mène à l'évocation, voire à la reconnaissance du domaine orphique: «Ma seule certitude, celle que je dois suivre ces pages dans leur descente, même si elles me mènent là où mes mots refusent d'aller» (*LSV*, 87). La descente dans les profondeurs d'elle-même, la découverte de l'«impossible naissance physique» (*LSV*, 92) de la fille, génère ici l'image mythique que je rattache facilement à toute la mouvance contemporaine de la nouvelle Eurydice qui se redonne la vie par sa propre créativité[9]. Chez Andrée Christensen, cette figure mythique, ou plutôt la narratrice incarnant ce paradigme de l'imaginaire, se présente toujours à partir de la sensation aiguë du manque: «[J]'ai choisi moi-même de venir au monde. Béante de gestation, j'ai voulu naître du manque de toi» (*LSV*, 92). Le manque se rapporte

---

[8] Ainsi, le mythe d'Isis est perçu chez Andrée Christensen depuis de longues années comme porteur de résurrection et de création, de même que d'initiation assurée par la femme.

[9] Je renvoie en particulier au numéro *Orphée et Eurydice: mythes en mutation*, de la revue *Religiologiques*, n° 15, printemps 1997, avec mon introduction éponyme (p. 5-17), qui vise à cerner les manifestations du mythe d'Eurydice transformé dans la littérature contemporaine des femmes francophones.

probablement aussi bien à la fille jamais née, à l'homme disparu de l'horizon amoureux, vital, qu'à la mère morte de la narratrice.

Ainsi, les disparitions, les séparations, les impossibilités d'union et de communion ininterrompue, entre les êtres qui s'aiment, culminent dans ce déplacement symbolique (du mythe orphique) qui paraît révélateur du mythe de la nouvelle Eurydice. Chez Andrée Christensen, la remontée, pour la narratrice-Eurydice à la première personne, s'opère à partir de « mon enfant-mère, fille-miroir, ô ma mort, née » qui donne lieu à « une montée d'encre au goût de lait » (*LSV*, 92). La jonction entre le lait et l'écriture n'est pas sans rappeler « Le rire de la Méduse » d'Hélène Cixous (1975[10]), avec la notion de l'autoenfantement des femmes grâce à la littérature à laquelle elles oseront s'ouvrir et qui les nourrira tels le miel et le lait. Dans *Le livre des sept voiles*, la transformation alchimique est poussée encore plus loin lors de la « fête des grandes métamorphoses », celle du jardin qui permet le retour de la floraison, « vainqueur certain de la vie sur la mort » (*LSV*, 99). La fille symbolique perdue devient alors « enfant du Grand Œuvre » (*LSV*, 99), avec « ton cantique de lumière », « tes cycles » écrivant « le Livre du monde » (*LSV*, 100), dans lequel la narratrice aura « le plaisir d'écrire le premier jardin » (*LSV*, 101), promesse du renouveau inévitable, de la guérison par le biais de l'écriture[11] (« [J]e ne pourrai plus m'arrêter d'écrire » (*LSV*, 103)). Cette promesse, ce jardin, seront cependant toujours liés à la séparation, puisque l'homme et l'enfant sont voués à « toujours disparaître, se transformer » (*LSV*, 103). Il en sera de même pour la femme, celle qui se voyait si profondément ancrée dans l'écriture, celle qui se croyait porteuse de vie, de floraison : dans le texte, le climax de la naissance intérieure mène nécessairement à la prise de conscience du rapport douloureux entre la fille et la mère. Ce rapport est ici aussi inscrit dans le paradigme de Déméter et Korè[12]. Selon Pierre Brunel, on peut conclure à la présence d'un

---

[10] L'essai d'Hélène Cixous, « Le rire de la Méduse », publié en 1975 dans la revue *L'arc*, n° 61 (p. 39-54), continue à inspirer des générations d'écrivaines contemporaines.

[11] Comme dans *Le premier jardin* d'Anne Hébert, même si ce roman-là est écrit dans un tout autre registre.

[12] Ces figures sont suggérées chez Andrée Christensen par leurs attributs mythiques, qui suffisent à leur identification.

noyau mythique, même s'il n'est pas nommé explicitement, à partir des éléments qui le constituent habituellement, et qu'un auteur maniera à sa guise, ce qui est le cas ici. En fait, c'est la narratrice, chez Andrée Christensen, qui, en cueillant dans son jardin « une fleur mystérieuse, à l'irrésistible parfum à la fois laiteux, onctueux et mielleux », reconnaît, en perdant pied, comme l'aurait fait Perséphone, le « rêve prémonitoire de la petite fille dorée, disparue sous terre » (*LSV*, 113). Celle qui observe le processus et y participe devient ainsi Déméter, la mère éplorée, à cause du « trou noir de [s]a douleur » (*LSV*, 113), maudissant « cette fleur qui, depuis des siècles, sépare les filles de leur mère » (*LSV*, 114). Le premier jardin, le jardin du renouveau, est ainsi associé aux ténèbres, « [l]'Hadès, à peine une poignée de terre sous l'Éden » (*LSV*, 115). Dans le texte, cette poignée de terre se transforme inévitablement en cendres, celles de la mère morte, une fois qu'elle a rendu, offert son dernier souffle, lors de leurs dernières retrouvailles, à la fille qui l'accompagne dans ce passage vers l'au-delà. Ce sont là les mêmes cendres auxquelles va goûter la narratrice, qui se propose d'« [i]ngérer la mort pour faire un avec la vie » (*LSV*, 131), dans la perpétuation d'un rituel remonté du fond de la mémoire humaine et qui renoue avec des croyances ancestrales dans la transmission des pouvoirs sacrés.

Ce récit tellement nourri d'images symboliques répond-il à l'attente de la narratrice ? Une fois sa mère partie, devenir « [s]a propre fille » semble se présenter de manière pressante et paraît exiger encore et toujours que ce processus passe par l'écriture, celle d'une Eurydice, soit, mais, selon les aveux d'Andrée Christensen[13], surtout par l'écriture d'une Perséphone dont la remontée permettra la réconciliation avec la mort, avec les séparations et les départs[14]. « Qui fait la paix avec sa mère se réconcilie avec l'histoire de l'humanité » (*LSV*, 134), suggère l'auteure, se joignant ainsi à

---

[13] Ces informations proviennent de nos entretiens et de nos échanges par courriel.

[14] Dans le mythe traditionnel tel qu'hérité du bassin méditerranéen, Korê, la fille vierge de Déméter, déesse de la fertilité, devient Perséphone après le rapt par Hadès qui fait d'elle une femme. Dans la perspective postjungienne telle qu'approfondie par Jean Shinoda Bolen, surtout dans son ouvrage *Goddesses in Everywoman* (1984), Perséphone représente l'archétype de base pour toute descente ou remontée psychologique et spirituelle des femmes. C'est cette dimension du mythe de Perséphone qui semble intéresser Andrée Christensen.

l'affirmation de plusieurs autres philosophes et écrivaines, telles que Luce Irigaray en France, et, au Québec, Louise Dupré[15]. Y aura-t-elle réussi avec ses propres textes ? Dans les dernières pages du récit, elle se rend compte qu'elle ne comprend toujours pas sa mère (*LSV*, 137), la mère symbolique, celle qui permettait la fusion initiale qu'une femme continue à espérer dans l'étreinte amoureuse avec un homme (ce qu'évoque aussi Chantal Chawaf dans plusieurs de ses romans[16]), et dont ce récit d'Andrée Christensen montre toute la fragilité.

S'agirait-il d'une réponse aux grandes questions de la vie, toujours par le biais de l'écriture ? Andrée Christensen se voit obligée d'avouer que « [l]e livre est, en réalité, une interrogation permanente, une question posée à la question, un chemin qui ne mène nulle part, sauf au poème suivant » (*LSV*, 140). En donnant ainsi indirectement la définition même du mythe telle que proposée par Elizabeth Sewell[17], à savoir qu'il incarne, à l'aide du cheminement poétique, littéraire, cette quête continue des réponses (au sujet des grandes questions de notre existence), Andrée Christensen annonce par là aussi sa détermination à continuer à creuser, à poursuivre la réflexion qui, pour elle, est fondamentale, celle de la mort. Cette question se situe d'ailleurs au cœur du mythe orphique et trouve sa réponse dans l'œuvre critique et philosophique de plusieurs auteurs, dont, parmi les contemporains, tout particulièrement Gérard Bucher, avec son « hypothèse thanatopoïétique » impliquant que toute création littéraire est au fond générée par la prise de conscience de notre mort[18]. Les pondérations sur le vide et la disparition, l'écrivaine continue à les aborder avec passion, avec emportement et dans un

---

[15] Luce Irigaray, par exemple dans *Le temps de la différence* (1989) ; Louise Dupré dans *Tout comme elle* (2006).

[16] À titre d'exemple, on peut citer, chez Chantal Chawaf, le roman *Mélusine des détritus*, publié sous le nom de Marie de la Montluel (2002). Le rapport très intense entre la mère et la fille que crée cette écrivaine s'inspire très souvent du couple mythique de Déméter et Korè, dans lequel s'immisce aussi un homme. Dans ce triangle, l'homme est censé assouvir le désir profond de complétude de la femme. D'ailleurs, l'essai théorique de Chantal Chawaf intitulé *Le corps et le verbe* (1992) développe amplement cette problématique.

[17] En effet, Elizabeth Sewell définit le domaine mythique, surtout par rapport au mythe d'Orphée, comme une quête littéraire du sens de la vie, dans son livre incontournable *The Orphic Voice* (1960).

[18] Je renvoie principalement à l'essai de Gérard Bucher, *L'imagination de l'origine* (2000).

jaillissement continu de paroles, dans son effort de lever un à un les voiles qui obstruent la perception de la vérité ontologique, de la réalité plus profonde, comme elle le suggère déjà par le titre de son récit, *Le livre des sept voiles*[19].

Rejoindre l'infini

« Peut-on choisir le jour et l'heure de sa mort ? » – cette question posée par Andrée Christensen dans *Le livre des sept voiles* (*LSV*, 121) mène tout droit à plusieurs œuvres ultérieures et marque surtout le roman *Depuis toujours, j'entendais la mer*. Comme cette interrogation concerne plusieurs personnages du roman, il semblerait que pour l'auteure le moment fatidique soit lui aussi, comme tant d'autres éléments qu'elle évoque, en rapport avec les cycles, les répétitions des morts et des naissances. Dans *Le livre des sept voiles*, il s'agit d'une série de concordances, le départ définitif de la mère correspondant à un anniversaire de mort et à un autre de naissance. *Depuis toujours, j'entendais la mer* participe certainement des mouvements cycliques dans la vie humaine et dans la nature, thèmes chers à l'auteure, avec en outre la possibilité que l'écrivaine donne à son narrateur (intradiégétique) à la première personne, Thorvald Sørensen, d'en finir avec la vie. Elle lui permet ainsi de refaire l'expérience dans laquelle s'est lancée, bien avant lui, la femme dont il a eu son seul enfant, une petite fille que sa mère avait décidé d'emmener avec elle lorsqu'elle s'est noyée en haute mer. La mer avait déjà englouti le cadavre de la mère de Thorvald, jeune fille malheureuse qui, tombée enceinte par inadvertance, ne savait même pas qu'elle portait deux fœtus plutôt qu'un seul. Morte déchirée, elle a expulsé un premier enfant mort-né, la petite sœur jumelle de Thorvald, mise en bière avec sa mère. Un sort lugubre, que ne précise pas la narration mais qui reste toujours lié à la mer, est ensuite réservé à celle qui devient la mère adoptive de Thorvald, Ingelise, femme aveugle mais dont

---

[19] Du point de vue thématique et philosophique, ce titre fait penser au livre que Jacques Derrida et Hélène Cixous ont écrit ensemble, *Voiles* (1998), où il est également question des voiles qui, dans notre conscience, nous empêchent d'aller plus loin dans la vision et la compréhension du monde.

la musique au violoncelle se mêle à la rumeur des vagues. Celles-ci, après la disparition d'Ingelise, aspirent dans leurs profondeurs les chiens sauvages que seule domptait la musique d'Ingelise. La mer, dont la surface représente chez Andrée Christensen le portail vers les dimensions de l'au-delà, suggère là encore un motif orphique (transformé, fusionné à d'autres paradigmes), celui des eaux infranchissables mais que le poète réussit à dominer grâce à son chant, capable de bercer le Cerbère.

D'où vient, pour l'écrivaine, ce besoin profond de donner tant de place dans ce roman à des départs tous dramatiques ou mystérieux, souvent voulus, consentis ? Quelle est cette impatience d'aller au-devant de la rencontre avec la fatalité, cette peur, peut-être, de ne pas contrôler la vie et, partant, le moment de la mort ? On constate la continuité dans le questionnement sur l'essence de la vie, certes, et davantage encore dans cette attitude scripturale qui perdure d'une œuvre à l'autre, qu'il s'agisse d'un texte poétique ou en prose : voici que toute l'œuvre, empreinte de cet emportement, de cette exaspération, semble produire un cri à l'intention de l'Univers, un appel à pleins poumons pour que les voiles se lèvent, pour que les secrets se déploient. Non seulement les réponses sont-elles nécessaires pour les personnages d'Andrée Christensen, mais elles sont tout aussi importantes pour celle qui s'immisce elle-même dans ses textes, qui fait vivre à ses protagonistes des expériences emportées, exaltées, toujours à la limite du concevable, de l'acceptable.

Comme il en va ailleurs en littérature et, de manière générale, dans la vie, des réponses aux questions par cette écriture continuent de se faire attendre. De nombreuses tangentes dans ce récit à plusieurs facettes suggèrent cependant de page en page des développements auxquels la lecture n'aura pas droit, tant l'espace romanesque paraît restreint de nos jours. Le souffle épique ne manque cependant pas à Andrée Christensen, qui inclut dans son roman des boutures pour plusieurs traitements indépendants. Des motifs ou des épisodes se suivent sur un tempo serré, avec plusieurs questions qui en appellent d'autres sans que les réponses soient données. L'urgence d'un nouveau développement dans le récit paraît souvent écarter l'élément qui le précède. Thorvald, personnage central du roman, est un homme d'abord inconnu de la narratrice hétérodiégétique, mais qui s'avère être son cousin lointain, né en pleine tempête dans une île nordique, au Danemark, en plein déchaînement des forces de la nature. En fait, la naissance de ce dernier, cette sortie *in extremis*, à savoir son arrivée au monde inscrite dans le sang, la perte, la souffrance[20], représente en soi une charge romanesque suffisante, marquée du deuil du petit cœur qui bat toujours dans le ventre maternel déjà froid, sans vie, après la perte de la sœur jumelle mort-née avant lui. Celle-ci, ne voulant pas quitter l'espace intra-utérin, a coûté la vie à sa mère en se présentant à la naissance par le siège. Gémellité fusionnelle dans le ventre d'une jeune femme qui paie cher pour une nuit d'ébats érotiques furtifs et interdits, gémellité cannibale aussi puisque, à la venue au monde, il manque une menotte à la sœur morte. Ses cartilages se sont intégrés aux entrailles du petit garçon, qui plus tard souffrira de douleurs au ventre qu'il associera à l'engloutissement accidentel d'un hanneton, devenu monstre caché, scarabée sacré, secret d'une vie invisible... Malgré cette abondance de thèmes, tout se tient d'un bout à l'autre du récit, puisque la petite main avalée est comme une préfiguration du processus intériorisé, celui du mariage alchimique des opposés que nous portons en nous-mêmes et qui chez Thorvald prend une dimension centrale. Ayant englouti la main de celle qu'il appelle Freya, du nom de la déesse nordique de l'amour (dans la description que lui accorde Andrée Christensen), Thorvald s'approprie en quelque sorte le don des mains guérisseuses qu'aurait pu lui léguer sa sœur.

La seule personne à qui semblent vraiment servir les mains renfermant «une lumière aux pouvoirs guérisseurs» (*DTJM*, 135) de Thorvald est sa femme, celle qu'il a épousée dans un rituel sans témoins, près de la mer tumultueuse, dans l'emportement des sens. Guérisseur, sauveur même (*DTJM*, 136, 137), il embrasse totalement cette femme, dont il ignore non seulement le vrai nom mais tout de son passé et qu'il nomme lui-même Katla. Il l'aide à se libérer de l'image (de soi) qu'avait instillée en elle sa cicatrice, son sein amputé à la suite du cancer dont elle était atteinte

---

[20] On se rappelle la naissance d'Iacchos, dans *Le livre des sept voiles,* d'une mère morte dans le sang.

(*DTJM*, 137). Mais il faut à Thorvald accepter de perdre non seulement celle qu'il croit être la femme la plus importante de sa vie – « mon point de départ et mon point d'arrivée » (*DTJM*, 137) –, mais aussi leur fille, enfant née, comme par miracle, de ce corps mutilé après des moments de « joie dionysiaque » (*DTJM*, 153), d'« unique extase », qui leur faisait retrouver, avec les éléments de la nature, « l'unité première » (*DTJM*, 152). S'agirait-il d'unité momentanée qu'il est impossible de conserver, tout comme dans *Le livre des sept voiles*? L'extase serait-elle trop profonde, trop parfaite, l'ivresse trop grande pour être contenue dans des corps humains en pleine vie? L'excès demanderait-il son prix, comme d'ailleurs dans le mythe d'Orphée traditionnel, où le deuil amplifie encore l'attachement du chantre à la défunte? À l'image du mythe grec, Thorvald, dont la profession d'archéologue l'incite à fouiller le passé pour trouver des réponses aux énigmes de la vie, ne cesse de pleurer celle qu'il a perdue prématurément.

D'ailleurs, comme dans le mythe d'Orphée, Thorvald est continuellement exposé au monde des morts, tout en étant de prime abord marqué par « la mémoire d'avant [s]a naissance », celle du déchaînement de la houle, du vent marin qui produit l'angoisse d'avant la séparation et le deuil. Il risque à tout moment « l'arrachement à l'intimité du ventre maternel » (*DTJM*, 171), qui reste symboliquement présent dans toutes les épreuves de sa vie. Thorvald reçoit l'initiation première aux secrets de la vie de son père adoptif Erland, entrepreneur en pompes funèbres et embaumeur qui lui enseigne les soins mortuaires dans la morgue. Cette expérience préfigure sa future orientation professionnelle d'archéologue et suggère aussi le lien avec la mémoire du monde et les rites accomplis jadis, sans que les détails en soient élucidés. Parmi les drames non expliqués, on trouve une scène importante pour la maturation du personnage central. Thorvald, maintenant jeune homme, ne retrouve que tardivement son premier amour impossible, Lisbeth, partie de l'île sans jamais y retourner (vivante). C'est à lui qu'incombe d'embaumer le corps de cette jeune fille morte, dont il ne retrouvera jamais le souffle mais qui lui offrira une première leçon d'anatomie féminine et l'expérience du désir, découvert devant ce cadavre.

L'amour reste ainsi la force la plus troublante dans ce roman et, comme déjà dans *Le livre des sept voiles*, il est inscrit en grandes lettres dans l'attraction du couple Éros-Thanatos. Seules les rencontres passagères et peu satisfaisantes peuvent échapper à la fatalité, tout en jouant un rôle certain dans la narration. C'est le cas de l'infirmière égyptienne qui accueille Thorvald après l'opération lors de laquelle les os de la main de sa sœur sont extirpés de son ventre. L'amour profond, éperdu, inévitable, fatidique, tel l'élan qui porte Thorvald vers Katla, n'amène ni paix ni équilibre.

Au-delà de ce genre d'attachement, l'écrivaine suggère une autre sorte d'initiation, une autre sorte de mariage qui restera aussi le plus difficile. Il s'agit des noces alchimiques intérieures, des retrouvailles de l'autre, de celle vers qui on aspire toute la vie et qu'il s'agit de découvrir au fond de soi, avec sa gémellité intériorisée. Andrée Christensen permet ici à son personnage peut-être la seule « réussite » spirituelle, le seul véritable accomplissement mais qui, lui aussi, passe d'abord par la *via negativa*, puisque l'impulsion pour ce parcours se nourrit du manque initial, de la séparation d'avec sa sœur jumelle. Si le mariage alchimique s'accomplit, ce n'est cependant pas grâce aux retrouvailles avec la partie féminine en lui, mais grâce à la découverte de son « nom véritable » (*DTJM*, 254). Ces retrouvailles étaient d'ailleurs prédites depuis longue date par celle que Thorvald devait perdre, Katla, la femme qui a nommé leur fille en souvenir de la sœur morte, Freya.

Car le nom que Thorvald découvre pour lui-même n'est nul autre que « Freyr », nom chuchoté par « une autre voix familière » : « Tu es Freyr, jumeau de Freya, seigneur de la lumière » (*DTJM*, 254). C'est ici que je vois le tour de force d'Andrée Christensen, le point culminant de son roman, son innovation sur le plan de la restructuration et de la compréhension des mythes. Elle qui s'est longtemps intéressée aux mystères d'Isis parvient à jumeler ici sa fascination pour l'héritage méditerranéen avec ses propres sources nordiques et la sagesse qu'elles peuvent lui communiquer. Pour en arriver à ce climax, l'auteure doit faire passer son personnage par l'initiation passive et son retour progressif aux origines, lui qui est attiré par les momies et qui en trouve l'équivalent nordique dans le pendu du rite sacrificiel à Odin, « dieu de la parole et de la sagesse » (*DTJM*, 199) – l'équivalent septentrional du Thot égyptien, dieu des transformations, patron des poètes. Ainsi pour Thorvald, « la découverte de l'homme de Tollund » (*DTJM*, 201) est révélatrice dans la mesure où une carte, le douze du tarot, le Pendu, offerte par une cartomancienne des années auparavant, présageait déjà son propre parcours intérieur. S'ajoute au choc de ces analogies et des synchronismes[21] un rêve, suggérant l'identification symbolique entre la lame du tarot, l'homme préhistorique et Thorvald lui-même (*DTJM*, 202), ce qui confirme pour lui que la fin de sa quête et de sa destinée est proche. Le « retour de l'enfant prodigue » (*DTJM*, 207), comme le définit Erland, content de retrouver son fils adoptif (avant de pouvoir se laisser mourir), signifie ainsi surtout le retour de Thorvald vers lui-même. Ce sera encore la mort, l'acte d'« embaumer la dépouille d'Erland » (*DTJM*, 251), qui provoquera une série d'ébranlements assez puissants pour réveiller la mémoire ensevelie. Il faudra du sang (celui du corps vidé d'Erland), lors d'un rituel de baptême que Thorvald se prodigue à lui-même, pour que « l'encre funèbre » devienne « eau de vie », pour qu'il en dessine « un monde nouveau » « sur la toile des murs et des planchers » de la morgue (*DTJM*, 253). Lors de cette transe exaltée, cet homme qui a largement dépassé le cap de la jeunesse se remet lui-même entièrement au monde, en écoutant la voix subtile de « Freya, [s]a jumelle », qui « [l]'exhortait à agir » (*DTJM*, 252). Le résultat de ce processus déroutant est, à ce stade du récit, entièrement satisfaisant pour le personnage qui en fait l'expérience :

> La vie avait cessé d'être déchirure, tous les aspects de ma nature réconciliés dans un être enfin entier. Ma longue et douloureuse quête était terminée. Toute ma vie, je m'étais senti incomplet, cherchant à combler la part orpheline en moi. Freya, ce double dont j'avais tant ressenti l'absence, je l'avais portée en moi sans la reconnaître (*DTJM*, 255).

---

[21] Pour ce qui est des synchronismes dans l'œuvre d'Andrée Christensen, il est frappant que la sortie de son roman ait coïncidé presque avec la sortie d'un article du *National Geographic Magazine* portant sur les hommes de l'âge de fer embaumés, conservés naturellement dans les marais (Karen Lange, « Tales from the Bog », *National Geographic Magazine*, septembre 2007, p. 80-93).

Du point de vue mythique, il est important d'observer les dimensions qu'on attribue généralement aux deux divinités nordiques dont les noms sont utilisés par Andrée Christensen, pour souligner aussi la valeur archétypale de ses personnages. Freya, ou Freyja, de même que Freyr, sœur et frère, unis en mariage, selon certaines interprétations[22], sont tous deux liés à la mer et à la terre ; Freyr participant, en tant qu'élément solaire, à la fertilité de la terre, alors que Freya est associée aux naissances et peut prendre la forme d'un oiseau. Incidemment, un des épisodes érotiquement les plus chargés du roman évoque la danse nuptiale des oiseaux migrateurs, des grues cendrées (*DTJM*, 150), que Thorvald et Katla observent en catimini, happés dans le coït cosmique et éternel du renouveau printanier, dans « l'unité première » (*DTJM*, 152). Traditionnellement, les deux personnages mythiques sont reliés à la vie, au don et à l'aisance, la générosité et la lumière. Dans l'imaginaire d'Andrée Christensen, ils sont associés davantage au couple d'Isis et Osiris, vu les passages obligés par la mort qui doivent précéder le retour vers la vie, que l'écrivaine suggère aussi par l'image du scarabée, « dieu du soleil, qui renaît de lui-même » (*DTJM*, 134) ; tout comme Thorvald qui croit porter en lui une sorte de scarabée, « symbole de la victoire de la vie sur la mort » (*DTJM*, 134).

Mais, en fin de compte, toutes ces épreuves, ces voyages dans l'au-delà n'ouvrent pas à Thorvald les portes des mystères, qui restent scellées. Le plus souvent, ses mains de « lumière puissante, guérisseuse » (*DTJM*, 252) ne servent qu'à préparer les morts pour le dernier voyage, en quelque sorte pour le retour aux sources. Toutefois, les mains qui retrouvent leur lumière participent très probablement à la renaissance tardive de Thorvald, à l'accomplissement de son parcours initiatique. Lors de ce cheminement, la femme qu'il aime passionnément et à laquelle il s'unit avec une magnifique force fusionnelle (comme la narratrice dans *Le livre des sept voiles*) ne semble pouvoir l'accompagner que temporairement, le temps de lui permettre de développer ses dons, pour lui offrir

---

[22] Jack Tresidder (dir.), *The Complete Dictionary of Symbols*, San Francisco, Chronicle Books, 2005, p. 195-196.

aussi l'enfant au nom de Freya, en qui il croit pouvoir trouver la continuité et l'apaisement. Dans la logique symbolique du roman, c'est comme si cette enfant (tout comme sa mère Katla) devait être sacrifiée à la source, à la mer, pour que Thorvald puisse opérer le transfert vers sa propre sœur – et la remettre au monde dans son propre imaginaire.

Tout cela étant, l'amour fou, la passion amoureuse, l'abandon total, tellement recherchés par les personnages d'Andrée Christensen, ne sont absolument pas la garantie pour que s'estompe la souffrance et que perdure la fusion. C'est ce que l'auteure signale, en plaçant les êtres qu'elle accompagne en écriture dans des situations qui parlent pour elles-mêmes. L'emportement amoureux est ici encore vu comme une étape dans le cheminement vers soi, vers les noces intérieures que Thorvald, dans *Depuis toujours, j'entendais la mer*, parvient enfin à célébrer. Après l'accomplissement de la tâche cruciale inscrite dans son for intérieur, s'il ne reste plus rien à produire pour Thorvald, plus rien à espérer de l'existence terrestre, l'écrivaine suggérerait-elle que la vraie fusion, le vrai apaisement ne viendraient que de celle qui continue à appeler tous ces personnages? C'est ainsi qu'elle présente la Grande Mère, associée dans la conscience archétypale à l'eau, à la mer, aux océans, la mère dévoreuse mais aussi source de toute vie, de tout renouveau. Pour Thorvald, se lancer dans la mer, consciemment, ayant tous ses moyens (bien qu'amoindris), ne représente-t-il pas en même temps un dernier défi, une dernière tentative de voir, de comprendre, d'être à la fois le témoin et celui qui subit le passage? Il semble que, pour l'écrivaine, l'acte délibéré de Thorvald, celui d'entrer dans les vagues, réussisse à renouer avec la naissance manquée: les vagues reprennent ainsi ce qui était sorti des eaux amniotiques.

Vers la fin du roman, le cycle qui se termine entraîne un autre retour, cyclique lui aussi, et une libation inversée, cette fois-ci de la matière plus solide exposée à l'élément humide. La narratrice hétérodiégétique revient offrir son roman, «barque funéraire, vivant sarcophage» (*DTJM*, 289), «sur le rivage» d'Endelave, l'île natale de son père, où «[l]ivre né en silence, il disparaîtra dans l'écho de ce même silence», lorsque «[l]a mer l'aura bu jusqu'à son dernier mot» (*DTJM*, 291). Et pourtant, le livre est là, offert non seulement à son cousin lointain, mais à l'intention de celles et ceux qui voudront comprendre que ce *nigredo* alchimique, ce «travail du noir», n'a d'autre but que de nous faire «arriver à la luminosité» (*DTJM*, 289).

Comme la narratrice l'avoue avant les pages décrivant la libation finale du livre, elle a hérité du journal de son cousin lointain et jusque-là inconnu. Elle s'est ainsi vue obligée de suivre les injonctions de la fatalité, assurer que ce «Revenant» soit «Embaumé par mes mots» (*DTJM*, 287), ce qui a fait d'elle une «mère porteuse» (*DTJM*, 286), dans un processus de «gestation» et d'«accouchement» de «six ans». Long parcours alchimique pour celle qui écrit: «Un mort, la mort, n'a jamais eu une aussi forte emprise sur moi» (*DTJM*, 287). Pendant tout ce long processus de gestation, il ne semblerait pas que les mains guérisseuses du cousin mystérieux aient pu protéger efficacement celle qui a accepté de souffrir avec lui, celle qui dans ce contact risquait «mon fragile équilibre» et «ma santé» (*DTJM*, 287). Autrement dit, la lumière qui paraît irradier de ce contact avec le défunt lointain, pendant cette incarnation à travers les mots, toute cette lumière pressentie l'a laissée épuisée, ébranlée. Ayant participé à tous ces processus alchimiques, l'écrivaine escomptait-elle en tirer «une initiation à la vie» (*DTJM*, 286)? Cette alchimie de la mort représenterait-elle vraiment une initiation à la lumière, ou plutôt l'échec du cheminement effectué dans l'ombre des souffrances, qu'il ne s'agit pas toujours de porter en soi, comme Thorvald portait les cartilages de la main de sa sœur? Ces gestations, inscrites profondément dans le régime nocturne tel que décrit par Gilbert Durand[23], peuvent-elles engendrer autre chose que l'illusion du travail du Grand Œuvre accompli? Le livre est là pour nous convaincre de sa vision, de sa visée et de sa portée, dans tous les sens du terme. Et au-delà de ce premier roman, ce seront les

---

[23] L'ouvrage de Gilbert Durand, *Structures anthropologiques de l'imaginaire*, Paris, Bordas, 1969, continue à servir de référence centrale pour toute lecture mythocritique des œuvres littéraires.

projets déjà bien avancés d'une écriture autre, nouvelle, au dire de l'écrivaine, qui une fois terminés nous permettront de mieux placer ce texte si riche et si déroutant dans une perspective plus vaste de la croissance scripturale et spirituelle, toujours en amont et en transformation, d'Andrée Christensen.

Bibliographie

Bolen, Jean Shinoda, *Goddesses in Everywoman,* San Francisco, Harper & Row, 1984, 334 p.
Brunel, Pierre, *Apollinaire entre deux mondes : le contrepoint mythique dans Alcools : Mythocritique II,* Paris, PUF, 1997, 221 p.
Brunel, Pierre, *Mythocritique. Théorie et parcours,* Paris, PUF, 1992, 294 p.
Bucher, Gérard, *L'imagination de l'origine,* Paris, L'Harmattan, 2000, 299 p.
Bucher, Gérard, *Le testament poétique,* Paris, Belin, 1994, 280 p.
Bucher, Gérard, *La vision et l'énigme : éléments pour une analytique du logos,* Paris, Éditions du Cerf, 1989, 473 p.
Chawaf, Chantal, *Le corps et le verbe,* Paris, Presses de la Renaissance, 1992, 294 p.
Chawaf, Chantal, *Mélusine des détritus,* sous le nom de Marie de la Montluel, Monaco, Éditions du Rocher, 2002, 223 p.
Christensen, Andrée, *Le châtiment d'Orphée,* Ottawa, Éditions du Vermillon, 1990, 120 p.
Christensen, Andrée, *Depuis toujours, j'entendais la mer,* Ottawa, Éditions David, 2007, 296 p.
Christensen, Andrée, *Lèvres d'aube* suivi de *L'ange au corps,* Ottawa, Éditions du Vermillon, 1992, 128 p.
Christensen, Andrée, *Le livre des sept voiles,* Ottawa, Le Nordir, 2001, 145 p.
Christensen, Andrée, *Les visions d'Isis,* Ottawa, Éditions du Vermillon, 1997, 107 p.
Cixous, Hélène, « Le rire de la Méduse », *L'arc,* n° 61, 1975, p. 39-54.
Cixous, Hélène, *Voiles,* en collaboration avec Jacques Derrida, Paris, Éditions Galilée, 1998, 84 p.
Downing, Christine, *The Long Journey Home. Re-visioning the Myth of Demeter and Persephone for Our Times,* Boston, Shambala Publications, 1994, 304 p.
Dupré, Louise, *Tout comme elle,* suivi d'une conversation avec Brigitte Haentjens, Montréal, Québec Amérique, 2006, 110 p.
Durand, Gilbert, *L'imaginaire. Essais sur les sciences et la philosophie de l'image,* Paris, Hatier, 1994, 79 p.
Durand, Gilbert, *Structures anthropologiques de l'imaginaire,* Paris, Bordas, 1969, 550 p.
Hassan, Ihab, *The Dismemberment of Orpheus : Toward a Postmodern Literature,* New York, Oxford University Press, 1971, 297 p.
Irigaray, Luce, *J'aime à toi,* Paris, Éditions Grasset, 1992, 234 p.
Irigaray, Luce, *Le temps de la différence,* Paris, Librairie Générale Française, 1989, 122 p.
Juden, Brian, *Traditions orphiques et tendances mystiques dans le romantisme français,* Paris, Klincksieck, 1971, 805 p.
Lange, Karen, « Tales from the Bog », *National Geographic Magazine,* septembre 2007, p. 80-93.
Monneyron, Frédéric et Joël Thomas, *Mythes et littérature,* Paris, PUF, 2002, 127 p.

Mottet, Yolaine, *Entrevue avec Andrée Christensen*, «Le pont des arts», Radio-Canada, 15 avril 2008; [en ligne] http://www.radio-canada.ca/audio-video/pop.shtml#urlMedia%3D/Medianet/2008/CBUF/00035601_20080415_192303.as, consulté le 22 avril 2008.

Sewell, Elizabeth, *The Orphic Voice*, New Haven, Yale University Press, 1960, 463 p.

Tresidder, Jack (dir.), *The Complete Dictionary of Symbols*, San Francisco, Chronicle Books, 2005, 544 p.

Zupančič, Metka, «Eurydice et Perséphone: paradigmes revisités par Cixous et Chawaf», *Women in French Studies*, automne 1995, p. 82-89.

Zupančič, Metka, «Orphée et Eurydice: mythes en mutation», dans Metka Zupančič (dir.), *Orphée et Eurydice: mythes en mutation, Religiologiques*, n° 15, printemps 1997, p. 5-17.

Zupančič, Metka, «Nouvelle Eurydice: mythe ou stéréotype?», dans Christian Garaud (dir.), *Sont-ils bons? Sont-ils méchants?*, Paris, Honoré Champion éditeur, 2001, p. 61-71.

TATOUAGES ET TESTAMENTS ET *POILS LISSES* DE TINA CHARLEBOIS : STRATÉGIES DE RÉSISTANCE

Nicoletta Dolce
Centre de recherche interuniversitaire sur la littérature et la culture québécoises (CRILCQ)
– Université de Montréal

«Ç'a toujours été mon identité franco-ontarienne qui m'a poussée à écrire», déclare d'emblée Tina Charlebois dans l'entrevue «Vers l'identité[1]» accordée au *Droit*. Cette jeune poète, née à Iroquois, un village anglophone dans le sud-est ontarien, après avoir séjourné quelques années dans les Rocheuses, revient dans sa province natale et, en tant qu'enseignante de français et d'*english* (ainsi dit-elle), «retrouve chez la jeunesse minoritaire une poésie refoulée qu'elle risque d'oublier[2]». Dans la suite du même texte, l'auteure affirme : «Mes parents, comme plusieurs couples d'enfants aujourd'hui à la fin vingtaine-début trentaine, sont divorcés. Mais encore là, parmi mes amis je représentais une minorité[3].» Ce sentiment d'être minoritaire imprègne ses deux recueils *Tatouages et testaments* et *Poils lisses*; dans ce dernier, une section «Poil lys» lui est entièrement consacrée.

---

[1] Anonyme, «Vers l'identité», *Le Droit*, samedi 3 mars 2007, p. A2.
[2] Tina Charlebois, *Poils lisses*, Ottawa, Éditions L'Interligne, coll. «Fugues / paroles», 2006, 1ʳᵉ de couverture. Désormais, les références à cet ouvrage seront indiquées par le sigle *PL*, suivi du folio, et placées entre parenthèses dans le texte.
[3] Anonyme, «Vers l'identité», *op. cit.*

Comme nous le rappelle Elisabeth Lasserre, la situation des Franco-Ontariens les place « en marge non seulement du monde anglophone canadien et américain mais aussi à la périphérie des cultures francophones de France et du Québec[4] ». Dans le poème « Obligation langagière », Tina Charlebois décrit avec un brin d'humour un tel état :

> Je français ma langue
> ma tête
>
> Je francophone ma garde-robe
> ma bouteille d'eau
> ma tapette à mouches
>
> Je franco-ontarienne mes champlures
> mon désir pour le profane
> et le gouttes de vinaigre
>
> Je m'oblige
> à une culture que je ne réussis jamais
> à cultiver
>
> Je français ma langue
> ma tête
>
> Je francophone mes habitudes
> mes poignées de porte
> mon grain de sel
>
> Je franco-ontarienne mes draps
> mes draps
>
> J'anglicise mon sexe
> mes paupières fermées
>
> Mais seule la fenêtre me répond
> dans une langue
> que je comprends (*PL*, 36-37)

---

[4] Élisabeth Lasserre, « Écriture mineure et expérience minoritaire : la rhétorique du quotidien chez Patrice Desbiens », *Études françaises*, « L'ordinaire de la poésie », vol. 33, n° 2, automne 1997, p. 64.

Hormis les jeux de mots, caractéristique constante de l'œuvre de Tina Charlebois, dans ce poème, qui se présente sous forme d'une série d'énumérations articulées par des adjectifs à la fonction verbale, figure clairement le phénomène du polylinguisme. La hiérarchie linguistique (français, français canadien, franco-ontarien, anglais) est établie par un je dont le pronom, scandé au début de chaque vers, insiste sur sa performativité : c'est le sujet, dont l'identité semble multiple, qui nomme et qui décide sciemment quelle langue utiliser afin de dénoter et de connoter la réalité qui l'entoure. L'obligation à une culture que cette femme ne réussit « jamais à cultiver » incite le lecteur à s'interroger sur la nature de celle-ci ; en d'autres termes, à quelle culture, et ici je souligne l'utilisation du singulier, le je se réfère-t-il ? Le dernier vers, construit sur le brouillage de l'horizon d'attente[5] du lecteur (procédé rhétorique qui rapproche l'auteure de la poésie de Patrice Desbiens), sous-entend que la subversion langagière mise en place par le sujet l'isole dans un monde d'hallucination verbale où seuls les objets instaurent avec elle une conversation intelligible.

L'assertion d'Élisabeth Lasserre mentionnée ci-dessus et concernant la marginalisation des Franco-Ontariens ne se veut pas le moindrement innovatrice et, en la citant, je suis tout à fait consciente du truisme inhérent. Toutefois, ce qui m'intéresse dans cet extrait relève des concepts de marge et de marginalité, surtout à la lumière de l'interprétation qu'en fait François Paré dans *Théories de la fragilité*, alors qu'il considère les auteurs de l'Acadie, du Manitoba et de l'Ontario français comme « les abandonnés à la lumière de la marginalité[6] ». Loin de la signification réductrice qui voit dans la marge l'isolement, le lieu dysphorique de la non-pertinence ou le lieu accessoire voué à la désagrégation et à l'aliénation, la marge à mes yeux représente un espace original, le siège de la réflexion critique,

---

[5] Le concept d'horizon d'attente, élaboré par Karl Mannheim, a été inséré dans la science de la littérature par Hans Robert Jauss, qui l'a utilisé surtout dans un sens général. C'est dans ce sens qu'il est employé dans cet article. Selon cette théorie, le lecteur se forme une idée du texte qu'il est en train de lire ; cette idée est basée sur un système complexe de besoins, d'expectatives, de goûts, de lectures et de modèles de comportement qui constituent, dans leur ensemble, l'horizon d'attente du public.

[6] François Paré, *Théories de la fragilité*, Ottawa, Le Nordir, 1994, p. 10.

l'interstice, la fissure poreuse où se confronte le multidimensionnel. La pensée de la marge, « destinée à transformer la minorisation en principe d'action sur la culture[7] », ne serait pas analysable selon le modèle binaire centre/périphérie: espace d'une interaction constante, travaillant dans le fragmentaire et l'hétérogène, elle accueille plusieurs formes de résistance et d'affirmation. À mon avis, la poésie de Tina Charlebois constitue un exemple tant du travail poétique mené hors du modèle centre/périphérie que de l'affirmation d'un sujet qui, conscient de son identité multiple, résiste aux contraintes de plusieurs cultures et s'oppose à ce qui menace sa présumée indépendance. En effet, une grande partie de cet article sera consacrée à l'étude des stratégies linguistiques et rhétoriques que l'auteure met en place dans ses textes afin de résister.

Les stratégies de la résistance – le personnel

« Quand j'écris en français, je dois m'affirmer plus, je dois fouiller plus loin en moi. En anglais, je me sens moins en crise, puisque ça ne touche pas à mon identité profonde [...][8] », commente Tina Charlebois. Une telle affirmation se joue, dans les deux recueils, sur trois fronts: celui de l'identité personnelle, celui de l'identité collective et celui de l'identité poétique. Le titre *Tatouages et testaments* inscrit d'entrée de jeu le sujet lyrique dans une stratégie de résistance au sein de laquelle l'écriture et la chair se fondent:

> J'écris
> pour tacher cette page blanche
> de mon crachat
> un viol prémédité
> comme tes soupirs d'ignorance[9].

Cette première strophe tirée du poème « J'écris » témoigne de l'autoaffirmation d'un sujet qui, par le biais d'un acte violent, imprègne la page de son liquide physiologique. Ici, une question

---

[7] *Ibid.*, p. 24.
[8] Anonyme, « Vers l'identité », *op. cit.*
[9] Tina Charlebois, *Tatouages et testaments*, Ottawa, Le Nordir, 2002, p. 75. Désormais, les références à cet ouvrage seront indiquées par le sigle *TT*, suivi du folio, et placées entre parenthèses dans le texte.

lancinante surgit, à laquelle je n'entends pas donner de réponse :
L'ignorance peut-elle être préméditée ?

Dans *Tatouages et testaments*, le signe, celui de l'écriture, devient organique dans son inscription sur la peau. Il s'intègre indélébile dans le corps, dans la matière physiologique. L'aspect perdurable de ce processus est réitéré par les testaments (au pluriel) insistant sur le legs, l'héritage de la parole poétique. Je tiens à souligner que les deux recueils se terminent sur le thème de l'écriture, ardente et affirmative dans *Tatouages et testaments* («J'écris»), douteuse et précaire dans *Poils lisses* (section «À poil», formée d'une seule prose poétique). Dans ce processus d'affirmation, dans cette confrontation avec l'autre et les autres, le sujet ne verse jamais dans le ton victimaire ou dans la passivité ; bien au contraire, tout en étant conscient de sa posture chancelante, il ne cède pas sous l'effet de la pression interpersonnelle ou sociétale, il s'oppose à ce qui contrarie ses désirs, à ce qui menace sa liberté. Cette résistance se manifeste concrètement dans les deux recueils de Tina Charlebois par le biais d'une série de stratégies rhétoriques et textuelles comme la dérision, l'humour, l'utilisation du langage ordurier et de formules lapidaires, le ludisme, les juxtapositions insolites, les transpositions inattendues, les jeux de mots (calembours, paronymes), le rappel d'une banalité frôlant l'absurde, le brouillage de l'horizon d'attente et la chute, le rabaissement de l'action vers le prosaïque. C'est majoritairement sur l'analyse de ces stratégies que je me pencherai.

Les quatre poèmes «Sans moi-même», «Antithèse : désir de moi» (*Tatouages et testaments*), «Veilleuse» et «Résolution» (*Poils lisses*), renfermant certaines des stratégies énumérées, dessinent le trajet d'un sujet qui tend vers l'autoaffirmation.

Je suis le ver de terre après la pluie

Je suis la fourmi au Union Station
        la distributrice à jetons
               qui ne crache que des bouts de papiers blancs
Je suis la carte jouée au Las Vegas de mon pays
Je suis le pigeon qui attend son vagabond
        qui picote les graines et les roches sans les distinguer

> Je suis la pomme dans le fond d'un sac d'Halloween
> > les ongles qu'on gratte sur le tableau
> > le gratte-ciel à la campagne
> > le champ de maïs cultivé pour nourrir les vaches
> Je suis le panneau de directives dans un labyrinthe
> > le point sur le 'j'
> > le signe de non-fumeurs dans un restaurant
> Je suis la lettre oubliée par le facteur
> > le mot surligné sur une photocopie
> Je suis le Smartie rouge dans une boîte de bleus
> Je suis un bout de ficelle jaune sur un manteau noir
> > le fœtus qui ignore l'eau dans laquelle il se baigne
> > le bouton qui empêche le pantalon de tomber
> > la dent de sagesse qui pousse à des moments de stupidité
> Je suis la dernière photo sur la pellicule
> > le timbre-poste sur la lettre retournée au destinateur
> > le film qu'on emprunte lorsque le meilleur vendeur est épuisé
> Je suis le livre franco-ontarien oublié sur l'étagère
> > d'une bibliothèque d'une école   secondaire
> Je suis l'étoile en plastique qui brille dans le noir
> > le chocolat chaud qu'on boit en été
> > le miroir dans la salle de bain par un matin d'hiver
> > la télévision sans le câble
> > l'ordinateur de mes rêves
>
> Je suis
> sans moi-même (*TT*, 24-25)

Le « je suis » anaphorique, répété 13 fois dans le texte, demeure l'acte premier d'énonciation d'un sujet qui s'autodéfinit. Toutefois, chaque définition, relevant d'un ordinaire anodin, d'une banalité frôlant de temps à autre l'absurde, renferme quelque chose de biscornu, de déplacé, d'inadéquat, en d'autres mots, de hors contexte. Une autodérision légère accompagne ce sentiment de désappartenance qui, scandé par l'accumulation d'éléments disparates et par des juxtapositions insolites, s'oriente vers la dépossession de soi annoncée dans le dernier vers[10]. Pourtant ici le sujet ne se situe

---

[10] Les juxtapositions insolites, les transpositions inattendues rappellent la poésie de Patrice Desbiens, poète qui, avec Jean Marc Dalpé, inspire Tina Charlebois (voir l'article « Vers l'identité », *op. cit.*).

jamais dans une dynamique duelle, c'est-à-dire dans la définition par rapport ou en comparaison à l'autre : seul, campé dans le rempart du « je suis », il assume pleinement son état, que nous verrons transitoire. En effet, le poème suivant, « Antithèse : désir de moi », met en scène un je lyrique différent :

> Je veux être le timbre-poste sur une lettre prioritaire
> la lentille souple sans prescription
>   l'ampoule à trois puissances
> Je veux être la dernière paire de bas bleus
>   celle dont les talons s'effilochent
>   et que les autres bas envient
> Je veux être le cri qui impose le silence
>   dans un marché   à l'automne
> Je veux être le réveille-matin qui sonne en plein après-midi
>   la paume moite par anticipation
>   la giberne vidée avec regret
>
> Je veux être le chocolat sans faim
>   l'envers de demain
>   l'univers de ta main (*TT*, 26)

Cette fois-ci, l'anaphore porte sur la volition d'un sujet qui, tout en utilisant encore des éléments liés à une réalité banale, et ici l'adjectif banal renvoie à l'acception de commun et non pas d'insignifiant, leur attribue une connotation positive, leur confère et, indirectement, se confère un sens d'unicité. Le paronyme des deux derniers vers « l'envers de demain / l'univers de ta main », phénomène fréquent dans la poésie de Tina Charlebois, qui affirme : « Je prends plaisir à écrire en français, à jouer avec les mots[11] », met en place une stratégie rhétorique vouée à la résistance, au détournement du sens, à la mise en jeu et en échec de la langue[12]. Ici, il serait tout à fait utile de fournir d'autres exemples de l'aisance à

---

[11] Anonyme, « Vers l'identité », *op. cit.*
[12] Voici d'autres exemples : « Les miennes restent soudées / à ce banc de bois / et je bois / pour les enflammer » (calembour – homophonie, « Béatitude », *TT,* 35) ; « T'alpha-baptiser » (calembour, *TT*, 47) ; « Poil lys » (calembour, *PL*, 21) ; tout le poème « Obligation langagière » (*PL*, 36).

jongler avec les mots, aisance qui rend l'œuvre de Tina Charlebois assez unique parmi celles des jeunes poètes contemporains :

> On m'a demandé
> si j'aimais
> si jamais
> j'avais aimé d'un amour certain
> indiscutable
> cent pour cent pure émotion
> cœur à sang liquide
> […] (*TT*, 19)

Dans ce poème « T'aimer », le calembour et la paronymie, associés au ton humoristique accentué par l'hyperbole, préparent le lecteur à la chute brutale du poème, phénomène récurrent chez Tina Charlebois :

> J'ai répondu
> qu'un jour j'avais baisé
>   et que
> j'avais aimé ça (*TT*, 19)

Comme on peut le constater, l'attirance pour les calembours va souvent de pair avec la description d'une réalité triviale. Le début du poème « 24 » en témoigne :

> Un t-shirt de Plume
> « Gang de ciboères »
> et je ne sais plus
>   s'il parle toujours de moi
>   ou de ma copine d'en face (*PL*, 31)

Dans le poème « Veilleuse », la volition du sujet d'« Antithèse : désir de moi » cède la place à un je lyrique caractérisé par la modalité négative :

> […]
> Je ne suis pas la femme
> qui allumera la veilleuse
> qui laissera la porte ouverte

> pour tes cauchemars
> et ton recommencement (*PL*, 16)

Modalité négative rapidement permutée en affirmation lapidaire dans « Résolution », où on lit :

> Je serai femme
>
> Tu resteras homme
> et donc
>
> oublié (*PL*, 19)

Le ton caustique corrobore la liquidation du tu masculin s'opérant par le biais d'une sorte de syllogisme dans lequel le je féminin, porteur d'un futur révélateur, affirme son indépendance. Ce tu qui l'avait « oubliée / sur [son] comptoir de cuisine / près du poulet dégelé / et de [ses] verres fumés[13] », acte qui transforme la femme en objet de consommation, subira le sort assigné aux déchets domestiques, alors que, dans le poème « Classement », le je poétique affirme :

> Tu as opté pour amant
> J'aurais souhaité fantasme
> J'ai enfin choisi   poubelle (*TT*, 66)

Ici, entrent en jeu davantage deux procédés textuels typiques de Tina Charlebois, l'utilisation de l'humour grinçant[14] et le brouillage de l'horizon d'attente, brouillage qui se concrétise, comme on l'a vu, par la chute, le rabaissement de l'action vers le prosaïque, l'incongru[15]. Voici deux autres exemples qui méritent d'être cités :

---

[13] « Assurance », *TT*, p. 58.
[14] Humour : « Je devrais déménager / de l'autre côté du pont / pour économiser sur le loyer / Mais mon chien / ne sait uriner / que dans une province / Et je ne suis pas celle / qui l'a apprivoisé » (« Aménagement », *TT*, 14) ; « L'air sec l'oblige à sortir la langue plus souvent que la norme – acte pas très apprécié, sortir sa langue » (*PL*, 26) ; « Empêchée de faire pousser mes propres tomates, j'ai conclu que les habitudes d'un écrivain ne jouent aucun rôle dans sa production d'écrits ; seules les tomates peuvent garantir un succès littéraire » (*PL*, 56).
[15] Brouillage des pistes et chute : « Je n'ai plus les mots / pour écrire mon matelas embaumé / ni pour le jumeler au tien / comme attentat / contre ma sobriété » (« Pénurie », *TT*, 73) ; « Je sais / que c'est ton ignorance qui parle / ta fierté infectée / qui te dicte un vocabulaire / qui reste pris dans ton piercing / comme un jujube d'hier » (« Rince-bouche », *PL*, 30).

« Innocente, j'espère souvent que je serai devenue auteure de chansons célèbres avant que l'inévitable ne se présente dans mes Reese Puffs » (*PL*, 56) et, dans « Trahison » :

> Tu m'as pris la main dans la tienne
> comme dans une boîte à pain
> dont on oublie le contenu (*TT*, 45)

Les stratégies rhétoriques vouées à la mise en échec de la langue contribuent majoritairement à la marginalisation d'un sujet qui, dans les relations amoureuses, récuse le confort et rejette les clichés dictés par une convention dont la valeur se désagrège. Cependant, la désacralisation de l'institution du couple ne semble pas verser dans une satire amère et désabusée ; en effet, si l'on veut employer ce mot, il s'agirait plutôt d'une satire amusante et riche en humour.

Les stratégies de la résistance – le collectif et le politique

La résistance passe par l'humour grinçant, virant au sarcasme ou à la critique virulente, alors que le sujet s'affirme au sein de l'identité collective. La polémique ressort clairement dans « Poil lys », une section complète de *Poils lisses* consacrée à la question identitaire :

> Je suis Franco-Ontarienne seulement en Ontario. Traître si je change de province. Espionne si je saute de l'une à l'autre. Assassin perfide si j'ose transmuer ma culture qui ne peut point – me dit-on – survivre dans un autre environnement. D'ailleurs, il faut se rappeler de Darwin. Je suis Canadienne mais francophone – et pas du Québec. Donc pas vraiment Canadienne. Et pas vraiment francophone.
>
> Mais en anglais, *I am Canadian*, et pas juste en bière. *I have been Ontarian, Albertan and British-Colombian. But not really. All along, I've just been Canadian* […]. En anglais, ce n'est pas compliqué. *It's not complicated: a country is a country.* Un pays, c'est une province. Le bilinguisme cause certaine de la schizophrénie […] (*PL*, 23).

À la normalisation proposée par la définition *I have been just Canadian*, le sujet répond avec un détournement du sens alors que « *A country is just a country* » est traduit par : « Un pays, c'est une province », phrase symptomatique de sa révolte. Alors que la poète a recours aux deux langues, elle utilise occasionnellement une stratégie chère à Patrice Desbiens, dont je cite un extrait de *L'homme invisible/The Invisible Man*:

> L'homme invisible est né à Timmins, Ontario.
> Il est Franco-Ontarien.
> *The invisible man was born in Timmins. Ontario.*
> *He is French-Canadian*[16].

Comme Robert Dickson le souligne, «les deux textes ne véhiculent pas toujours le même propos, la même nuance, voire la même information[17]»; le *traduttore traditore* mine habilement dans le creux de la langue le processus de nivellement identitaire proposé/imposé par l'anglais. «Le bilinguisme: cause certaine de la schizophrénie» est visé également dans *Tatouages et testaments* alors qu'à la page 14 prend forme une espèce de poème collage, à l'instar des poèmes-montages de Paul Chamberland ou de Madeleine Gagnon des années 1970, dans lequel, au titre «Prostitution», suit 14 fois le nom Ottawa, associé, à la fin du poème, tant à la vache folle qu'au bilinguisme. La connexion semblerait claire: le bilinguisme équivaut à une maladie dégénérative du système nerveux central conduisant progressivement à la mort. La constellation sémantique bovine est réitérée dans le poème-accusation «Élevage», dans lequel la mansuétude et la passivité des troupeaux, animaux et humains, émanent d'une métaphore bouclée par une formule lapidaire de refus:

> [L]es vaches québécoises
> ressemblent
> aux vaches franco-ontariennes
>   je ne bois plus de lait (*TT*, 15)

---

[16] Patrice Desbiens, *L'homme invisible/The Invisible Man*, Sudbury, Éditions Prise de parole, 1987, p. 1.
[17] Robert Dickson, «Autre, ailleurs et dépossédé. L'œuvre poétique de Patrice Desbiens», dans Jules Tessier et Pierre-Louis Vaillancourt (dir.), *Les autres littératures d'expression française en Amérique du Nord*, Ottawa, Presses de l'Université d'Ottawa, 1987, p. 28.

Le poème « En Acadie », tiré de *Poils lisses*, évoque le trajet d'une quête vouée à l'échec :

> En Acadie
> je t'ai cherchée
> > toi, province de rien et de rienne
>
> sans souvenirs
> ni souhait de mémoire
> [...]
> Je t'ai enfin trouvée
> > un mercredi matin
>
> entre le lever de soleil
> > et l'absence de reflet
>
> noyée (*PL*, 35)

Le bout de toute quête serait de trouver un élément convoité, désiré ; toutefois, ici la quête commence sur un mode dysphorique, mis en valeur tant par le jeu de mots « de rien et de rienne » que par la vacuité mémorielle attribuée à cette province jamais nommée explicitement dans le poème. L'anaphore du vers « je t'ai cherchée », répété trois fois, scande un voyage au bout duquel il n'y a qu'absence et mort.

L'attitude virulente du sujet, qui au fil des vers semble avoir la rage au cœur, serait-elle attribuable à une impulsion juvénile faite surtout de refus, d'ardeur et de grandes déceptions ? À mes yeux, la posture qu'il adopte, celle d'une résistance féroce nourrie par la pulsion de survie, ne semble pas l'enfermer dans un carcan : ses incursions langagières novatrices lui confèrent la grande liberté d'être à la fois dedans et dehors ; cette position « entre les deux » sera soutenable davantage grâce à une stratégie propre, entre autres à Luigi Pirandello, celle de l'ironie et du ludisme.

Le ludisme

Parmi les stratégies de résistance traversant les textes poétiques de Tina Charlebois, il y en a une qui apporte un vent de légèreté : il s'agit du ludisme, du côté irrévérencieux, de l'ironie dont témoigne « La pute sur la Riverside », sorte de déclaration poétique ouvrant *Tatouages et testaments*.

> J'ai toujours rêvé d'être la pute
>   du coin
> le fantasme de l'un
>   la réalité de l'autre
> passer de la table à la douche –
>   selon les dimensions
> J'ai toujours voulu m'habiller à la Hollywood
>   le bon goût à rabais
>   le «glam» des Oscars
> révélant les meilleurs trucs cinématographiques
>   toutes les fentes à découvert
> comme ma jupe Stitches qui ferait virer les yeux des chums
>   les habitudes sexuelles des blondes
>   surtout des rousses
>
> J'ai toujours espéré vivre de mon corps
> de la manière la plus discrète pour l'être humain
> me baigner nue dans la piscine du voisin
>   pour enfin pouvoir être celle qui envahit
> celle entourée d'eau   et d'orgasme
>
> J'ai toujours rêvé d'être la pute à cigarettes
>   le joint sans philtre de la poésie (*TT*, 9)

Le style concis s'appuie sur l'articulation d'une grammaire élémentaire relevant de l'oral ; toutefois, cette facilité apparente recèle plusieurs dispositifs rhétoriques : les paronymes, l'ironie, les contresens, les juxtapositions insolites participent de ce que Robert Dickson appelle «une banalité aux proportions absurdes[18]», une banalité grotesque faites d'images denses et souvent déstabilisantes.

> Cette fois, également, une chute inattendue clôt le poème :
> Mais je reste assise   au dixième
> à défigurer mon reflet
> dans le miroir
>   du terrain   de stationnement (*TT*, 10)

---

[18] Robert Dickson, *op. cit.*, p. 20.

Une certaine obscurité découle de cette scène surréelle : ici, il est bien question de défiguration, toutefois elle n'atteint pas la personne, mais son reflet lointain, si l'on se fie au fait que le je lyrique se trouve au dixième étage et que le miroir est situé sur le terrain de stationnement. Cette défiguration qui semble superficielle, qui n'atteint que le reflet de la femme, renverrait-elle à une forme de stabilité intérieure ? Sincèrement, j'aime l'opacité de cette strophe dont je ne tâcherai pas d'élucider le sens.

Toutefois, la description de l'ordinaire dans la poésie de Tina Charlebois, à la différence de Patrice Desbiens, chez qui on « écarte toute interprétation sentimentale du monde, toute sérénité contemplative devant les choses de la vie[19] », est occasionnellement imbue d'une composante anodine, presque frivole :

> Tu m'as donné
> ta nouvelle brosse à dents
> pour les soirs d'envie
>   et d'abandon mutuel –
> les soirs comme celui-là
>   trop matin   trop peu nuit
>
> Je l'ai laissée
> dans la salle de bain au deuxième
> et n'ai pu la retrouver
> la semaine suivante
>
> Tu as dit
>   ne pas savoir
> où elle était rendue
> Je l'ai enfin revue
>   au premier
> utilisée par ta mère
> à la hâte
>
> Tu as ri

---

[19] Élisabeth Lasserre, *op. cit.*, p. 68.

> J'en ai acheté une   compacte
> qui traîne maintenant
>   (sans capuchon)
> dans mon sac à dos (*TT*, 56-57)

Dans ce poème intitulé « Dentifrice », à la facture descriptive et à la langue familière, on respire toute la légèreté d'une quotidienneté tissée d'instants paisibles et reposants.

Comme on a pu le constater au fil des poèmes, la résistance que le je poétique offre tant aux conventions amoureuses qu'aux conventions sociales se bâtit sur la prise de conscience de sa performativité. Ce sujet qui opère dans la marge, entendue ici comme espace original où se confronte le multidimensionnel, nomme la réalité à travers une langue babélique tout à fait personnelle et novatrice. Par le biais de cet outil incodifié, la multiplicité identitaire semble se réinventer constamment dans un processus de dépassement de toute catégorisation. C'est alors, comme François Paré le rappelle, que dans cette lumière de la marginalité, le je lyrique transforme la minorisation en principe d'action sur la culture.

Bibliographie

Anonyme, «Vers l'identité», *Le Droit*, samedi 3 mars 2007, p. A2.

Beckett, Sandra et Leslie Boldt-Irons, «Introduction», dans Sandra Beckett, Leslie Boldt-Irons et Alain Baudot (dir.), *Exilés, marginaux et parias dans les littératures francophones*, Toronto, Gref, 1994, p. 1-11.

Charlebois, Tina, *Poils lisses*, Ottawa, Éditions L'Interligne, coll. «Fugues/paroles», 2006, 56 p.

Charlebois, Tina, *Tatouages et testaments*, Ottawa, Le Nordir, 2002, 75 p.

Desbiens, Patrice, *L'homme invisible/The Invisible Man*, Sudbury, Éditions Prise de parole, 1987, 46 p.

Dickson, Robert, «Autre, ailleurs et dépossédé. L'œuvre poétique de Patrice Desbiens», dans Jules Tessier et Pierre-Louis Vaillancourt (dir.), *Les autres littératures d'expression française en Amérique du Nord*, Ottawa, Presses de l'Université d'Ottawa, 1987, p. 19-34.

Lasserre, Elisabeth, «Écriture mineure et expérience minoritaire : la rhétorique du quotidien chez Patrice Desbiens», *Études françaises*, «L'ordinaire de la poésie», vol. 33, n° 2, automne 1997, p. 63-76.

Paré, François, *Théories de la fragilité*, Ottawa, Le Nordir, 1994, 156 p.

LA POÉSIE DE TINA CHARLEBOIS
ET LE « COMPLEXE JE-TU »

Christine Knapp
University of Western Ontario

La plupart des chercheurs s'entendent pour dire que les années 1970 marquent les débuts de la littérature franco-ontarienne. Celle-ci s'est développée premièrement en fonction du courant littéraire de la surcontextualisation[1], notion qui correspond à une présence excessive de référents évoquant le contexte socioculturel dont elle émane. Les écrivains franco-ontariens dont l'œuvre s'insère dans cette voie tendent, à travers leurs écrits, à réagir aux contraintes socioéconomiques et linguistiques qui sont les leurs. Pour ces écrivains, la littérature est un espace d'expression à la fois symbolique et politique. Ensuite, le développement de la littérature franco-ontarienne et l'évolution de la présence francophone en Ontario ont entraîné la diversification de cette littérature dans le sens de la décontextualisation[2]. Cette deuxième voie a pour effet de contrer la surcontextualisation puisque les références à la situation franco-ontarienne y sont évitées; l'œuvre s'éloigne ainsi de la conscience minoritaire et « disperse et généralise[3] » les signes

---

[1] Robert Yergeau, « Comment habiter le territoire fictionnel franco-ontarien ? », *Liaison*, n° 85, janvier 1996, p. 31.

[2] *Ibid.*

[3] François Paré, *Les littératures de l'exiguïté*, Ottawa, Le Nordir, coll. « Essai », 1992, p. 164.

typiquement collectifs. Cette opposition, qui permet de caractériser la littérature franco-ontarienne, doit pourtant être nuancée car ces deux voies coexistent dans plusieurs textes qui ont été écartés des études littéraires jusqu'à présent. Nombre de critiques, dont Lucie Hotte, François Ouellet et François Paré, ont revendiqué le statut littéraire de la production franco-ontarienne et démontré sa spécificité en interrogeant l'opposition entre, d'une part, l'ensemble formé par les notions de surcontextualisation, de conscience[4] et de particularisme[5] et, d'autre part, celui qui regroupe les notions de décontextualisation, d'oubli[6] et d'universalisme[7]. Cependant, l'évolution de cette littérature nécessite des études qui dépassent les limites de ces repères[8]. La poésie de Tina Charlebois, ainsi que les écrits de plusieurs autres auteurs franco-ontariens, dont par exemple Éric Charlebois, Sylvie Filion, Robert Marinier, Daniel Poliquin et Michel Ouellette, se situent entre le particularisme et l'universalisme, c'est-à-dire au niveau de l'individualisme[9]. Selon Lucie Hotte, cette conception esthétique individualiste correspond à « une recherche d'équilibre entre l'appartenance à une communauté et la possibilité d'affirmer son individualité[10] ».

Dans Tatouages et testaments[11] et Poils lisses[12], Tina Charlebois[13]

---

[4] *Ibid.*, p. 163.
[5] Lucie Hotte, « La littérature franco-ontarienne à la recherche d'une nouvelle voie : enjeux du particularisme et de l'universalisme », dans Lucie Hotte (dir.), *La littérature franco-ontarienne : voies nouvelles, nouvelles voix*. Ottawa, Le Nordir, coll. « Roger-Bernard », 2002, p. 37.
[6] François Paré, *op. cit.*, p. 164.
[7] Lucie Hotte, *op. cit.*, p. 41.
[8] D'une part, François Paré considère Patrice Desbiens, Robert Dickson, Gaston Tremblay, Richard Casavant, Robert Yergeau et Marguerite Lapalme comme faisant partie des écrivains de la conscience collective (*Les littératures de l'exiguïté*, p. 178). D'autre part, il considère Jocelyne Villeneuve, Guy Lizotte, Alexandre Amprimoz, Andrée Lacelle-Bourdon, Joël Pourbaix, Marguerite Andersen et Pierre Karch plutôt comme les écrivains de la littérature de l'oubli (*Les littératures de l'exiguïté*, p. 177).
[9] Lucie Hotte, *op. cit.*, p. 42.
[10] *Ibid.*, p. 42.
[11] Tina Charlebois, *Tatouages et testaments*, Ottawa, Le Nordir, coll. « Actes premiers », 2002, 75 p.
[12] Tina Charlebois, *Poils lisses*, Ottawa, Éditions L'Interligne, 2004, 53 p.
[13] Tina Charlebois a remporté le prix littéraire Le Droit – poésie en 2006 et le prix de poésie Trillium en 2008 pour *Poils lisses*. Elle a également été finaliste pour le prix de poésie Trillium en 2003 pour *Tatouages et testaments*.

développe un complexe identitaire par rapport aux occurrences du « je » et du « tu ». « Je » et « tu » sont parfois interchangeables, parfois contradictoires, mais surtout omniprésents et pluriels. Selon Émile Benveniste, « je »

> ne peut être défini qu'en termes de « locution », non en termes d'objets, comme l'est un signe nominal. « Je » signifie « la personne » qui énonce la présente instance de discours contenant « je ». Instance unique par définition, et valable seulement dans son unicité[14].

Or, comment l'organisation référentielle des signes linguistiques « je » et « tu » se présente-t-elle dans la poésie de Tina Charlebois ? « Je » et « tu » ne peuvent se concevoir l'un sans l'autre : « ils sont complémentaires, mais selon une opposition "intérieur/extérieur", et en même temps ils sont réversibles[15] ». La complémentarité et la réversibilité de ces identités narratives se traduisent-elles dans la poésie de Tina Charlebois sur le plan du contenu poétique ? Ses recueils traitent non seulement de la thématique de l'identité franco-ontarienne mais proposent un jeu entre le « je » et le « tu » comme stratégie textuelle qui sous-tend les autres thématiques abordées, qui, elles, sont à la fois typiquement franco-ontariennes et en même temps universelles. La récurrence fréquente des embrayeurs « je » et « tu » crée un réseau complexe qui nous fournit le point de départ d'une analyse poétique qui dépasse, comme le fait en effet la poésie de Tina Charlebois, les contraintes du couple « poésie de la conscience » et « poésie de l'oubli ».

Afin d'établir la spécificité de l'emploi des pronoms personnels dans la poésie de Tina Charlebois, considérons tout d'abord la topologie de l'énonciation dans le contexte de la poésie franco-ontarienne à l'aide d'un bref survol des mêmes éléments dans la poésie de Patrice Desbiens, représentatif par excellence de la poésie de la « conscience », et dans celle de nathalie stephens, poète de « l'oubli ». La poésie de Patrice Desbiens « se marque par une forte présence du "je" et du "tu", ainsi que par un ancrage très net dans

---

[14] Émile Benveniste, *Problèmes de linguistique générale 1*, Paris, Gallimard, 1966, p. 252.
[15] *Ibid.*, p. 260.

l'"ici" et le "maintenant"[16] », ce qui prête un ton oral à ses textes : « Chez Desbiens la présence de la première personne ne se manifeste pas systématiquement de manière uniforme ; [le narrateur] se cherche de différentes manières, glissant parfois du "il" au "je" ou l'inverse, figurant dans des jeux pronominaux où le "je" se transforme, apparaissant pour disparaître, possédant une référence ambiguë[17] ». Effectivement, le rapport « je / tu » sous-tend celui établi par les autres pronoms personnels. Les pronoms *nous* et *on* créent une « valeur collective[18] » qui renforce la présence et affirme l'identité de la communauté franco-ontarienne. Cette communauté fictive partage avec la communauté franco-ontarienne contemporaine « les mêmes références, la même langue avec ses particularités propres[19] ». Le « je » de la narration participe aussi à cette collectivité et fait appel à un « tu » franco-ontarien qui serait en mesure de comprendre les références socioculturelles locales qui ne sont pas explicitées. Tout particulièrement, l'énonciateur de Patrice Desbiens commente la condition sociale à travers le personnage de la mère, auquel il réfère souvent à la deuxième personne du singulier. Par exemple, le narrateur identifie la province de Québec à sa mère : « je t'aime québec ma petite mére[20] », « terre mère je veux coucher avec ton nounours doré[21] ». Dans *Rouleaux de printemps*[22], le narrateur tutoie à la fois la femme et la poésie et réfère aux deux comme « nues ». De plus, il personnifie la poésie en caractérisant un poème comme « fatigué[23] » tout comme il caractérise la femme

---

[16] Élizabeth Lasserre, « Aspects de la néo-stylistique : étude des poèmes de Patrice Desbiens », thèse de doctorat, Université de Toronto, 1996, p. 50-51.

[17] *Ibid.*, p. 54.

[18] Élizabeth Lasserre, « Écriture mineure et expérience minoritaire : la rhétorique du quotidien chez Patrice Desbiens », *Études françaises*, vol. 33, n° 2, 1997, p. 70.

[19] Élizabeth Lasserre, « Un poète au seuil de l'écriture : l'exiguïté selon Patrice Desbiens », dans Lucie Hotte et François Ouellet (dir.), *La littérature franco-ontarienne : Enjeux esthétiques*, Ottawa, Le Nordir, 1996, p. 33.

[20] Patrice Desbiens, *Ici*, Québec, Éditions à Mitaine, 1974, p. 29.

[21] *Ibid.*, p. 29. Le Québec est pour les Franco-Ontariens un lieu d'évasion qui dégage un certain attrait maternel comme lieu d'origine et protecteur contre l'assimilation où les défis de la minorité francophone ne se posent pas. Voir Alan MacDonnell, « Colonisation et poétique : Patrice Desbiens, poète franco-ontarien » *Travaux de littérature* 7, 1994, p. 371.

[22] Patrice Desbiens, *Rouleaux de printemps*, Sudbury, Éditions Prise de parole, 1999, 95 p.

[23] *Ibid.*, p. 87.

comme fatiguée. « Le tamdidlam / des femmes[24] » correspond à la rupture des relations du narrateur et, par conséquent, au refrain banal de sa vie. L'une après l'autre, ses relations avec les femmes le conduisent à l'alcool. Par exemple, après une rupture, le narrateur explique : « La gueule fendue / comme un pendu / je me commande / un autre scotch […] Comme un mort qui / sort sa main de la terre / je me commande / un autre verre[25] ». De la même façon, cette fois en se référant à la poésie, le narrateur évoque l'idée que « le poème m'entraîne comme / un vieux chum / vers un verre / sous la terre[26] ». Patrice Desbiens s'adresse souvent aux autres femmes dans ses poèmes à l'aide du pronom sujet tu, ce qui implique une relation intime avec elles et, par extension, avec la poésie qu'il caractérise comme une femme. Enfin, selon Élizabeth Lasserre, le couple « je / tu » nous permet aussi de constater une exclusion du « il » : « Dans la poésie de Desbiens, l'attribut est à prendre au sens littéral : le « il » est un être diminué, rejeté en dehors du cercle intime de la relation « je-tu », un non-être[27] ».

Chez nathalie stephens, considérée comme une poète du courant de « l'oubli », la langue est l'enjeu central de la poésie. Les pronoms personnels affirment l'identité lesbienne plutôt que l'identité collective franco-ontarienne. Le « je » de nathalie stephens « s'assume en marge de la coexistence des contraires[28] ». Les instances du « je-tu » sont très variables dans les recueils de la poète. Dans son recueil *Je Nathanaël*[29], le couple « je-tu » est très présent tandis que dans *L'embrasure*[30], c'est plutôt le pronom personnel *elle* qui domine. Dans les extraits suivants, le pronom *elle*, souvent répété, crée un vide textuel qui exprime le désir obsessionnel d'aller au-delà de la naissance en tant que point d'origine et de se détacher du sexe biologique.

---

[24] Patrice Desbiens, *Amour ambulance*, Trois-Rivières, Écrits des Forges, 1989, p. 78.
[25] *Ibid.*, p. 78.
[26] Patrice Desbiens, *Poèmes anglais*, Sudbury, Éditions Prise de parole, 1988, p. 27.
[27] Élizabeth Lasserre, « Aspects de la néo-stylistique… », *op. cit.*, p. 56.
[28] Lélia Young, « La poésie au féminin », *Resources for Feminist Research / Documentation sur la recherche féministe*, vol. 25, n°s 1 et 2, 1996, p. 15.
[29] nathalie stephens, *Je Nathanaël*, Montréal, L'Hexagone, 2003, 93 p.
[30] nathalie stephens, *L'embrasure*, Laval, Trois, 2002, 79 p.

elle aussi courait	elle aussi courait	elle aussi courait	elle
aussi courait elle	aussi courait elle	aussi courait elle	aussi
courait elle aussi	courait elle aussi	courait elle aussi	courait
elle aussi courait	elle aussi courait	elle aussi courait	elle
aussi courait elle	aussi courait elle	aussi courait elle	aussi
courait elle aussi	courait elle aussi	courait elle aussi	courait
elle aussi courait	elle aussi courait	elle aussi courait	elle
aussi courait elle	aussi courait elle	aussi courait elle	aussi[31]

Elle est née au carrefour : du paradoxe.30 [32]

30 « Ni l'une, ni l'autre, » disait-elle « et toutes à la fois. » La mama l'avait enveloppée dans un châle bleu, et l'avait embarquée d'une ville à une autre. L'acte de naissance dans la poche arrière de son jean perdait de jour en jour de son sens. Les gens s'arrêtaient pour dire *what a lovely boy*. Oui, disait la mama, *my beautiful boy*, et elle reprenait la route, les yeux derrière la tête, les poings serrant le vent[33].

Dans les poèmes de nathalie stephens, la relation « je-tu » est souvent corporelle :

Là où tu
es. Sur le bout de ma langue. Tu hésites. Plonges. Ton nom. Je prononce ton nom. Tu plonges
au fond de moi. Tu nages en moi. Les deux yeux
fermés tu nages dans l'écho de ma voix. Tu n'as
peur de rien. Tu m'allonges m'ouvres. Entres.
Tu entres en moi. Par la bouche par les yeux par
le cul. Tu m'allonges m'ouvres. Me fais orifices.
J'ai le goût de ta langue. De tes dents. Ta cadence.
Tu plonges me noies[34].

---

[31] *Ibid.*, p. 42. Ce processus de répétition se poursuit sur deux pages du recueil.
[32] *Ibid.*, p. 48. Le chiffre 30 réfère à la note en bas de page qui suit insérée par la poète dans son recueil.
[33] *Ibid.*, p. 49.
[34] nathalie stephens, *Je Nathanaël*, op.cit., p. 50.

Tout au long de *Je Nathanaël*, le rapport «je-tu» oscille autour du rapport langue/corps. Le «tu» est associé à la langue et, par extension, à la sexualité, qui limitent le corps du «je». Dans la perspective de nathalie stephens, ni langue ni corps ne peuvent se fixer. C'est en évoquant Nathanaël, «personnage» central des *Nourritures terrestres* d'André Gide qui «attend d'exister[35]» comme lecteur, que le «je» propose une stratégie de lecture «corporelle»; le «livre est, doit être un appel au sens[36]»:

> En transposant corps et langues, l'espèce se propage autrement. Je me réinvente chaque fois que vous m'adressez la parole.
> L'élément intrinsèque à l'échange demeure le désir[37].

Le «je» tutoie Nathanaël lorsqu'il réfère au désir de ce dernier de devenir lui. Or, ce désir est contraint par la nature même de la langue; il faut aller au-delà de la langue quotidienne à travers la poésie. Selon François Paré, la deuxième personne du singulier chez nathalie stephens est «porteuse de ce qui est repoussé et convoqué par le texte [et] permet de maintenir un espace de dissociation, nécessaire à la rencontre de l'autre[38]». Tout comme dans *Underground*[39], la rencontre de l'autre dans ce recueil est «une lutte constitutive de l'identité[40]» qui implique la confrontation avec une langue et une sexualité autres.

Cependant, chez Patrice Desbiens et nathalie stephens, les pronoms personnels *je* et *tu* ne sont pas privilégiés par rapport aux autres pronoms; chez Tina Charlebois, au contraire, ils dominent. Dans son œuvre, les pronoms *nous, on* et *elle* se limitent à une quinzaine d'occurrences dans l'ensemble des deux recueils, par

---

[35] *Ibid.*, p. 91.
[36] *Ibid.*, p. 90.
[37] *Ibid.*
[38] François Paré, «Poésie des transfuges linguistiques: lecture de Robert Dickson, Margaret Michèle Cook et nathalie stephens», dans Lucie Hotte (dir.), *La littérature franco-ontarienne: voies nouvelles, nouvelles voix*. Ottawa, Le Nordir, coll. «Roger-Bernard», 2002, p. 147.
[39] nathalie stephens, *Underground*, Laval, Trois, 1999, 80 p.
[40] François Paré, «Poésie des transfuges linguistiques...», *op. cit.*, p. 148.

opposition à «je» et «tu» qui sont omniprésents. Il n'y a presque pas de variation dans l'utilisation des pronoms personnels dans les poèmes de Tina Charlebois tandis que dans les recueils de Patrice Desbiens et de nathalie stephens il y a un va-et-vient constant entre les pronoms employés. Bien que chez ces trois poètes les pronoms «je/tu» participent à la thématique identitaire, chez Patrice Desbiens et nathalie stephens, leur rôle est d'appuyer les autres éléments signifiants des poèmes, alors que chez Tina Charlebois, par contre, les occurrences du «je-tu» constituent en elles-mêmes une structure signifiante essentielle à la compréhension et à la signification de sa poésie.

Le «je» chez Tina Charlebois

Dès le début de *Tatouages et testaments*, le «je» de l'énonciation aborde la thématique de l'identité. À l'aide d'un anecdote au sujet d'un nouveau tatouage, l'image hybride d'une fleur de lys et d'un trille, le «je» s'affirme non seulement comme franco-ontarienne, mais surtout comme la superposition de deux cultures. Elle n'est ni ontarienne ni québécoise, mais se situe quelque part entre les deux et connaît une existence composite qui est soulignée dans le poème intitulé «Déclaration d'interdépendance»:

> J'ai porté la fleur la fleur de lys
>   sur mon front
> pendant que tu avais
> la tête tournée
>
> J'ai trébuché
>   sur tes lacets
>
> Le trille dans ma main
> m'a évité toute blessure grave
> mais j'ai hérité
> d'un nouveau tatouage[41]

---

[41] Tina Charlebois, *Tatouages et testaments*, *op. cit.* p. 16. Désormais, les références à cet ouvrage seront indiquées par le sigle *TT*, suivi du folio, et placées entre parenthèses dans le texte.

En plus de se servir de ce symbole hybride pour transmettre l'identité composite, Tina Charlebois traite également de l'espace. Le «je» féminin de ce recueil reste assis, ne sort jamais de son salon et se trouve une excuse banale mais drôle pour ne pas déménager : son chien ne sait uriner que dans une province. La question de la territorialisation se pose ici du fait que le chien ne peut pas marquer son territoire à l'extérieur de l'Ontario, comme si l'appropriation de l'espace et l'appartenance identitaire franco-ontariennes se limitaient à l'Ontario. Certains poèmes qui commencent et se terminent par les mêmes mots créent un effet d'immobilisme de la forme poétique, effet qui sous-tend les tendances du «je». Toutefois, ce «je» sédentaire rêve d'être une autre, que cette autre soit pute, vedette d'Hollywood ou serveuse. Dans un poème, elle dit qu'elle est «la fourmi au Union Station», tandis que dans le poème qui suit elle dit qu'elle veut être «le cri qui impose le silence» (*TT*, 26). Elle exprime ainsi le désir de ne plus être insignifiante et de s'affirmer. En effet, l'écriture se présente comme un moyen d'affirmation pour le «je». Ce dernier s'identifie comme une poète obsédée par le «tu» à un point tel qu'elle n'est «pas capable d'écrire un poème sans aucune référence» (*TT*, 70) au «tu». Elle explique, dans les dernières pages du recueil, qu'elle écrit pour oublier le «tu» et que l'écriture est un acte de violence tel un «viol prémédité» (*TT*, 75).

Dans *Poils lisses*, la question identitaire se présente toujours dans la perspective du «je» de l'énonciation. Le «je» dit explicitement qu'elle est franco-ontarienne, mais remarque qu'«être Franco-Ontarien veut vraiment dire être francophone en Ontario[42]» puisque, à l'extérieur de l'Ontario, «tu n'es plus Franco-Ontarien» (*PL*, 24). Elle dit aussi qu'en dehors de la province de l'Ontario les Franco-Ontariens doivent «s'expliquer» (*PL*, 26) et sont perçus comme des Canadiens qui parlent un peu le français. Le «je» de ce recueil est beaucoup plus nomade que le «je» du recueil précédent et se déplace à l'extérieur de l'Ontario tout en cherchant sa province et, par extension, son pays parce que, en français, selon

---

[42] Tina Charlebois, *Poils lisses, op. cit.*, p. 24. Désormais, les références à cet ouvrage seront indiquées par le sigle *PL*, suivi du folio, et placées entre parenthèses dans le texte.

elle, « un pays, c'est une province » (*PL*, 23), tandis qu'en anglais un pays, c'est un pays. De plus, le « je » constate qu'il faut faire un effort quotidien pour vivre en français en milieu anglophone. Elle essaie de s'entourer autant que possible de la langue française et de la culture franco-ontarienne :

> Je francophone ma garde-robe
> ma bouteille d'eau
> ma tapette à mouches
>
> [...]
>
> Je français ma langue
> ma tête
>
> Je francophone mes habitudes
> mes poignées de porte
> mon grain de sel
>
> Je franco-ontarienne mes draps
> mes draps
>
> J'anglicise mon sexe[43]
> mes paupières fermées (*PL*, 36-37)

Ces vers évoquent un rapport de force entre l'anglais et le français. Tout au long du poème, les variantes de « français », c'est-à-dire « francophone » et « franco-ontarienne », sont des qualificatifs employés comme verbes mais dans la seule référence à l'anglais, qui reprend la même construction syntaxique, c'est un verbe (« angliciser ») qui est employé. Le français semble être incapable d'exprimer la réalité en milieu majoritairement anglophone et se réduit, par rapport à l'anglais, à une non-langue ou à une langue marginalisée, le verbe étant une composante essentielle d'une langue. Pourtant, les préoccupations de la poète relativement à la place du français dans sa vie sont à nuancer par la banalité des

---

[43] Ce vers fait allusion à l'amant anglophone du « je », notion que nous aborderons plus tard dans cette étude.

références au quotidien[44]. En particulier, le quotidien est mis en relief par la typographie et par la mention de nombreuses marques de commerce telles que « *Coke* » (*PL*, 24), « *Saran Wrap* » (*PL*, 26), « *Coors Light* » (*PL*, 31), « *Oreos* » (*PL*, 42), « *Cheerios* » (*PL*, 42), « *Denny's* » et « *Walmart* » (*PL*, 56), pour n'en mentionner que quelques-unes[45]. Ces noms propres tendent vers une annonce publicitaire qui atteste la réalité matérielle de la culture anglo-américaine et rapprochent la poésie de Tina Charlebois de celle de Patrice Desbiens, de Robert Dickson et de Jean Marc Dalpé. Comme dans *Tatouages et testaments*, le « je » est un personnage contradictoire ; elle est simultanément enfant et adulte lorsqu'elle s'exprime au sujet du divorce de ses parents. En revanche, c'est plutôt « elle », un pronom personnel très peu repris dans les deux recueils de la poète, qui attend à la fin du deuxième recueil au lieu du « je ». Il y a alors évolution du personnage du « je » d'un recueil à l'autre. Dans *Poils lisses*, le « je » est « tann[é] d'attendre » (*PL*, 9) et c'est à travers l'écriture qu'elle passe de la passivité de l'attente à l'action. Ce n'est que lorsqu'elle écrit à propos de son enfance qu'elle arrête d'attendre quelqu'un comme une petite enfant « main tendue paume vers le haut » (*PL*, 49) ; ce n'est qu'alors qu'elle peut se distancier des difficultés de son enfance.

Le « tu »

Dire « je » implique nécessairement un « tu »[46], mais dans les recueils de Tina Charlebois ce « tu » est très variable et, quoique désignant des actants divers, reste toujours le principal objet de discours du « je ». Il est le plus souvent l'amoureux ou l'ex-amoureux du « je », mais demeure toujours sans nom. Dans *Tatouages et testaments*, le « tu » est défini surtout à l'aide du procédé de l'ironie comme une énigme, un cliché, une banalité : « Tu es le T-Shirt qu'on lave à l'envers » (*TT*, 22), « Tu es la lettre décollée d'un panneau de directives »

---

[44] Voir Élizabeth Lasserre, « Écriture mineure et expérience minoritaire : la rhétorique du quotidien chez Patrice Desbiens », *op. cit.*, où elle définit le quotidien comme « la dimension habituelle, voire banale, de la vie », p. 65.

[45] Nous retrouvons, à un moindre degré, ce même recours aux noms de marques dans *Tatouages et testaments* (« *Stitches* » p. 9, « *Smartie* » p. 24, « *Ivory* », p. 61, etc.).

[46] Émile Benveniste, *op. cit.*, p. 260.

(*TT*, 23), «[Tu es] l'aiguille sur une montre numérique» (*TT*, 23). Par ailleurs, ce «tu» masculin est «le sel renversé sur une table sans pattes» (*TT*, 22), une «pente de ski au printemps» (*TT*, 22) et un «bas troué dont le partenaire a été gobé par la laveuse» (*TT*, 22) qui se définit alors par le vide et le manque. Le «je» croyait que ce «tu» anglophone (voir la mention de «la royauté de [s]a langue» [*TT*, 20]) n'était pas comme ses autres amants, mais l'emploi du passé composé fait comprendre qu'il ressemble, effectivement, à ceux qui ont passé avant lui. Dans un article paru dans la revue *Liaison* en 2006, Margaret Michèle Cook mentionne brièvement le «langage concret de comparaisons[47]» de Tina Charlebois comme étant «nécessaire pour minimiser le drame de la rupture en le transformant en expérience presque banale[48]». À ces comparaisons, il faut ajouter l'homophonie, la paronymie, la polysémie, l'allitération, l'assonance, les néologismes, les pléonasmes et toutes les autres figures de style employées dans ces recueils pour décrire le «tu». À titre d'exemple de cet effet transformateur par le ludisme langagier, dans l'extrait suivant de «T'alpha-baptiser», Tina Charlebois écrit:

> Entre â et a
> un champ de chaleur
> pour combler tes cauchemars-chorégraphies
>
> Matin marmonné
> sous ton souffle-sueur –
>   un zézaiement en zigzag
>   sur mon buste bombé de barbarisme
>   et d'usure –
> je te vois voyager sur vaseline
> le lait libéré sur lie
> comme l'oubli ouvert d'un orgasme
>
> Entre â et a
> te tuméfier de travers
> sur petites terres torrides
>   et toxiques

---

[47] Margaret Michèle Cook, «Quelle est cette langue qui m'interpelle? Les nouveaux poètes de l'Ontario français», *Liaison*, n° 133, automne 2006, p. 53.
[48] *Ibid.*

> En quête de quiétude
> je gargouille sur ta gorge
>   d'ignorance et d'idolâtrie
> pour y relire l'ysopet de tes hiers
>
> Entre â et a
> le chamaillement d'un chat couché
> contre ta chemise-chaudière (*TT*, 47-48)

Quelques pages plus tard, tout en évoquant la spontanéité de la relation « je-tu », l'anecdote suivante de la nouvelle brosse à dents provoque un rire chez le lecteur et sert de distraction avant le ton plus sérieux de la rupture qui suit. L'humour est dans ces recueils un fil conducteur qui contribue à la mise à distance nécessaire à la fois pour le « je » et pour le lecteur[49].

> Tu m'as donné
> ta nouvelle brosse à dents
> pour les soirs d'envie
>   et d'abandon mutuel –
> les soirs comme celui-là
>   trop matin   trop peu nuit
>
> Je l'ai laissée dans la salle de bain au deuxième
> et n'ai pu la retrouver
> la semaine suivante
>
> Tu as dit
>   ne pas savoir
> où elle était rendue
>
> Je l'ai enfin revue
>   au premier
> utilisée par ta mère
> à la hâte (*TT*, 56)

Pourtant, le « tu » dans *Poils lisses* est plus que le soi-disant ex-amant du « je » et reste toujours le sujet de ses poèmes. Ce pronom

---

[49] Voir, par exemple, la mention des « varices », p. 24, et lorsque le « je » exprime qu'elle a « peur que le Denny's d'en face ne livre plus après 22 h », p. 55, dans *Poils lisses*.

personnel représente aussi le Québec, caractérisé implicitement comme la « culture sœur » (*PL*, 34) du « je » qui ne reconnaîtra jamais le drapeau franco-ontarien. À l'inverse, le « tu » personnifie l'Ontario et est décrit comme une province « sans souvenir » (*PL*, 36) par opposition à la devise du Québec. Dans les quelques poèmes en prose de ce recueil, le « tu » donne un ton oral au texte. Dans ces instances, le « tu » est impersonnel, c'est-à-dire qu'il ne réfère pas au « tu » masculin des autres poèmes mais est employé lorsque le « je » explique sa situation en tant que Franco-Ontarienne. Le « je » emploie le « tu » sans référer à la personne à qui elle s'adresse mais pour se raconter à l'aide de cet effet d'oralité qui interpelle l'interlocuteur, comme si elle était en train de raconter une blague genre *stand-up comedy* et de se moquer de sa propre situation. Le « tu » réfère, par exemple, à quelqu'un qui est spécifiquement franco-ontarien en Colombie-Britannique, qui doit s'expliquer et dont le nom de famille est mal prononcé. Cependant, ce « tu » n'est ni vraiment franco-ontarien ni en Colombie-Britannique, mais cet embrayeur correspond plutôt à la situation du « je » autofictionnel de Tina Charlebois. Autrement dit, il s'agit tout simplement d'une structure de phrase qui met en scène un « tu » fictif pour parler des expériences du « je » en tant que Franco-Ontarienne. C'est comme si le « je » parlait de soi-même en employant le « tu » pour se distancer de sa propre situation, qu'elle essaie de comprendre de l'extérieur. Elle raconte sa situation en faisant appel à un « tu » destinataire qui est aussi franco-ontarien(ne) et qui serait peut-être en mesure de la comprendre[50]. Selon Tina Charlebois :

> Être Franco-Ontarien en Colombie-Britannique, c'est différent de l'être en Alberta, en Saskatchewan, mais pareil à l'être dans l'Ouest. En Colombie-Britannique, tu n'es pas à Vancouver. Tu es ailleurs, partout, n'importe où, mais pas en Ontario français.
> [...]
> Être Franco-Ontarien en Colombie-Britannique, c'est mar-

---

[50] Dans d'autres sections de ce recueil, le « tu » correspond aussi à quelqu'un qui n'est pas franco-ontarien (mais que le « je » aurait cru franco-ontarien) et au père du « je ».

cher dans un parc (bien entretenu) avec ton chat en laisse. Tu es bizarre – c'est accepté – mais tu dois être comme les autres (*PL*, 26).

Le pronom « tu » dans l'extrait ci-dessus pourrait aussi remplacer le « on » du français écrit, qu'en Amérique du Nord nous avons tendance à personnaliser en y substituant le « tu ». Ce « tu » plus intime souligne encore, mais plus implicitement, l'appartenance du sujet de l'énoncé à la communauté franco-ontarienne et la familiarité de la situation évoquée.

La relation « je-tu »

Les relations entre le « je » et le « tu » sont récurrentes mais variables dans les deux recueils. Dans le premier, le « je » et le « tu » sont caractérisés plus particulièrement par la contradiction. Le « tu » est « ailleurs » (*TT*, 30), tandis que le « je » est plutôt « ici » (*TT*, 30), mais les deux se démarquent des autres. Le « je » est « le Smartie rouge dans une boîte de bleus » (*TT*, 24), tandis que le « tu » est la « chemise rouge aux funérailles » (*TT*, 22). Il y a aussi parfois juxtaposition entre le « je » et le « tu » dans les poèmes qui répètent les formules *je suis* et *tu es* en anaphore à chaque vers. Notamment, le « je » et le « tu » sont mis en parallèle comme un « miroir dans la salle de bain par un matin d'hiver » (*TT*, 25) et un « miroir sans tain » (*TT*, 23). Par contre, le « je » et le « tu » sont surtout très différents, ce qui expliquerait leur rupture. Si, pour le « je », aimer le « tu » correspond à écrire des poèmes à son propos, pour son interlocuteur, aimer le « je » signifie être son véritable « amant » (*TT*, 66) plutôt que son « fantasme » (*TT*, 66). Il y a aussi des contradictions dans les énoncés du « je ». Par exemple, le « je » dit qu'elle a voulu aimer le « tu » comme on aime un dessert, mais qu'elle n'a pas été capable de l'aimer, tandis qu'ailleurs elle avoue qu'elle ne « cesser[a] » d'aimer le « tu » avec « la pointe de [s]on stylo bleu » (*TT*, 71).

En fait, ces contradictions nous permettent de mieux comprendre la relation « je-tu ». À l'aide de l'exemple précédent, nous pouvons déduire que le « je » n'aimait pas véritablement le « tu », mais aimait plutôt le processus d'écriture qui s'est effectué à partir de sa relation avec lui. Plusieurs termes opposés tels que « oui »,

« non », « dehors », « dedans » font que les vers se contredisent et dressent des correspondances entre la forme et le contenu. Il existe aussi un rapport de violence-douleur entre le « tu » et le « je » dans ce recueil qui rapproche la relation « je/tu » du rapport violent entre le « je » et l'écriture mentionné plus haut. En particulier, la relation « je/tu » se caractérise comme une « plaie infectée » (*TT*, 50), tandis que le corps du « tu » est dit avoir « déchiré » (*TT*, 73) le « je »; ensuite, le « je » « expulse » le « tu », qui le rend malade (*TT*, 29). Il importe aussi de noter que la relation entre le « je » et le « tu » est plutôt physique. Dans ce premier recueil, le « je » veut « baiser » le « tu » et le « quitter » le lendemain (*TT*, 21), alors que les vers sont ponctués de mentions de parties corporelles évoquant leur relation sexuelle.

Dans le deuxième recueil, il y a rapprochement entre le « je » et un « tu » féminin, notamment par la banalité des expériences quotidiennes comme lieu commun tel le petit-déjeuner lorsque le « je » s'adresse à un « tu » féminin ayant vécu les mêmes expériences, la même sexualité au féminin, qui incarne, en effet, le « je » :

> Aujourd'hui, j'ai eu un orgasme. Tu connais le genre. Tu te lèves un matin, et tu es convaincue qu'aujourd'hui tu vas vibrer de ce plaisir tant attendu. Après tout, tu as bien déjeuné – des céréales sans sucre et faibles en gras. Avec un verre de lait 1 % et une multivitamine que tu oublies toujours, même si ta mère t'envoie une pleine bouteille aux deux mois. (*PL*, 9)

Plus tard, mais toujours dans la première partie de ce recueil, le « je » se distancie du « tu » amant du premier recueil et le pose comme sujet banal qu'elle réussit à oublier. La relation père-fille est aussi commentée à l'aide du « je/tu ». Dans la dernière partie du recueil, le « je » extériorise ses sentiments envers son père. Elle avoue avoir aimé son père et constate qu'il l'a aimée même si elle était comme sa mère, avec laquelle il ne s'entendait pas et dont il a divorcé. Le « tu » père ne comprenait pas le besoin d'écrire du « je » et est caractérisé surtout par son « manque d'écriture » (*PL*, 56) et par le fait que le « je » ne veut absolument pas devenir comme lui. La rupture des relations interpersonnelles « je-tu » est toujours provoquée par le « je » dans ces recueils. C'est elle, par exemple, qui quitte son père « sans regrets / ni larmes chaudes » (*PL*, 48) et qui choisit de mettre sa relation avec le « tu » amant à la « poubelle » (*TT*, 66). Le sujet « je » ne se permet pas de se rapprocher trop d'autrui. Nous remarquons qu'elle garde une distance émotive entre elle et son amant et entre elle et son père comme si elle était « témoin » (*TT*, 51) de sa propre situation. Elle s'adresse à eux à distance, par l'entremise de l'écriture, en leur disant ce qu'elle ne peut pas leur dire en personne. Dans un entretien accordé au journal Le Droit, Tina Charlebois avoue qu'elle peut « dire ce que je ne devrais peut-être pas dire à mon amoureux ou à mon père[51] » à travers la poésie. Par extension, ce n'est qu'à travers l'écriture et par l'entremise du « je » que la narratrice, voire Tina Charlebois, ose exprimer ses émotions : « J'ai peur, qu'un jour, j'arrête d'écrire. Je finirai, comme mon père, à nier mes tatouages et mes illusions » (*PL*, 55).

Conclusion

Au sein de *Tatouages et testaments* et de *Poils lisses* de Tina Charlebois, relation « je / tu » et thématique de l'écriture sont entrelacées. Ce que nous proposons comme le « complexe je-tu » est une structure signifiante dans ces deux recueils qui participe à la mise en scène d'une poétique de l'antithèse et du quotidien appuyée par d'autres éléments de la forme et du contenu. Les relations « je / tu » se définissent par un besoin physique dans le premier recueil et évoluent pour traiter des relations milieu-individu (plus en détail) et père-fille dans le deuxième. Le sujet « je » dépasse la dichotomie oubli-conscience en posant la question identitaire en relation avec le « tu » et toutes les variantes que ce « tu » représente (surtout dans le deuxième recueil). En explorant sa relation avec le « tu », le « je » essaie de se comprendre, de se trouver. Bref, elle est à la fois franco-ontarienne, femme, rêveuse, poète, enfant, adulte, etc. La seule constante dans sa vie est qu'elle est franco-ontarienne, ce qui pose un tout autre problème face à sa quête identitaire ; elle constate

---

[51] Anonyme, « Vers d'identité », *Le Droit*, 3 mars 2007, p. A2.

en effet qu'être francophone en Ontario entraîne une complexité identitaire et linguistique, voire une identité mouvante et insaisissable. Cela dit, la gravité de la question identitaire, tout comme la situation de rupture et le cadre du divorce, est atténuée par l'humour, le quotidien et les jeux de mots.

Le pronom personnel *tu* impose non seulement une familiarité entre les première et deuxième personnes, mais coïncide toujours dans ces recueils avec une intimité – qu'elle soit sexuelle, identitaire ou interpersonnelle. Le «nous» collectif, propre à la surcontextualisation, est remplacé surtout par un couple «je/tu» indissociable (du point de vue de l'énonciation) qui se base sur les expériences personnelles du «je». La poésie de Tina Charlebois est marquée par l'individualité de la quête identitaire, qui rejoint la quête de l'identité franco-ontarienne. Le sujet «je» s'affirme en tant que Franco-Ontarienne, mais les références à l'Ontario français sont éclipsées par l'intime et l'individuel. Le «complexe je-tu» est révélateur de la complexité de la quête identitaire et du processus d'écriture chez Tina Charlebois. L'écriture permet au «je» de rêver, de réfléchir, de se distancier de sa situation et d'extérioriser ses sentiments, à la fois individuels et collectifs. D'après nous, la poésie de Tina Charlebois se situe au plan de l'individualisme collectif, qui permet d'insister sur la revendication de l'identité collective dans la définition de soi.

Bibliographie

Anonyme, « Vers d'identité », *Le Droit*, 3 mars 2007, p. A2.
Benveniste, Émile, *Problèmes de linguistique générale 1*, Paris, Gallimard, 1966, 345 p.
Charlebois, Tina, *Poils lisses*, Ottawa, Éditions L'Interligne, 2004, 53 p.
Charlebois, Tina, *Tatouages et testaments*, Ottawa, Le Nordir, coll. « Actes premiers », 2002, 75 p.
Cook, Margaret Michèle, « Quelle est cette langue qui m'interpelle ? Les nouveaux poètes de l'Ontario français », *Liaison*, n° 133, automne 2006, p. 52-53.
Desbiens, Patrice, *Amour ambulance*, Trois-Rivières, Écrits des Forges, 1989, 83 p.
Desbiens, Patrice, *Dans l'après-midi cardiaque*, Sudbury, Éditions Prise de parole, 1985, 77 p.
Desbiens, Patrice, *Ici*, Québec, Éditions à Mitaine, 1974, 30 p.
Desbiens, Patrice, *Poèmes anglais*, Sudbury, Éditions Prise de parole, 1988, 62 p.
Desbiens, Patrice, *Rouleaux de printemps*, Sudbury, Éditions Prise de parole, 1999, 95 p.
Hotte, Lucie, « La littérature franco-ontarienne à la recherche d'une nouvelle voie : enjeux du particularisme et de l'universalisme », dans Lucie Hotte (dir.), *La littérature franco-ontarienne : voies nouvelles, nouvelles voix*, Ottawa, Le Nordir, coll. « Roger-Bernard », 2002, p. 35-47.
Lasserre, Élizabeth, « Aspects de la néo-stylistique : étude des poèmes de Patrice Desbiens », thèse de doctorat, Université de Toronto, 1996, 353 p.
Lasserre, Élizabeth, « Écriture mineure et expérience minoritaire : la rhétorique du quotidien chez Patrice Desbiens », *Études françaises*, vol. 33, n° 2, 1997, p. 63-76.
Lasserre, Élizabeth, « Un poète au seuil de l'écriture : l'exiguïté selon Patrice Desbiens », dans Lucie Hotte et François Ouellet (dir.), *La littérature franco-ontarienne : Enjeux esthétiques*, Ottawa, Le Nordir, 1996, p. 25-42.
MacDonnell, Alan, « Colonisation et poétique : Patrice Desbiens, poète franco-ontarien », *Travaux de littérature 7*, 1994, p. 367-378.
Paré, François, *Les littératures de l'exiguïté*, Ottawa, Le Nordir, 2001 [1992], 230 p.
Paré, François, « Poésie des transfuges linguistiques : lecture de Robert Dickson, Margaret Michèle Cook et nathalie stephens », dans Lucie Hotte (dir.), *La littérature franco-ontarienne : voies nouvelles, nouvelles voix*, Ottawa, Le Nordir, coll. « Roger-Bernard », 2002, p. 129-151.
stephens, nathalie, *L'embrasure*, Laval, Trois, 2002, 79 p.
stephens, nathalie, *Je Nathanaël*, Montréal, L'Hexagone, 2003, 93 p.
stephens, nathalie, *Underground*, Laval, Trois, 1999, 80 p.
Yergeau, Robert, « Comment habiter le territoire fictionnel franco-ontarien ? », *Liaison*, n° 85, janvier 1996, p. 30-32.
Young, Lélia, « La poésie au féminin », *Resources for Feminist Research / Documentation sur la recherche féministe*, vol. 25, n°s 1 et 2, 1996, p. 13-18.

ÉCRIRE AU FÉMININ DANS L'OUEST

FLOTTEMENT DE L'INSTANCE NARRATIVE ET FOCALISATION MULTIPLE DANS LES RÉCITS HOMO-AUTODIÉGÉTIQUES DE GABRIELLE ROY

Vincent L. Schonberger
Université Lakehead

Gabrielle Roy avait refusé la sexualité et la maternité afin de se consacrer entièrement à son art. Elle avait renoncé à créer une famille pour pouvoir se dévouer à sa vocation d'écrivaine. Dans un recueil intitulé *L'écriture au féminin au Canada français,* on pourrait parler de sacrifice, d'abnégation, d'immolation de soi, de catharsis ou de purgation des émotions dans l'œuvre de Gabrielle Roy. Cependant, notre intention n'est d'explorer ni la révolte féministe ni la libération personnelle de Gabrielle Roy. Ce que nous proposons plutôt, c'est d'examiner l'évolution esthétique de cette auteure à partir de ses techniques d'écriture, c'est-à-dire d'analyser la structuration et l'oscillation de la voix narrative qui permet à la romancière de transformer un certain nombre d'événements privilégiés de son passé en chroniques autobiographiques romancées. En examinant l'œuvre romanesque de Gabrielle Roy, on y découvre deux attitudes opposées, voire contradictoires, vis-à-vis du langage. Comme la narratrice-actrice de *La route d'Altamont*[1], Gabrielle Roy

---

[1] Gabrielle Roy, *La route d'Altamont*, Montréal, Éditions du Boréal, coll. «Boréal compact», 1993 [1966], 255 p.

se sert des mots « comme de ponts fragiles pour l'exploration... et il est vrai, parfois aussi, pour la communication ». Au début de sa carrière, la romancière utilise le langage comme un moyen pour communiquer ses idées humanistes. Dans ses écrits journalistiques (1939-1942), et jusqu'à un certain point dans *Bonheur d'occasion*[2], l'information communiquée ne se trouve pas exclusivement dans le langage ; elle est aussi dans le message à vulgariser. Le langage est souvent utilisé comme un moyen de transmission de l'information usuelle, monosémique, logique, didactique. C'est le cas des slogans marxistes socialistes du trio des chômeurs dans *Bonheur d'occasion*. Cette première attitude repose sur la conception qu'il existe quelque chose de commun ou de quasi universel dans le discours : si les idées à communiquer sont claires et bien ordonnées, leur transmission ira de soi. Langage et pensée coïncident parfaitement. Le signifiant disparaît, bien souvent, au profit du signifié et des idées-choses. Le *dictum* finit par l'emporter sur l'*indicatum*, sur ce qui est suggéré.

L'autre attitude de Gabrielle Roy consiste à se méfier de cette conception transparente du langage ; à considérer ce dernier comme un matériau à élaborer. À partir de son deuxième séjour parisien (1947-1950), la romancière découvre dans le langage un lieu d'exploration et d'interrogation. Le champ de son travail d'écrivaine ne se situe plus dans un savoir logique, théorique, protestataire (à l'exception de *La montagne secrète*[3]), mais dans l'élaboration d'un espace littéraire multiperspective. Le contenu de communication n'est plus préalable à l'écriture. Forme et contenu s'élaborent simultanément.

Narrateurs hétérodiégétiques à focalisation externe

Dans les récits hétérodiégétiques à focalisation externe et unique – *Bonheur d'occasion, Alexandre Chenevert*[4], *La montagne secrète*,

---

[2] Gabrielle Roy, *Bonheur d'occasion*, Montréal, Éditions du Boréal, coll. « Boréal compact », 1992 [1950], 268 p.
[3] Gabrielle Roy, *La montagne secrète*, Montréal, Éditions du Boréal, coll. « Boréal compact », 1994 [1961], 186 p.
[4] Gabrielle Roy, *Alexandre Chenevert*, Montréal, Éditions du Boréal, coll. « Boréal compact », 1995 [1954], 297 p. Désormais, les références à cet ouvrage seront indiquées par le sigle *AC*, suivi du folio, et placées entre parenthèses dans le texte.

La rivière sans repos[5] –, le narrateur ne figure pas dans l'histoire (diégèse) en tant que narrateur-acteur. Le lecteur est orienté par la «vision» d'un narrateur externe, l'organisateur (*auctor*) du récit, qui occupe une fonction à la fois textuelle et paratextuelle. Occupant une position supérieure, métadiégétique, par rapport au récit, le narrateur omniscient de ces œuvres à la troisième personne maintient constamment la distance qui sépare son point de vue de celui des personnages. Cela veut dire que le point de vue adopté dans la narration de ces œuvres «réalistes» n'est pas celui d'un personnage. Le narrateur omniscient n'adopte pas directement la manière de penser ou de juger de ses personnages. S'il les inclut dans sa narration, c'est sous la forme d'un énoncé rapporté, à l'égard duquel il conserve ses distances.

Dans les romans «réalistes» montréalais de Gabrielle Roy, deux tendances contraires sont à observer. Une première préoccupation illusionniste dans *Bonheur d'occasion* tend à réduire le texte et ses potentialités sémantiques à un ensemble clos. Le narrateur adopte une attitude mentale logique, linéaire, univoque par rapport à son énoncé et à la parole des autres. Afin de résoudre ce problème majeur apparu dans *Bonheur d'occasion*, Gabrielle Roy utilise dans *Alexandre Chenevert* une nouvelle économie discursive : celle d'une écriture plus synthétique, plus polyvalente, composée de discours normalement autonomes, tels les discours publicitaire, politique, religieux, économique ou esthétique. Son objectif est d'intégrer ces divers discours dans une nouvelle unité architecturale tendant vers une multiplicité des voix à consciences équipollentes. Pour effectuer cette synthèse condensatoire, la romancière mobilise un vaste ensemble de techniques discursivo-narratives. Entre autres, la technique du raccourci, du sous-entendu, du citationnel, de l'ironie polémique aussi bien que panégyrique, en un mot, l'art de l'ellipse synthétique. Un excellent exemple de cette technique elliptique contestataire serait le discours pacifiste de M. Fontaine, personnage qui, «sûr de son fait» (*AC*, 264), affirme qu'«on a des chances sérieuses de consolider la paix, mais à condition de mettre

---

[5] Gabrielle Roy, *La rivière sans repos*, Montréal, Éditions du Boréal, coll. «Boréal compact», 1995 [1970], 248 p.

toutes nos économies à nous préparer ; dans les munitions [...], si l'on veut la paix » (*AC*, 264) :

> C'était à peu près le ton de la plupart des discours à la radio. Un personnage influent du pays y parla comme suit : « Nous voulons la paix, nous sommes des gens pacifiques et paisibles qui entendons montrer au monde que nous voulons vivre en paix [...] et voici pourquoi nous construisons des corvettes de guerre. » Alexandre fut très irrité de voir son argent ainsi employé par les « dirigeants » (*AC*, 265).

Un des procédés préférés de Gabrielle Roy consiste à réactualiser rétroactivement l'ambiguïté contradictoire des discours stéréotypés et figés. Cette technique de répétition interdiscursive consiste à modaliser un énoncé « cité » par sa transformation négative, c'est-à-dire par sa dénégation (A + dénégation). À l'intérieur de cette économie discursive particulière, le discours représenté demeure identique, fixe. Sa fonction consiste uniquement à servir de point cardinal autour duquel le sens tourne comme une girouette. Le discours anonyme cité à la radio « nous voulons vivre en paix [...] et voici pourquoi nous construisons des corvettes de guerre » est une excellente illustration de cette technique de dédoublement interdiscursive. Cette technique à double instance narrative devient un foyer invisible dans lequel se rejoignent l'énoncé référentiel de la narration (le discours cité) et l'énoncé inférentiel de l'auteure. Gabrielle Roy n'admet l'existence du discours d'autrui que dans la mesure où elle le fait sien, que dans le but d'y ajouter un sens nouveau. La fonction de ce mode inférentiel de double énonciation romanesque consiste donc à joindre la parole contestataire de la romancière à celle des autres.

La dépersonnalisation de l'auteure par un narrateur anonyme

À l'opposé du monde angoissé, déchiré et tragique de *Bonheur d'occasion* et d'*Alexandre Chenevert*, *La petite poule d'eau*[6] marque dans l'œuvre de Gabrielle Roy « une véritable évolution qui a affecté non seulement son art et sa pensée, mais aussi [...] son propre statut, la

---

[6] Gabrielle Roy, *La petite poule d'eau*, Montréal, Éditions du Boréal, coll. « Boréal compact », 1992 [1950], [1945], 268 p.

conception qu'elle se faisait de sa pratique, et son rapport particulier à l'institution littéraire française et canadienne[7] » Cette œuvre idyllique inaugure la série des romans de la parole, notamment les récits autodiégétiques de *Rue Deschambault*[8], de *La route d'Altamont*, de *Cet été qui chantait*[9] et de *Ces enfants de ma vie*[10], œuvres qui, tout en privilégiant le rapport de la littérature au sujet parlant, font un emploi fréquent de la première personne. Ces recueils au récit autodiégétique, à l'exception de *La petite poule d'eau*, sont centrés sur une focalisation très nette d'un « je » à double instance ; d'un « je » narré qui est le sujet de l'histoire et d'un « je » narrant, le sujet de la narration qui est ultérieure à l'histoire.

Dans *La petite poule d'eau*, par contre, les fréquents changements de temps, de focalisation et de voix ne permettent pas de poser avec netteté ce relativisme romanesque. L'usage du non-personnage, d'un narrateur hétérodiégétique à la troisième personne, nous empêche de délimiter avec précision les flottements du narrateur, qui occupe une position externe et interne dans le roman. Dans cette œuvre, le centre d'énonciation n'est pas toujours l'unique centre de perception. Celui qui voit n'est pas toujours celui qui parle. Contrairement aux récits autodiégétiques à narratrice interposée – *Rue Deschambault* et *La route d'Altamont* –, l'optique du narrateur de ce roman-nouvelle est caractérisée par une alternance constante entre les passages où son centre de perception se confond plus ou moins avec celui de l'un des personnages et ceux où il est indépendant d'eux. L'utilisation de la troisième personne grammaticale, qui n'inclut ni le « je » de l'énonciation ni le « tu » du lecteur implicite et qui en même temps comporte indifféremment tous les sujets, favorise dans *La petite poule d'eau* l'oscillation entre le rapprochement et la distanciation du narrateur vis-à-vis des personnages. Cette forme dépersonnalisée

---

[7] François Ricard, « La métamorphose d'un écrivain – essai biographique », *Études littéraires*, vol. 17, n° 3, hiver 1984, p. 444.

[8] Gabrielle Roy, *Rue Deschambault,* Montréal, Éditions du Boréal, coll. « Boréal compact », 1993 [1955], 265 p.

[9] Gabrielle Roy, *Cet été qui chantait,* Montréal, Éditions du Boréal, coll. « Boréal compact », 1993 [1972], 165 p.

[10] Gabrielle Roy, *Ces enfants de ma vie,* Montréal, Éditions du Boréal, coll. « Boréal compact », 1993 [1977], 190 p.

du narrateur est caractérisée par l'absence de modalité. L'évocation du milieu géographique donne l'impression d'une objectivité sans centre d'énonciation apparent. Ce centre d'énonciation indéterminé devient le terrain de prédilection du narrateur. En plus de donner une diversité vitale au récit, cette absence de modalité permet au narrateur de changer continuellement et insensiblement de position par rapport aux événements narrés. Ce jeu de cache-cache lui permet également de souligner la distance entre son « moi » personnel et les « moi » hiérarchisés du roman.

La dépersonnalisation de l'auteure par l'anonymat du narrateur sous la forme du pronom impersonnel « on », qui est l'équivalent d'un « nous/je » à la première personne du pluriel, n'est dans *La petite poule d'eau* qu'un mode de distanciation temporelle et personnelle. Dans ce roman semi-autobiographique, le manque ou, mieux, la disparition du nom du narrateur est une manière de ne pas s'identifier, de ne pas choisir entre la première personne et la troisième — qui serait tout de même un « je » qui n'ose pas se dire. Gabrielle Roy comprend très bien que ses personnages ne sont véritablement que des manières détournées de parler d'elle-même et de ses proches. Pour se cacher le plus parfaitement possible, elle se sert dans la narration d'un narrateur innommé. En même temps, cet opérateur anonyme qui se retire hors du jeu de l'histoire est partout présent dans l'œuvre. Chacun sait que la romancière construit ses personnages, qu'elle le veuille ou non, qu'elle le sache ou non, à partir des éléments de sa propre vie, que ses héros ne sont que des masques par lesquels elle se raconte et se rêve. Gabrielle Roy se raconte en désignant ses masques du doigt.

Dans le discours plus personnel de cette œuvre semi-autobiographique, où l'opposition entre le caractère objectif et le caractère subjectif est dissipée par la réduction de la distance narrative, la romancière renonce au narrateur hétérodiégétique à la troisième personne, « il », de ses romans de contestation et opte pour un « on » décentré et équivoque qui n'est ni l'auteure, ni le personnage, ni le lecteur, mais qui a tendance à les englober tous dans l'ensemble de l'acte de communication littéraire. Le centre d'orientation de la narration hétérodiégétique à focalisation externe n'est déterminé ni par un acteur ni par le narrateur. Il est caché sous la présence d'un narrateur indéterminé, masqué par un pronom impersonnel faussement généralisant, « on », un *falsum*, index *sui et veri*.

On pourrait se demander si l'emploi de ce truc technique, de ce pronom neutre, représente une présence minimale ou maximale du narrateur. Inclut-il indirectement le « je » de l'auteure ou celui des personnages ? Est-ce qu'il inclut le « tu » du lecteur ? Suivant l'observation de Michel Butor,

> [T]ous les pronoms peuvent s'estomper dans une troisième personne indifférenciée. En français, le « on » dont l'affinité avec la première personne du pluriel apparaît clairement dans le langage relâché, le « nous on » correspond exactement au « moi-je »[11].

L'emploi du pronom neutre généralisant *on* devient dans *La petite poule d'eau* un puissant principe d'unification à la fois polyvalent et ambivalent. La suppression du « je » en tant qu'agent individuel d'un contenu sémantique spécifique par un agent universel et impersonnel (« on ») estompe les limites du récit. Cet agent de narration anonyme et unificateur détruit la distance entre le plan du discours et celui du récit. Il permet à la romancière de confondre le présent et le passé, de rapprocher le temps de l'histoire au temps de sa narration. Cet effacement du « je » de l'énonciateur joue dans le récit un rôle structurant, donnant l'impression d'une énonciation dépersonnalisante, d'une parole en train de se dire. Ce relais opérateur abolit la distance entre le « je » et le « non-je », entre la personne subjective du « je » énonciateur et la personne non subjective du « tu » du lecteur. Le narrateur essaie de cacher ses expériences personnelles inavouées sous la généralité de cette « non-personne ».

Œuvres homodiégétiques à narratrice actorielle

À partir de la création de *La petite poule d'eau*, en 1950, c'est la structure des nouvelles circulaires, fragmentées, juxtaposées, introspectives qui devient la forme d'écriture préférée de Gabrielle Roy. À l'opposé des récits hétérodiégétiques de ses romans de protestation,

---

[11] Michel Butor, « L'usage des pronoms personnels dans le roman », *Répertoire II*, Paris, Minuit, 1964, p. 71.

un même personnage remplit une double fonction dans la narration intradiégétique des récits homodiégétiques de *Rue Deschambault*, de *La route d'Altamont*, de *Cet été qui chantait*, de *Ces enfants de ma vie*, de *Ma vache Bossie*[12], d'«Un vagabond frappe à notre porte[13]» dans *Un jardin au bout du monde* et de *La détresse et l'enchantement*[14]. En tant que narratrice (je-narrant), le personnage assume la narration du récit et, comme acteur (je narré), il joue un rôle dans l'histoire (soit comme personnage-narrateur, soit comme personnage-acteur).

L'attitude de Gabrielle Roy fluctue entre deux centres d'orientation correspondant respectivement à deux types narratifs distincts : le type narratif auctoriel et le type narratif actoriel. Dans les récits médiatisés des œuvres homodiégétiques actorielles, *Rue Deschambault* et *La route d'Altamont*, l'auteure considère son énoncé comme partie d'un monde distinct d'elle-même. Ce détachement maximal est engendré par la délimitation de la perspective narrative du personnage-acteur, Christine. Comme au théâtre, le «je» de l'énonciation est celui du personnage-narrateur qui parle. Dans *Rue Deschambault* et *La route d'Altamont*, Gabrielle Roy reprend le même type de narration : le type narratif homodiégétique actoriel intradiégétique. C'est Christine, narratrice-actrice explicite, disposant d'une identité référentielle, qui remplit la fonction du centre d'orientation sur les plans perceptif, temporel, spatial et verbal. Cette focalisation sur la narratrice, la seule focalisation logiquement plausible du récit à la première personne, entraîne une certaine restriction quantitative dans le champ de la perception. Cette restriction de la perspective narrative de la narratrice première explicite ne permet de passer dans ces récits à focalisation interne que ce qui passe dans le champ de perception du sujet focalisateur. Les événements sont relatés uniquement du

---

[12] Gabrielle Roy, *Ma vache Bossie, conte pour enfants,* Montréal, Leméac, 1976, 45 p.

[13] Gabrielle Roy, «Un vagabond frappe à notre porte», *Un jardin au bout du monde*, Montréal, Éditions du Boréal, coll. «Boréal compact», 1994 [1975], p. 11-47. Désormais, les références à cet ouvrage seront indiquées par le sigle *JBM*, suivi du folio, et placées entre parenthèses dans le texte.

[14] Gabrielle Roy, *La détresse et l'enchantement*, Montréal, Éditions du Boréal, coll. «Boréal compact», 1996 [1984], 505 p.

point de vue du personnage-narrateur. L'auteure ne laisse entendre que les propos intimes du personnage : ses jugements, ses pensées, ses appréciations. Les pensées des autres ne sont connues qu'à travers lui. Les pensées et les jugements explicités dans l'énoncé primaire paraissent être exclusivement les siens. Donc, le point de vue adopté est celui de la « vision avec le personnage ».

Dans la nouvelle « Un vagabond frappe à notre porte » d'*Un jardin au bout du monde* le champ de l'optique narrative se rétrécit encore davantage. Si le contexte narratif suit le point de vue du personnage organisant l'ensemble du récit, ce n'est pas autour de lui mais à partir de lui que s'organise l'histoire. La narratrice, Ghiselaine, n'étant qu'indirectement reliée à l'histoire, ce n'est plus « avec » elle, comme dans le cas de Christine, mais à partir d'elle que nous faisons la connaissance de l'histoire du vagabond, Gustave, désigné par de nombreux distanciateurs. Donc, il y a un écart entre la narratrice (« je »), Ghiselaine, et le personnage principal (« il »), Gustave. Le récit n'est plus autodiégétique, comme dans *Rue Deschambault*, car la narratrice nous raconte l'histoire d'un visiteur. La narration procède d'une observatrice objective qui, tout en assistant aux événements rapportés, n'a pas accès aux pensées des personnages qu'elle voit agir. À la différence du récit autodiégétique de *Rue Deschambault*, où c'est un protagoniste central qui remplit la fonction narrative, la narratrice en position satellite d'« Un vagabond frappe à notre porte » se trouve déplacée à la périphérie du récit. Au lieu d'être réflexif, comme Christine, son rôle premier est celui d'un témoin, d'une spectatrice hypothétique qui n'a pas le privilège de pénétrer dans la conscience du personnage, dont elle racontera l'histoire à la troisième personne.

Contrairement aux récits homodiégétiques à focalisation interne de *Rue Deschambault* et de *La route d'Altamont*, ce n'est plus le personnage-narrateur qui est focalisé mais un « autre », « il », le vagabond. Le personnage focalisé, Gustave, ne « voit » pas. N'ayant presque pas droit à la parole, il devient objet de la vision d'une narratrice qui, réduite au rôle de témoin impartial, se désintéresse des récits qu'elle raconte. Celui qui dit « je » n'est plus l'objet principal de l'énonciation. Cette modification de la perspective narrative crée dans ce récit une dialectique de subjectivité et d'impersonnalité entre le « je » de la narratrice et le « il » du personnage principal. Les paroles de Gustave sont subordonnées à l'activité mémorielle d'un relais-substitut intermédiaire à la première personne qui, par un léger glissement de perspective, se substitue au personnage: « Telle fut l'histoire que nous conta Gustave », affirme la narratrice au sujet du récit d'Ephrem Brabant. Et elle ajoute: « Ou plutôt, cette version c'est nous sans doute qui l'avons créée avec le recul du temps et selon le désir que nous avions de tirer nos propres conclusions. Gustave dut la narrer d'une façon plus simple et peut-être plus indulgente » Il s'agit, dans cette nouvelle, d'une véritable appropriation d'un récit A antérieur: celui du vagabond, par un récit B postérieur: celui de la narratrice, Ghiselaine. L'amalgame de ces deux récits s'effectue par l'emploi d'une perspective *a posteriori*. La narratrice, qui ne raconte qu'à partir d'un point d'arrivée, tourne le récit vers l'arrière pour éloigner le héros dans le temps. Elle établit une distance temporelle entre le temps de l'histoire des événements passés (*in illo tempore*) et le temps réel de leur narration, le moment où elle les raconte: « Maintenant que j'y songe, c'est pourtant vrai qu'il nous entretint peu souvent des membres de notre famille à nous, hormis pour nous répéter qu'ils étaient ce qu'on appelle de braves gens » (*JBM*, 37). Opérant un subtil retour en arrière, la narratrice superpose deux temporalités. Elle établit un écart entre le « je » qui raconte et un « je » antérieur, le témoin de l'événement raconté. Ce qui est raconté est réinterprété par une conscience « présente », différente de celle qui a « vécu » l'événement narré. La fonction de centrage de ce « je » intermédiaire, dont la perspective se trouve pourvue d'une plus grande continuité que celle de Gustave, personnage narré, contrecarre la tendance à l'éparpillement qui mine tout récit à focalisation multiple. Ce relais narrateur réalise un foyer de narration centralisateur, une jonction du passé et du présent. Pour réaliser cette jonction entre ces deux instances narratives, la romancière recourt à l'emploi pluriel d'un pronom relais ambigu et équivoque, « nous ». Selon Dominique Maingueneau, « par le nous le destinataire se trouve inclus dans la sphère du scripteur pour assumer l'énonciation[15] ». Le choix de ce pronom autoréférentiel indéfiniment mobilisable, qui peut simultanément renvoyer au « je » de la narratrice en tant que narrataire d'autrefois aussi bien qu'au narrataire visé, crée chez le lecteur une fausse impression d'intimité et d'identification. Tout en réduisant la distance entre le temps de l'histoire et le moment de sa narration, il facilite l'acceptation du fait romanesque : « Bien sûr, il confondait singulièrement temps et personnages, mais qui d'entre nous vivant dans la plaine, loin de tous les sentiers battus, eût pu distinguer le faux du vrai dans ses récits ? » (*JBM*, 39)

Le passage de la première personne du singulier à la première personne du pluriel, de « je » à « nous », confère au personnage-narrateur, Ghiselaine, un statut particulier, celui d'un relais intermédiaire à la fois narrataire et narratrice. Ce dédoublement lui permet de rattacher la voix du vagabond à sa propre voix, de provoquer la collusion de deux niveaux narratifs. L'emploi d'un « nous » collectif, manifestant la présence maximale de la narratrice, permet à la romancière de faire réapparaître le « je » de la narratrice, mais à un niveau d'indifférenciation à l'égard du « tu » du lecteur.

La collusion des voix narratives

Contrairement à ces œuvres à narratrice intermédiaire, la narratrice des œuvres homodiégétiques auctoriales *Cet été qui chantait*, *Ces enfants de ma vie* et *La détresse et l'enchantement* assume son énoncé. Dans ces récits intradiégétiques ultérieurs plus intimistes, le centre d'orientation du lecteur est axé sur la perception du « je narrant », du personnage-écrivain qui se contextualise. Cela signifie que le sujet parlant, Gabrielle Roy, assume totalement son énoncé. Il y a donc une identification entre le sujet de l'énonciation et l'objet de son énoncé. Le personnage-narrateur-écrivain se dédouble en sujet d'énonciation, comme forme d'expression qui écrit, et en sujet d'énoncé de contenu, dont il parle dans l'œuvre. Ce dédoublement de l'instance narrative s'effectue par l'emploi du pronom personnel autoréférentiel à la première personne « je »,

---

[15] Dominique Maingueneau, *L'analyse du discours. Introduction aux lectures de l'archive*, Paris, Hachette, 1991, p. 24.

indéfiniment variable, et de sa forme plurielle englobante, « nous », qui se réfère tantôt au locuteur, tantôt au locutaire, tantôt à l'organisateur de l'ensemble de la communication narrative. Cet agent interne de la narration et du centrage à fonction diégétique réalise une jonction du présent et du passé, une intériorisation des expériences manitobaines de l'auteure.

On trouve dans les récits autobiographiques de Gabrielle Roy deux versants : un énoncé référentiel – une parole assumée par celui qui s'écrit – et un énoncé fictif non assumé. Ce dispositif narratif de type auctoriel devient le plus parfait camouflage du sujet parlant dans la nouvelle « Un jardin au bout du monde[16] ». À la manière impersonnelle de *La petite poule d'eau*, Gabrielle Roy inaugure sa longue nouvelle, « Un jardin au bout du monde », sur un ton narratif neutre et objectif, technique anonyme à la troisième personne qui lui permettra de présenter à la fois la réalité extérieure, objective, et la réalité intérieure, psychique, de son personnage Maria Martha Yaramko. Pour déclencher son récit à narration anonyme, la romancière utilise, comme dans *La petite poule d'eau*, la forme du reportage descriptivo-narratif, dépeignant un lieu unique et racontant une situation particulière :

> Plus loin encore que Codessa, sorte de petite capitale ukrainienne dans le Nord canadien, après que l'on a voyagé des heures sur une infinie route de terre, au-delà d'une plaine sauvage, apparaissent enfin des signes de ce qui a tenté un jour d'être un village. C'est le lieu-dit Volhyn, en Alberta […] (*JBM*, 153).

Il s'agit, dans cet incipit aux modalisants à valeur généralisante et au présent omni temporel, d'une parole qui ne s'avoue pas telle. Le narrateur s'estompe derrière la généralité de la non-personne d'un sujet impersonnel « on ». Pourtant, cette façon neutre de parler, qui produit un effet d'atténuation dans le récit, n'est qu'un leurre, qu'un moyen d'intéresser le lecteur à l'expérience décrite. Une fois le récit lancé, le narrateur modifie la perspective de l'instance narrative. Cette rupture dans la linéarité du récit, une prise

---

[16] Gabrielle Roy, « Un jardin au bout du monde », *Un jardin au bout du monde*, Montréal, Éditions du Boréal, coll. « Boréal compact », 1994 [1975], 177 p.

en charge du récit par l'auteur-narrateur, est signalée par le tour présentatif d'un discours direct à la première personne : « Ainsi, un jour que m'amenait sur cette route une étrange curiosité – [...] – j'ai vu devant moi, sous le ciel énorme, contre le vent hostile et parmi les herbes hautes, ce petit jardin qui débordait de fleurs » (*JBM*, 155). Ce pré-récit embryonnaire, en plus d'être une source garante de l'information, réfléchit avant terme l'*opus non factum*, le récit à venir. Le « je » se donne d'emblée dans sa fonction narrative. Il pose son rôle et son sujet sans aucun intermédiaire et se nomme actualisateur et rapporteur de tout ce qui va suivre. Cette dénomination de la position de l'actualisateur prend la forme (anaphorique) d'une remémoration ultérieure, celle d'un retour du sujet sur lui-même, suivant la formule d'introduction itérative d'un monologue auto narrativisé : « souvent je me disais » :

> En ce temps-là, souvent je me disais : à quoi bon ceci, à quoi bon cela ? Écrire m'était une fatigue. Pourquoi inventer une autre histoire, et serait-elle plus proche de la réalité que ne le sont en eux-mêmes les faits ? Qui croit encore aux histoires ? Du reste toutes n'ont-elles pas été racontées ? (*JBM*, 155).

On assiste dans ce discours autoréférentiel à une résorption du récit dans le discours présent de l'écrivain en train d'écrire. Ce discours hypo tactique est une prise à partie du lecteur. L'auteure, bousculant momentanément la trame de son récit, réaffirme sa présence, revendiquant ainsi son rôle de conteuse. Elle remet le lecteur à sa place d'auditeur. Ce quasi-dialogue l'oblige à réfléchir sur le statut linguistique de cette énonciation en abyme où l'auteure, après avoir démarqué une distance par rapport au passé qu'elle relate, recourt à l'efficacité du monologue narrativisé afin de rendre compte au lecteur de ses incertitudes et de ses perplexités passées vis-à-vis de l'écriture. Si cette mise en question de la validité de l'acte d'écrire par l'emploi de phrases d'interrogation directe crée une certaine intimité en établissant le pacte romanesque entre le lecteur et l'auteure-narratrice, elle démarque également une distance considérable par rapport à l'énoncé. Le discours narratif autoréférentiel se transforme, dès la page suivante, en instance narrative anonyme. Il est retranché derrière le déroulement du récit raconté à la troisième personne. Ce retranchement est signalé par le tour présentatif cataphorique de la phrase déclarative : « Voici donc son histoire telle que, petit à petit, j'appris à la connaître » (*JBM*, 156).

Cette notation cataphorique réoriente le récit *ab ovo* vers l'avant, vers le récit à venir. La romancière modifie la perspective narrative et réoriente la focalisation sur le personnage principal, Maria Martha Yaramko. Par cette modification de perspective, signalée par un désengagement apparent du sujet « je » par rapport à l'histoire qu'il va raconter, on passe de la présence maximale du narrateur « je » à sa présence minimale dans un récit hétérodiégétique à la troisième personne. Gabrielle Roy se rend compte de la relation inverse qui existe entre subjectivité narratoriale et subjectivité du personnage raconté. Plus le narrateur est présent et s'individualise dans le récit, moins il est en mesure de respecter et de recréer l'intimité psychique de son personnage. Par conséquent, à mesure que grandit l'intérêt pour la psychologie individuelle de Maria Martha Yaramko, l'auteur-narrateur tend à se faire plus discret. Cette modification d'optique donne au lecteur l'illusion de la présence et de l'immédiateté. Elle facilite également son identification à l'héroïne.

Dans « Un jardin au bout du monde », la technique narrative de Gabrielle Roy, une sorte d'interrogation sans voix, se situe à mi-chemin entre le monologue rapporté et l'analyse psychologique, rendant ce qui se passe dans l'esprit du personnage d'une manière plus indirecte que dans un monologue rapporté, mais plus directe que dans un récit non focalisé. La romancière imite le langage dont se sert Maria Martha Yaramko lorsqu'elle se parle à elle-même, mais elle soumet ce langage à la syntaxe dont se sert le narrateur-auteur pour parler de son personnage. Elle superpose ainsi les deux voix pour créer un discours suspendu entre la voix du narrateur et celle du personnage. L'équivoque qui en résulte produit une incertitude quant à la relation qui existe entre le monologue narrativisé et le langage même de la vie intérieure. Le narrateur suspend ainsi le lecteur entre l'immédiateté de la citation et le détour médiateur du récit d'analyse psychologique. Prenant en charge la pensée ou la parole du personnage, le narrateur devient un organe de transmission qui peut insidieusement mêler ses propres commentaires au récit, dont les frontières restent floues et mouvantes. En effet, à mesure que les signes linguistiques du monologue intérieur (phrases syntaxiquement réduites, interrogations, exclamations, conjectures hypothétiques et autres) se multiplient, d'autres signes (la tournure négative, l'adverbe d'insistance « sûrement » et de négation « jamais », les pronoms possessifs et réfléchis de la troisième personne, « son », « se »), exhibent la présence constante du narrateur. Tout en suivant le point de vue du personnage, le lecteur assiste à une coïncidence des points de vue, à une consonance des voix où le langage du narrateur se fait l'écho de la voix intérieure du personnage :

> Cette nuit elle pensa à l'immortalité. Se pouvait-il qu'en des régions inconnues survécussent les âmes? Pour certaines, cela était peut-être possible; pour des âmes hautes, de nobles et profondes intelligences dont on ne se fût jamais consolé de penser qu'il ne restait rien d'elles. Mais Martha! [...] Non, elle ne pouvait s'imaginer vivant toujours, se survivant. La destination était trop haute, la fin trop grande pour la vie qu'elle avait vécue. [...] L'immortalité, était-ce donc vrai? (*JBM*, 215-216).

Comme dans la « vision avec », le narrateur colle à la conscience du personnage, il focalise son récit et son discours sur son personnage. L'auteur-narrateur essaie de coïncider avec lui, de se transporter dans son personnage et non pas de l'attirer à lui. Cette forme de narration semi-directe à double registre lui permet de combiner organiquement et harmonieusement le monologue intérieur du personnage à son propre contexte narratif. Mélangeant deux consciences à l'intérieur des tournures interrogatives et exclamatives du discours indirect libre, le narrateur glisse dans son discours les paroles qui pourraient être attribuées à son personnage. Le dédoublement de cette vision bifocale rend également possibles la conservation du monologue intérieur du personnage, son caractère lyrique, son caractère à exploration psychologique aussi bien que sa structure expressive, inachevée et mouvante, ce qui aurait été impossible à l'intérieur de la forme logique d'un récit non focalisé. Les frontières entre le discours et le récit étant effacées par la synthèse de cette forme hybride, un dialogue s'ouvre entre le narrateur, son personnage et le lecteur. Cette technique narrative maladroite qui désigne le récit focalisé à la troisième personne raconté par un narrateur qui n'est pas un des personnages mais en adopte le point de vue est la forme la plus mimétique du récit. Ainsi le lecteur perçoit-il directement la conscience de Maria Martha Yaramko, sans la distance qu'entraîne inévitablement la narration rétrospective à la première personne. Cette technique d'imbrication des voix et des consciences crée un effet d'intimité et de sympathie en faveur du personnage pathétique.

La contextualisation de l'auteure en tant que personnage-narrateur

Dans la nouvelle: «De quoi t'ennuies-tu Éveline?» de *La saga d'Éveline*[17], où Gabrielle Roy voulait raconter l'installation des colons canadiens-français dans l'Ouest, Christine, la première narratrice omnisciente hétérodiégétique, s'efface de l'histoire. Après la présentation initiale du décor et des personnages, qui sont essentiellement les mêmes que ceux de *La route d'Altamont*, Christine laisse sa place au personnage central, Éveline, et le récit est pris en charge par un second narrateur omniscient. Gabrielle Roy adopte une plus grande distance narrative panoramique et diminue l'importance de la première narratrice, Christine, dans l'histoire où elle n'est ni personnage ni témoin et dont elle ne connaît que les détails que sa mère lui aurait racontés. Le «je» de Christine, sans jouer un rôle dans l'intrigue, disparaît rapidement du texte afin de laisser la place aux événements vécus par Éveline, personnage principal.

Dans les récits classiques autobiographiques de *Ces enfants de ma vie*, le «je» est auteur de deux actions différentes, séparées dans le temps: l'une consiste à vivre, l'autre à écrire, à se rappeler,

---

[17] Gabrielle Roy, «De quoi t'ennuies-tu, Éveline?», *La saga d'Éveline, cahiers manuscrits et manuscrits dactylographiés*, Bibliothèque nationale du Canada, fonds Gabrielle Roy, Collection des manuscrits littéraires, MSS 1982-11/1986-11, boîte 72, chemises 1 à 12; boîte 73, chemises 1 à 15; boîte 74, chemises 1 à 7.

à se raconter, à se souvenir. En conséquence, le destinateur se redouble en tant que sujet rhétorique (acteur du récit), locuteur d'un discours dans lequel il s'insère et également en tant que sujet littéraire (auteur de l'œuvre), régulateur du récit et des personnages du drame raconté. Il y a dans ces récits classiques deux actants, l'actant étant un personnage défini par ce qu'il fait et non par ce qu'il est: l'un qui agit au passé et l'autre qui parle, qui se raconte rétrospectivement. Tous les deux sont réunis en un jeu équivoque. On peut dire que la focalisation est opérée dans *Cet été qui chantait*, *Ces enfants de ma vie* et *La détresse et l'enchantement* par l'instance narrative, par le point de vue de l'auteur-narrateur-acteur. On voit donc que l'évolution littéraire de Gabrielle Roy ne suit pas la démarche ordinaire des écrivains. À l'envers des romanciers débutant leur carrière par des œuvres plus intimistes, la grande romancière avait commencé sa carrière littéraire par un roman engagé, socio-réaliste, avant d'élaborer son œuvre magistrale au moyen d'écrits autobiographiques dans lesquels elle remémore ses souvenirs personnels manitobains.

Pour résumer, on pourrait dire que c'est la technique narrative qui commande et filtre la production romanesque chez Gabrielle Roy. Le choix du type narratif détermine la façon spécifique dont le récit et l'histoire sont communiqués au narrataire/lecteur. À mesure que la pensée de la romancière évolue et s'intériorise, on remarque dans son œuvre une réduction progressive d'écart entre narrateur et auteur-personnage. Cette réduction de la distance esthétique implique un changement dans la technique narrative. Elle implique le passage du narrateur extra-hétérodiégétique des romans dits «réalistes» à la troisième personne au narrateur intra-hétérodiégétique de *La petite poule d'eau*, à la narratrice intra-homodiégétique des nouvelles autobiographiques à la première personne. On assiste donc à une évolution graduelle d'une forme et d'une expérience personnelles dont la genèse et la croissance sont solidaires, à un système d'articulation qui est à la fois une forme d'expérience et une forme d'expression. À mesure que se crée l'œuvre romanesque de Gabrielle Roy, on y observe un processus d'intériorisation et de spiritualisation. L'auteure passe du souci d'exactitude de romans « réalistes » à un réalisme de l'âme, à une écriture plus intimiste, plus poétique. Comme le remarque Patricia Smart, Gabrielle Roy ne se sent pas à l'aise « derrière l'œil distanciateur d'un narrateur omniscient[18] » de son grand roman socioréaliste. À mesure que s'élabore son œuvre impressionnante, la romancière délaisse la forme classique du roman « réaliste » en faveur de chroniques autobiographiques à focalisation variable. Par bonheur, elle passe à une écriture plus intimiste, plus poétique, plus ouverte, plus fluide, plus circulaire, plus polytonale, en spirale, bref, à une écriture plus féminine. Parallèlement à cette évolution, on remarque dans son œuvre un délaissement du visible pour le domaine de l'invisible, un passage de l'extériorité à l'intériorité, un effort pour parvenir à un maximum de réflexion intérieure avec un minimum de description extérieure.

En effet, dans ses œuvres manitobaines plus fragmentées, Gabrielle Roy a recours à une structure formelle complètement autre que celle du récit linéaire, logique, objectif, réaliste de ses romans protestataires montréalais. Afin de saisir sa propre réalité, la réalité de son âme, elle réduit la distance esthétique entre elle-même et son passé et adopte une structure formelle plus fragmentée, plus condensée, où le récit appelle le récit. Cette technique d'écriture circulaire à la première personne lui permet de se remémorer, de revivre et de recréer mieux certains moments privilégiés qui ont considérablement marqué la longue et pénible évolution de sa vocation d'écrivaine.

---

[18] Patricia Smart, *Écrire dans la maison du père*, Montréal, Québec Amérique, 1990, p. 160.

Bibliographie

Œuvres de Gabrielle Roy

Roy, Gabrielle, *Alexandre Chenevert*, Montréal, Éditions du Boréal, coll. «Boréal compact», 1995 [1954], 297 p.

Roy, Gabrielle, *Bonheur d'occasion*, Montréal, Éditions du Boréal, coll. «Boréal compact», 1992 [1950], 268 p.

Roy, Gabrielle, *Ces enfants de ma vie*, Montréal, Éditions du Boréal, coll. «Boréal compact», 1993 [1977], 190 p.

Roy, Gabrielle, *Cet été qui chantait*, Montréal, Éditions du Boréal, coll. «Boréal compact», 1993 [1972], 165 p.

Roy, Gabrielle, *De quoi t'ennuies-tu Éveline? Ély! Ély! Ély!*, Montréal, Éditions du Boréal, coll. «Boréal compact», 1988 [1982], 127 p.

Roy, Gabrielle, *La détresse et l'enchantement*, Montréal, Éditions du Boréal, coll. «Boréal compact», 1996 [1984], 505 p.

Roy, Gabrielle, *Fragiles lumières de la Terre*, Montréal, Éditions du Boréal, coll. «Boréal compact», 1996 [1978], 301 p.

Roy, Gabrielle, «Jeux du romancier et des lecteurs», conférence prononcée le 1er décembre 1955 devant les membres de l'Alliance française à l'hôtel Ritz Carlton de Montréal, publié dans Marc Gagné, *Visages de Gabrielle Roy*, Montréal, Éditions Beauchemin, 1973, p. 263-272.

Roy, Gabrielle, *Ma vache Bossie*, Montréal, Leméac, 1976, 45 p.

Roy, Gabrielle, *La montagne secrète*, Montréal, Éditions du Boréal, coll. «Boréal compact», 1994 [1961], 186 p.

Roy, Gabrielle, *La petite poule d'eau*, Montréal, Éditions du Boréal, coll. «Boréal compact», 1992 [1950], [1945], 268 p.

Roy, Gabrielle, *La rivière sans repos*, Montréal, Éditions du Boréal, coll. «Boréal compact», 1995 [1970], 248 p.

Roy, Gabrielle, *La route d'Altamont*, Montréal, Éditions du Boréal, coll. «Boréal compact», 1993 [1966], 255 p.

Roy, Gabrielle, *Rue Deschambault*, Montréal, Éditions du Boréal, coll. «Boréal compact», 1993 [1955], 265 p.

Roy, Gabrielle, *La saga d'Éveline, cahiers manuscrits et manuscrits dactylographiés*, Bibliothèque nationale du Canada, fonds Gabrielle Roy, Collection des manuscrits littéraires, MSS 1982-11/1986-11, boîte 72, chemises 1 à 12; boîte 73, chemises 1 à 15; boîte 74, chemises 1 à 7.

Roy, Gabrielle, *Un jardin au bout du monde*, Montréal, Éditions du Boréal, coll. «Boréal compact», 1994 [1975], 177 p.

Ouvrages consultés sur l'œuvre de Gabrielle Roy

Babby, Ellen Reisman, *The Play of Language and Spectacle. A structural reading of selected texts by Gabrielle Roy*, Toronto, ECW Press, 1985, 122 p.

Fauchon, André (dir.), *Colloque international «Gabrielle Roy»*, Actes du colloque soulignant le cinquantième anniversaire de *Bonheur d'occasion* (du 27 au 30 septembre 1995), Winnipeg, Presses universitaires de Saint-Boniface (PUSB), 1996, 756 p.

Gagné, Marc, *Visages de Gabrielle Roy : l'œuvre et l'écrivain*, Montréal, Éditions Beauchemin, 1973, 327 p.
Harvey, Carol J., *Le cycle manitobain de Gabrielle Roy*, Saint-Boniface, Éditions des Plaines, 1993, 273 p.
Lewis, Paula Gilbert, *The Literary Vision of Gabrielle Roy : An Analysis of Her Works*, Birmingham, Summa Publications, 1984, 319 p.
Morency, Jean, *Un roman du regard :* La montagne secrète *de Gabrielle Roy*, Québec, Centre de recherche interuniversitaire sur la littérature et la culture québécoises (CRILCQ), Université Laval, 1985, 97 p.
Ricard, François, *Gabrielle Roy*, Montréal, Fides, coll. «Écrivains canadiens d'aujourd'hui», 1975, 191 p.
Romney, Claude et Estelle Dansereau (dir.), *Portes de communications. Études discursives et stylistiques de l'œuvre de Gabrielle Roy*, Québec, Presses de l'Université Laval, 1995, 213 p.
Roy, Alain, *Gabrielle Roy : L'idylle et le désir fantôme*, Montréal, Éditions du Boréal, coll. «Cahiers Gabrielle Roy», 2004, 273 p.
Saint-Martin, Lori, *Lectures contemporaines de Gabrielle Roy. Bibliographie analytique des études critiques (1978-1997)*, Montréal, Éditions du Boréal, 1998, 190 p.
Socken, Paul (dir.), *Gabrielle Roy aujourd'hui, today*, Winnipeg, Éditions des Plaines, 2003, 208 p.
Vanasse, André, *Gabrielle Roy. Écrire une vocation*, Montréal, XYZ éditeur, coll. «Les grandes figures», 2004, 164 p.

Articles ou chapitres de livres consultés sur l'œuvre littéraire de Gabrielle Roy

Belleau, André, *Le romancier fictif*, Québec, Presses de l'Université du Québec, 1980, p. 39-61.
Bessette, Gérard, «*Alexandre Chenevert* de Gabrielle Roy», *Études littéraires*, vol. II, n° 2, 1969, p. 177-201.
Bessette, Gérard, «*Alexandre Chenevert*», *Dictionnaire des œuvres littéraires du Québec*, Montréal, Fides, tome III (1940-1959), 1982, p. 32-38.
Bessette, Gérard, «La romancière et ses personnages», *Une littérature en ébullition*, Montréal, Le Jour, 1968, p. 279-301.
Boucher, Jean-Pierre, «Point de vue narratif dans *Alexandre Chenevert*», *Littératures*, vol. 1, 1988, p. 150-164.
Smart, Patricia, *Écrire dans la maison du père*, Montréal, Québec Amérique, 1990, 352 p.

Œuvres théoriques et critiques

Bakhtine, Michaïl, *Problèmes de la poétique de Dostoïevski*, Paris, Seuil, 1970, 243 p.
Barthes, Roland, *Mythologies*, Paris, Seuil, coll. «Points», 1970, 223 p.
Barthes, Roland, *S/Z*, Paris, Seuil, coll. «Tel Quel», 1970, 277 p.

Butor, Michel, «*L'usage des pronoms personnels dans le roman*», Répertoire II, Paris, Minuit, 1964. 304 p.

Compagnon, Antoine, *La seconde main: ou le travail de la citation*, Paris, Seuil, 1979, 414 p.

Dällenbach, Lucien, *Le récit spéculaire: essai sur la mise en abyme*, Paris, Seuil, 1977, 247 p.

Derrida, Jacques, *L'écriture et la différence*, Paris, Seuil, coll. «Tel Quel», 1967, 436 p.

Ducrot, Oswald, *Le dire et le dit*, Paris, Éditions de Minuit, 1984, 273 p.

Freud, Sigmund, «La dénégation», *Revue française de psychanalyse*, vol. 7, n° 2, 1934, p. 174-177.

Genette, Gérard, *Figures II*, Paris, Seuil, 1969, 294 p.

Genette, Gérard, *Figures III*, Paris, Seuil, 1972, 296 p.

Jakobson, Roman, «*Linguistique et poétique*», *Essais de linguistique générale*, Paris, Éditions de Minuit, 1963, 260 p.

Kerbrat-Orecchioni, Catherine, *L'énonciation. De la subjectivité dans le langage*, Paris, Armand Colin, 1980, 290 p.

Maingueneau, Dominique, *L'analyse du discours. Introduction aux lectures de l'archive*, Paris, Hachette, 1991, 316 p.

Ricard, François, «*La métamorphose d'un écrivain*», *Études littéraires*, vol. 17, n°. 3, hiver 1984, p. 441-455.

Ricœur, Paul, *La métaphore vive*, Paris, Seuil, coll. «L'ordre philosophique», 1975, 413 p.

Rossum-Guyon, Françoise van, «*Conclusion et perspectives*», dans Jean Ricardou et Françoise van, Rossum-Guyon, (dir.), *Nouveau roman: hier, aujourd'hui*, tome 1, Paris, Union générale d'éditions (UGE), 1972, p. 399-426.

RECONFIGURER LA PLACE DU SOI DANS L'ESPACE SOCIAL : L'INDIVIDUALISME ET LE RAPPORT À L'AUTRE DANS *UN PIANO DANS LE NOIR* DE SIMONE CHAPUT

Jimmy Thibeault
Université Sainte-Anne

L'individu moderne (et postmoderne) est souvent décrit comme un être individualiste qui, par un désir constant d'affirmation du soi, refuse de se plier à des repères identificatoires qui le rattachent d'emblée à l'expression d'un Même identitaire. Cette volonté de se détacher de toute représentation identitaire traditionnelle entraîne le sujet dans un processus d'individuation qui correspond, dans le passage d'un Même collectif au soi de l'individu, à ce que François de Singly, dans son essai *Les uns avec les autres. Quand l'individualisme crée du lien*, nomme la « désappartenance ». Il s'agit, en quelque sorte, d'un moyen de dégager le soi des *a priori* rattachés à l'espace identitaire traditionnel afin d'affirmer son individualité, de nouer de nouveaux liens avec autrui et, éventuellement, de renouer, dans un rapport d'individu à individu, avec d'anciens liens momentanément rompus. Cette notion de désappartenance, ce mécanisme de désaffiliation volontaire de la communauté, se vit généralement sous forme d'une crise – que François de Singly compare à une crise d'adolescence où le sujet rejette toute forme d'autorité, vécue comme une persécution constante du Moi – conduisant l'individu à fuir l'espace physique et mémoriel de l'origine communautaire, qu'il ressent à la manière d'une oppression ou d'un enfermement, dans le but de recentrer son existence sur le Moi, sur ses propres expériences et sur les projets qu'il entretient pour lui-même. De Singly précise :

> Le refus de l'enfermement est une des caractéristiques du fonctionnement des sociétés modernes. Le lien ne doit pas être une attache fixe. Il doit rassurer par son existence même. Il doit, aussi, par sa souplesse et sa réversibilité, permettre l'affirmation d'un soi indépendant et autonome[1].

C'est au cours de cette fuite, de cette mise à distance du Même, que l'individu serait en mesure de s'ouvrir à l'ailleurs et à l'Autre, également en quête de sa propre autonomie, pour ensuite se redéfinir en tant qu'individu appartenant à un monde désormais caractérisé par sa multiplicité. Dès lors, il ne tient qu'à lui de trouver l'équilibre lui permettant de s'épanouir dans son nouvel espace social. Mais cet équilibre n'est pas toujours facile à atteindre et, entre l'affirmation de soi et la reconnaissance de l'Autre, il n'est pas toujours évident de ne pas sombrer dans le culte égoïste du Moi, c'est-à-dire dans un individualisme où le soi serait perçu comme le centre du monde.

L'indécidabilité identitaire ou le monde décentré du soi

Simone Chaput, dans *Un piano dans le noir*, soulève cette problématique de l'individualisme, de l'égoïsme et du rapport de soi à l'Autre en inscrivant son personnage, Andrée Bougard, dans une crise identitaire où les frontières entre le Moi et l'Autre, entre le passé et le présent ainsi qu'entre l'affirmation de l'individu et sa participation à l'espace collectif demeurent ambiguës. La fuite géographique, qui sert souvent à la mise en place du processus de désappartenance aux repères traditionnels d'identification, s'avère inutile pour Andrée dans la mesure où, dans le « prélude » au roman, elle ne fait qu'errer en Europe, jusqu'à ce qu'elle soit rappelée au lieu d'origine lorsqu'elle apprend que son père a eu un

---

[1] François de Singly, *Les uns avec les autres. Quand l'individualisme crée du lien*, Paris, Armand Colin, coll. « Individu et société », 2003, p. 47.

malaise cardiaque. Toutefois, cette fuite n'en est pas moins significative puisqu'elle inscrit le malaise identitaire du personnage dans une crise plus profonde que son seul désir d'autonomie du soi. Andrée, dès l'ouverture du roman, est présentée comme un personnage qui n'arrive pas à définir clairement la place qu'elle peut et veut occuper dans l'espace social. Aussi, elle remarque rapidement que, si elle était d'abord partie pour être seule et pour se défaire d'un malaise qui ne la quittait plus lorsqu'elle était dans le lieu de son origine, « au bout de trois mois [d'errances], elle n'était pas plus avancée[2] ». Plus encore, elle est incapable de faire un choix quant à la route à prendre pour déjouer, justement, le malaise qu'elle ressent : « [...] incapable de s'en défaire, elle n'était pas non plus prête à s'y résigner, à cette angoisse, installée chez elle comme un rat dans une cave » (*UPN*, 5). Loin de la famille et des amis, le trouble d'Andrée persiste donc à un point tel qu'elle se demande s'il n'était pas utopique de penser pouvoir trouver, dans l'éloignement, une solitude qui lui permettrait de rompre avec le lieu de l'origine :

> À la fin, il faut se demander si on n'arrive jamais à partir. J'ai eu beau les laisser derrière moi – mes parents, mes frères et mes amis – je les ai charriés d'un bout à l'autre de l'Europe, j'ai cherché leurs yeux dans le visage d'étrangers, et leurs accents dans les voix de la rue. Ils ne m'ont jamais quittée... (*UPN*, 13).

Ce constat d'échec qu'elle fait quant aux raisons qui l'avaient poussée à fuir se confirme davantage lorsque Mitch, son compagnon de voyage, lui annonce son propre retour à la maison du père. De fait, ce retour est d'autant plus surprenant pour Andrée que Mitch représentait pour elle la figure par excellence de l'individu en voie d'émancipation et d'affirmation de soi alors que tout, dans sa vie, semblait être décidé en fonction de ne pas faire du soi un prolongement de l'autorité paternelle. On le constate notamment dans son désir de confronter le père et de s'en détacher afin d'affirmer sa différence :

---

[2] Simone Chaput, *Un piano dans le noir*, Saint-Boniface, Éditions du Blé, 1991, p. 5. Désormais, les références à cet ouvrage seront indiquées par le sigle *UPN*, suivi du folio, et placées entre parenthèses dans le texte.

> Mitch avouait volontiers marcher à voile et à vapeur mais s'il était bisexuel ce n'était pas uniquement à cause de ses alternances passagères de goût. C'était en fin de compte cette raison qui dominait sa vie, qui contrôlait les gestes qu'il posait, les gens qu'il fréquentait, les lieux qu'il évitait : tout ce qu'il faisait avait pour but de vexer son père. M. de Brincat, banquier suisse, espérait former son fils unique à son image. Il l'avait envoyé dans les meilleures écoles, l'avait doté d'une culture exquise, impressionnante, s'était évertué à garder à distance, comme les loups à la porte, les influences néfastes des temps modernes. Mitch s'était soumis pendant un temps, par mollesse sans doute, sinon par intérêt sincère. Mais quand la révolte s'annonça enfin, elle s'avéra des plus obstinées. Le message qu'il envoya à M. de Brincat n'aurait pu être plus clair (*UPN*, 11-12).

Mitch comprend cependant que l'affirmation de soi ne sert à rien si elle doit l'isoler du monde et il explique son retour à la maison du père par la crainte de se voir littéralement dépouillé de tout ce qui constitue son patrimoine identitaire :

> Il me semble que je perds vite le goût de voyager. Seul, surtout. [...] de toute façon, je ne veux pas remettre indéfiniment les choses. À force de vouloir emmerder le père, j'vais me retrouver dans la rue. Et, tu le sais, jouer au déshérité, c'est pas mon genre (*UPN*, 13).

On comprend alors une partie du trouble d'Andrée : désireuse de s'affranchir de ses origines, elle fuit vers l'ailleurs pour se rendre compte, à l'instar de Mitch, que les origines sont beaucoup plus « enracinées » en elle qu'elle ne le croyait. Ainsi, comme le note Paul Savoie, c'est en revenant à l'origine,

> à l'intérieur du noyau familial, du commerce familial, du cercle d'amis qu'elle [Andrée] va se reconfigurer un territoire. Il s'agit ici d'un dépaysement à l'intérieur de ce qui constitue son propre pays, un enracinement dans tout ce qui semblait l'arracher à sa propre vie, à son passé historique, à l'espace virtuel de la création. Elle se refait en se réinsérant dans son essence profonde. Son voyage devient une véritable quête de soi et de ses liens avec le lieu habité[3].

---

[3] Paul Savoie, « La beauté du déracinement », préface à Simone Chaput, *La vigne amère*, Saint-Boniface, Éditions du Blé, coll. « Blé en poche », 2004 [1989], p. 11-12.

L'émancipation d'Andrée en tant qu'individu doit donc se faire dans le lieu d'origine, mais surtout par le repositionnement du Moi par rapport aux autres individus qui l'habitent.

Pour se repositionner par rapport au lieu d'origine, Andrée doit d'abord nommer ce malaise qu'elle ressent et comprendre le paradoxe qui caractérise sa démarche : désireuse de s'affranchir des liens traditionnels par la fuite vers un ailleurs, Andrée cherche chez les étrangers des regards et des gestes qui lui sont familiers. Cette quête d'une familiarité fera du retour un événement non seulement normal pour le personnage, puisque ce sont les liens familiaux qui l'exigent, mais également désiré :

> Il n'était plus question de remettre le départ. Les dernières nouvelles étaient décidément mauvaises et bien que sa mère n'eût pas insisté, Andrée savait qu'on l'attendait. Et, au fond, l'idée de plier bagage et de quitter l'île la soulageait. [...] Six mois s'étaient écoulés depuis qu'elle avait pris la fuite ; il était grand temps de rentrer (*UPN*, 1).

Tout se passe, en fait, comme si Andrée ne parvenait jamais à terminer le processus de désappartenance du lieu d'origine, qu'elle avait pourtant entamé par son voyage en Europe, et que, pour cette raison, elle n'arrivait plus à tisser des liens significatifs avec autrui. Si le mode de penser traditionaliste ne correspond effectivement pas à son désir d'émancipation et d'autonomie, ce qui la place en marge d'une partie de la société, celui qui place le sujet au centre des préoccupations identitaires ne représente guère, pour elle, un mode d'identification viable puisqu'elle perçoit, dans ce rapport individualiste au monde, l'expression d'un égoïsme où chaque individu semble vouloir se poser comme le centre du monde. En refusant à la fois son appartenance communautaire et la reconnaissance de l'Autre dans son individualité, Andrée se trouve isolée, prise dans un entre-deux, dans un flottement identitaire qui la maintient en marge de la société.

Sur le plan du rapport qu'entretient Andrée avec l'espace traditionnel, le trouble provient essentiellement de la représentation qu'on se fait du rôle que doit y jouer la femme : être une bonne épouse soumise, une mère de famille attentive et bien s'occuper du foyer familial. Or, Andrée affirme d'emblée son désir de rompre avec cette image stéréotypée de la femme canadienne-française et se pose dans le roman comme une femme qui rêve de s'émanciper par son talent de musicienne, par les ambitions qu'elle entretient et par la persévérance dont elle fait, ou, plutôt, espère faire preuve dans la poursuite de son rêve. Louise Renée Kasper décrit d'ailleurs avec justesse cet esprit de liberté qui imprègne le personnage :

> Andrée n'a aucun doute sur ce qu'elle veut devenir et qui elle veut aimer. Son esprit décisif à cet égard ferait plaisir à toute féministe. [...] Andrée a travaillé avec acharnement pour gagner le premier prix d'un grand concours qu'elle aurait probablement décroché. Juste avant le concours, elle abandonne ses projets de carrière, convaincue que tout est vain, et part sans hésiter pour la Grèce ; elle y reste six mois en compagnie d'un ami bisexuel (qui ne devient pas son amant). Elle voyage librement et fait ce qu'elle veut[4].

Cette prise de position d'Andrée lui vaut cependant d'être critiquée par ceux pour qui la femme doit adopter un rôle traditionnel. Il en va ainsi, notamment, de la perception qu'ont sa mère et la voisine de cette dernière, Mme Bélair, de l'engouement dont fait preuve Andrée pour la musique. Pour elles, la musique ne représente qu'un *hobby*[5] qui n'aura finalement servi à Andrée qu'à lui faire perdre du temps précieux sur sa véritable vie de femme : « [...] je comprends, [lui dit Mme Bélair], que ce n'est pas facile, non plus, à vingt-cinq ou vingt-six ans, de trouver à se marier. Les bons gars sont tous pris. Pendant que toi, Andrée, tu pianotais, les autres te les ont volés » (*UPN*, 168). Mais Andrée fait fi de cette critique et conserve son idéal d'émancipation alors qu'elle affirme son admiration pour la combativité des femmes qui habitent l'immeuble de son père[6], qu'elle porte un regard sévère sur Gilbert et Édith qui refusent de vivre leur amour par égard pour la femme invalide de Gilbert, et qu'elle avoue son incompréhension face aux femmes

---

[4] Louise Renée Kasper, « Réflexions féministes sur les romans de Simone Chaput », *Cahiers franco-canadiens de l'Ouest*, vol. 4, n° 2, automne 1992, p. 253.

[5] Mme Bélair commente d'ailleurs le choix d'Andrée de faire du piano son mode de subsistance en affirmant que ce n'est « pas une vie, ça, pour une fille. Se faire voir, comme ça, tout le temps, devant le grand public » (*UPN*, 168).

[6] Des femmes seules, laissées à elles-mêmes, devant puiser dans leurs ressources individuelles afin de survivre aux épreuves qu'elles vivent : l'une, séparée de son mari, doit se battre pour retrouver sa dignité et ses enfants, une autre prend soin de sa mère malade, alors que la troisième est une jeune étudiante qui vit loin de sa famille.

qui ne voient le bonheur que dans l'enfantement. Elle ira même jusqu'à accuser sa mère d'avoir, « comme toutes les mères, d'ailleurs » (*UPN*, 97), trop gâté ses fils, particulièrement Patrick, qui affirme : « Eh ! les femmes ! C'est rien que bon pour vous mettre les bâtons dans les roues, hein, Dad ? » (*UPN*, 95).

Mais voici que l'indécidabilité mentionnée plus haut refait surface : Andrée, qui rejette de toute évidence tous les comportements traditionnels assujettissant la femme à un rôle de soutien familial, n'arrive pas davantage à s'affirmer nettement dans son individualité. Andrée, comme elle le fait avec le concours de musique auquel elle ne participe finalement pas, ne parvient pas à compléter son détachement de l'espace traditionnel ou, du moins, à s'émanciper de manière convaincante : « [...] en dessous de ce vernis de jeune fille émancipée se trouve une jeune femme s'étant déjà résignée à un sort médiocre[7] ». Une médiocrité que Louise Renée Kasper associe au défaitisme et à l'abdication que relève Luce Irigaray[8] chez certaines femmes lorsqu'elles tentent d'anticiper leur destin. Et pour cause, Andrée a effectivement l'impression de perdre pied alors qu'elle sent son destin lui échapper lentement au moment où elle accepte, malgré ses convictions et ses désirs personnels[9], la proposition que lui fait le père de reprendre l'épicerie le temps qu'il se remette de sa crise cardiaque :

---

[7] Louise Renée Kasper, *loc. cit.*, p. 254.

[8] Louise Renée Kasper cite effectivement Luce Irigaray, pour qui des femmes font beaucoup d'efforts pour finalement « retomber vers l'influence du monopole des valeurs phallocratiques et patriarcales. Il leur manque, il nous manque encore, l'affirmation et la définition de valeurs pour nous, valeurs souvent condamnées par les femmes elles-mêmes, et entre elles, [nous laissant] en enfance, en esclavage ». Luce Irigaray, *Éthique de la différence sexuelle*, Paris, Éditions de Minuit, 1984, p. 84.

[9] « De tous les scénarios qu'elle aurait pu imaginés [*sic*] de sa vie sans musique, celui-là était de loin le plus inimaginable » (*UPN*, 45-46). En fait, l'épicerie n'apparaît dans l'esprit d'Andrée que comme un espace appartenant à l'imaginaire, à la mémoire, à la mythologie de son enfance. Lui demander d'occuper la place du père à l'épicerie, c'est en quelque sorte lui demander de revenir à un ancien temps, « d'oublier ce qu'elle avait appris, ce qu'elle avait payé si cher, et de feindre l'innocence d'un âge à jamais révolu. Elle sentait incapable de trahir ainsi ses morts ; incapable de côtoyer en silence ces femmes en bigoudis poussant leurs chariots pleins, délibérant gravement les mérites respectifs du steak et du bœuf haché, ces laitiers costauds et ces boulangers sanguins, ces mémères et ces enfants complaisants, tout ce petit monde que rien n'empêchait d'agir ». (*UPN*, 47)

> Elle avait accepté, enfin, comme la rivière accepte de se jeter dans la mer. Elle qui, jadis, se targuait de savoir prendre des décisions, trancher les questions, qui prisait plus que tout la volonté, comprit qu'elle s'était leurrée. Elle avait cru contrôler, elle n'avait fait que consentir. Et maintenant, plus que jamais, elle avait la curieuse impression d'être tout à fait accessoire au déroulement de sa propre vie (*UPN*, 53).

En fait, cet abandon de soi que vit Andrée à la suite de l'échec de son voyage en Europe semble symptomatique d'une crise qui dépasse le seul désir d'affirmation du Moi. En même temps qu'elle tente de faire accepter son autonomie sociale, Andrée perçoit chez ses contemporains une tendance à faire basculer cette autonomie de l'individu dans une représentation égocentrique du Moi. Il lui semble que l'individualisme qu'elle attribue aux autres personnages doit entraîner le monde vers sa décadence puisqu'il se caractérise essentiellement par un égoïsme pervers et un refus des individus de s'engager socialement :

> Elle avait longuement cherché la cause du mal dans l'égoïsme des temps et des femmes affranchies, dans la profonde dissatisfaction qu'engendrait l'exploration des besoins, dans la nouvelle prospérité, dans le déracinement et la famille explosée. Mais ces phénomènes – autant de symptômes – n'expliquaient pas, à son avis, l'extrême incohérence de la société, l'isolement des personnes incessamment en quête de ce qui les compléterait (*UPN*, 80).

Ainsi, on peut expliquer l'indécidabilité d'Andrée, son incapacité à se défaire complètement d'une certaine représentation traditionnelle du monde et à s'émanciper totalement, par cette incompréhension et cette crainte qu'elle a à l'égard de la société moderne. Autrement dit, à défaut de comprendre le monde auquel elle est confrontée, elle se rattache à la seule certitude qui s'offre à elle et qui ne représente pas, de son point de vue, un risque de déchéance sociale : l'union des individus dans un rapport traditionnel de liens solides et permanents.

Il semble intéressant de souligner que la réaction d'Andrée, que Louise Renée Kasper explique fort pertinemment d'un point de vue féministe, correspond également à un certain malaise qu'on trouve dans la critique, en général, d'une société individualiste. Luc Boltanski et Ève Chiapello, dans *Le nouvel esprit du capitalisme*, remarquent d'ailleurs à ce sujet que « la critique de l'égoïsme et celle du désenchantement s'accompagnent souvent d'une nostalgie pour les sociétés traditionnelles ou les sociétés d'ordre, et particulièrement pour leurs dimensions communautaires[10] ». Or, Andrée, confrontée à l'individualisme des personnes qui l'entourent, qu'elle se représente comme un signe d'égoïsme et de désenchantement à l'égard de l'espace social des origines (qu'elle avait elle-même fui), « reprend toutes les valeurs traditionnelles dont elle s'était plus ou moins affranchie[11] ». On le remarque particulièrement dans le regard qu'elle porte sur les personnages qui ne correspondent pas à une certaine représentation standardisée par l'idéal traditionaliste des relations interpersonnelles. La réaction d'Andrée à l'annonce de la séparation que vivent Patrick et Micheline est particulièrement éloquente quant à l'attachement dont elle fait preuve à l'égard de la représentation traditionaliste de l'espace social. En effet, la relation amoureuse entre Patrick et Micheline dépasse, dans l'imaginaire d'Andrée, le simple rapport entre un homme et une femme. Il s'agit davantage de l'image idéalisée par la tradition catholique canadienne-française qui valorise notamment le retour à la terre :

> Mais en plus d'aimer la même musique, les couchers de soleil et les promenades sous la pluie, [Patrick et Micheline] avaient tous deux été réjouis de découvrir qu'ils partageaient une même haine. Pour eux, la vie urbaine était un fléau qu'il fallait à tout prix fuir. Et ensemble, ils avaient trouvé le refuge rêvé dans une maison de campagne située sur quelques acres de terre, à la limite de la ville. Renouant avec les valeurs de leurs ancêtres, ils avaient semé, sarclé, cordé, pelleté et conservé, dans la certitude qu'ils endiguaient, par leurs efforts, les éléments les plus nocifs de l'âge moderne. Conscients du gaspillage qu'occasionnaient leurs navettes quotidiennes, ils espéraient pouvoir, au bout d'un certain temps, quitter leurs emplois en ville pour se consacrer entièrement à l'élevage des abeilles, des chèvres ou des agneaux.

---

[10] Luc Boltansky et Ève Chiapello, *Le nouvel esprit du capitalisme*, Paris, Gallimard, 1999, p. 83.
[11] Louise Renée Kasper, *loc. cit.*, p. 256.

Les projets bucoliques s'élaboraient au fur et à mesure que s'approchait le moment décisif. Andrée s'imaginait facilement son frère bûchant le bois parmi les frênes et sa belle-sœur pétrissant la pâte à pain pendant qu'à ses pieds jouait le neveu ou la petite nièce (*UPN*, 29-30).

Comme dans l'esprit du terroir, la modernité s'installe dans les rapports qu'entretiennent les deux personnages à la manière d'un fléau qui ne peut se terminer que dans la mort lente du couple:

> Micheline aurait dû s'en rendre compte le jour où Patrick lui montra la montre Cartier qu'il venait de s'acheter, puis quand il lui apprit qu'il était devenu membre d'un club privé: il ne pouvait plus se passer de sa partie de squash hebdomadaire. Par la suite, il commença à apporter à la maison des dépliants qu'il ramassait dans les agences de voyages et chez les vendeurs de voitures étrangères. Du jour au lendemain, son idéal de vie avait changé. Et quand Micheline annonça qu'elle voulait rester à la maison et avoir un enfant, Patrick avait fait ses valises, disant qu'il ne pouvait plus vivre avec une femme qui ne partageait pas ses ambitions (*UPN*, 30).

Pour Andrée, cette rupture – jumelée à celle d'Yves à l'endroit de la religion catholique, un autre véhicule des traditions valorisées par l'imaginaire canadien-français – s'explique par la dégénération des liens sociaux qu'entraînent notamment l'individualisme et le matérialisme de la modernité; ce qui est désormais sacré dans cette société moderne que critique Andrée, c'est d'abord et avant tout la personne elle-même. Ce rapport égocentrique au monde, elle ne le comprend pas et reproche clairement aux personnes qui l'entourent d'y adhérer. Il en est ainsi de Patrick, à qui elle dit: «Tu sais, Patrick, si c'était pas pour Micheline, je m'en ferais même pas. Tu pourrais jouer tes petits jeux insignifiants puis vivre ta petite vie inconséquente; j'y penserais pas deux fois. Mais Micheline, elle, elle mérite davantage» (*UPN*, 25). Le lien à autrui, dans l'idéal d'Andrée, devrait primer le souci du bien-être personnel.

Cette critique que fait Andrée est donc principalement dirigée vers le rapport de rupture qu'entretiennent les personnages avec les référents traditionnels, auxquels ils devraient, selon elle, être profondément attachés. En y regardant de plus près, on constate cependant que la représentation traditionnelle du monde qui entoure Andrée, le monde qu'elle a fui et qu'elle ne retrouve plus à son retour, correspond davantage à son propre besoin de sécurité qu'à un véritable attachement aux traditions. Sinon comment expliquer les contradictions qu'elle véhicule dans son discours et qu'elle reproduit dans ses gestes tout au long du roman? En fait, la fuite s'inscrit en soi dans «l'extrême incohérence» de la société qu'elle critique puisqu'elle représente un acte éminemment égoïste de la part d'Andrée: sa fuite ne se fait pas tant en réaction à l'enfermement dans un rôle social ou à l'éclatement de l'espace identitaire, mais davantage par crainte de voir se briser ses idéaux personnels et, par extension, son imaginaire individuel, c'est-à-dire les rêves qu'elle entretient – sur les plans amoureux et musical, par exemple –, mais qu'elle n'arrive pas à réaliser par crainte de l'échec. C'est sous l'impulsion de cette crise personnelle, de cet égoïsme identitaire, au sens où les actions qu'elle accomplit et les paroles qu'elle prononce servent toujours à protéger le soi de toute vérité pouvant le troubler, qu'elle prend la route pour un ailleurs où elle espère se libérer du fardeau de l'identité collective et ainsi se recentrer sur le Moi:

> À cause de Patrick, oui, et d'Yves, à cause de Sheila et de Sergei[12], l'inconnu. Tant de personnes, d'événements, avaient contribué au chavirement de sa vie. Mais la fin de la relation entre Patrick et Micheline l'avait fait basculer dans le vide: elle n'avait pas touché la terre ferme depuis (*UPN*, 26).

Avec Patrick et Micheline, c'est l'idéal familial du terroir qui s'effondre; avec Yves, c'est l'image de sa propre vocation qui s'estompe[13]; et avec la mort de son amie Sheila et de l'athlète étranger

---

[12] Ces deux personnages meurent de manière absurde et à un moment où ils s'apprêtaient à vivre un rêve pour lequel ils avaient sacrifié une partie de leur vie: la première dans une attaque aérienne et le second, à la suite d'une blessure qu'il s'est infligée lors d'une compétition de plongeon.

[13] «Il était né prêtre comme d'autres, poètes ou sourciers. L'appel qui s'était enfin fait entendre, aussi attendu qu'irrésistible, l'avait émerveillé. Comme celui qui découvre par hasard une lubie insoupçonnée chez un ami, il avait été étonné d'apprendre que Dieu tienne ainsi aux formalités... Andrée avait suivi de loin le cheminement de son frère; sa route à elle avait été autrement tracée. Mais lors de l'ordination elle avait compris que les exigences du voyage n'étaient guère différentes. Quand Yves s'était prosterné devant l'autel, elle s'était vue à sa place, la face contre le sol. L'image ne l'avait plus quittée. Et quand, tant d'années plus tard, Yves avait abandonné le sacerdoce, c'était elle qu'il avait trahie, sa discipline, sa dévotion, sa soumission qu'il avait rejetées» (*UPN*, 41-42).

Sergei Shlibashvili[14], c'est l'essence même de la vie en société qui se fragilise, c'est le sentiment que toute quête individuelle est absurde :

> Elle se rappela que, pendant un temps, elle n'avait parlé avec Sheila que de l'absurdité de l'effort dans un monde livré au hasard. Et pourtant Sheila était sur le point de réaliser son rêve : à la fin du mois d'août, dans six semaines à peine, elle s'envolerait vers Hong Kong pour enseigner l'anglais et parfaire son chinois. C'était l'aboutissement de six ans d'espoirs et de travail ardu. Le trente août, Sheila était à bord d'un avion KAL en direction de l'Extrême-Orient. Un bombardier soviétique fit sauter l'avion (*UPN*, 92-93).

De telles épreuves ne contribuent pas nécessairement à l'éclatement de l'espace social et familial, mais entraînent Andrée vers une perte de ses repères identitaires : « Andrée avait pris le deuil et ne l'avait plus quitté. [...] Elle avait entendu de loin que Patrick et Micheline n'étaient plus ensemble ; elle s'était détachée, avait rompu tous les liens et s'était enfuie vers le large... » (*UPN*, 93).

Quand le soi se place au centre du monde

La période sans musique que vit Andrée en acceptant l'offre du père devient en quelque sorte une période d'introspection où le personnage, à travers son regard critique sur la modernité des personnes de son entourage, avec lesquelles elle entretient des liens relativement proches, sera confronté à sa propre individualité, à sa propre subjectivité et, surtout, à son propre rapport égoïste au monde. En effet, lorsqu'elle critique le comportement des autres personnages, Andrée le fait toujours de manière à recentrer le discours sur elle-même et, par le fait même, à défendre son propre comportement. La critique de l'Autre, donc, comme moyen de se justifier soi-même. On n'a qu'à penser à son désir d'aider Micheline, désir qui concerne moins le bien-être de cette dernière que son propre besoin d'être consolée :

---

[14] « Les jeux universitaires mondiaux se déroulaient ces jours-là à Edmonton et, devant elles, sur le petit écran, des plongeurs venus de tous les coins du globe se disputaient la médaille d'or. Soudain un jeune Russe, Sergei Shlibashvili, vint s'écraser la tête contre la plateforme qu'il venait de quitter. Il plia, s'écroula, son sang teignant de rouge l'eau bleue de la piscine [...] Il était mort de ses blessures sept jours plus tard, le seize juillet » (*UPN*, 92).

Elle irait donc parler à Micheline. Leurs paroles ne les mèneraient nulle part. Andrée le savait : elles seraient, toutes les deux, aussi perdues qu'avant. Mais cela ferait quand même passer le temps, ce jeu de choisir, de peser, et d'échanger des mots, inutiles comme ces fils qu'une Ariane distraite aurait jetés aux quatre vents (*UPN*, 31).

De même, lorsqu'elle apprend, par la mère de Micheline, que cette dernière est enceinte et que tout laisse croire, selon le point de vue de la mère, que Patrick est le père, Andrée, qui refuse d'emblée la version de non-paternité de son frère, se promet d'être présente pour son ex-belle-sœur :

> Convaincue que Patrick ne renoncerait pas à sa version des faits, Andrée s'engagea à venir en aide elle-même à sa belle-sœur. Elle n'avait aucune idée des besoins d'une nouvelle mère, mais elle se sentait prête à faire n'importe quoi pour compenser la lâcheté de son frère. Andrée s'imaginait déjà la reconnaissance exagérée de Micheline ; elle se méprendrait, bien sûr, sur la véritable nature de cette charité, ne se doutant pas le moindrement que la honte y était pour quelque chose (*UPN*, 67).

Une réaction qui, on le constate, n'a rien à voir avec un quelconque altruisme de la part d'Andrée.

L'égoïsme que démontre Andrée dans son rapport au monde ne se limite pas à ses seuls rapports familiaux. On le retrouve aussi dans le comportement qu'elle adopte en société, c'est-à-dire à cette manière qu'elle a de poser constamment sa propre subjectivité comme centre de référence. Lors du mariage de son amie Isabelle, par exemple, elle observe les gestes d'une des filles d'honneur qui, « [p]as plus soucieuse de la solennité du rite que de la présence des autres, [...] se préoccupait des plis de sa robe qu'elle lissait avec ses paumes, et des boucles qui tombaient sur ses épaules » (*UPN*, 68). Bien que toute l'assistance soit au courant que, pour Isabelle et Sylvain, le mariage ne représente qu'un « acte d'ordre culturel », le manque d'attention de la fille d'honneur est perçu par Andrée comme un désintéressement mal placé : « Andrée ne comprenait pas comment Isabelle pouvait avoir parmi ses proches une personne aussi légère... » (*UPN*, 68). Or, Andrée elle-même ne se préoccupe absolument pas de la cérémonie et vit ces instants « sacrés » dans l'ennui, sans égard pour les nouveaux mariés :

> Lorsqu'elle s'efforça enfin d'écouter la promesse des époux elle fut surprise de constater qu'à la place d'un certain cynisme – pointu, acerbe – auquel elle s'attendait, elle sentait s'ouvrir en elle le gouffre creux de l'ennui. Elle s'y abîma, poussée par la vanité des paroles qu'on prononçait, et par la fatuité de ceux qui l'entouraient. Lui vint soudain l'envie obscure de poser un geste. Un signe, un petit acte, ne serait-ce que celui de chausser des verres fumés ou d'enfiler une paire de gants. Elle le chercha, ce mouvement d'éloignement, cet imperceptible détachement, sans savoir pourquoi elle le cherchait et, ne le trouvant pas, sentit s'accroître son malaise. Elle savait que, bien loin d'être séparée de tout ce beau monde, elle serait au terme de la messe le point de mire d'une partie de la foule (*UPN*, 68).

Outre le fait qu'Andrée a la prétention de se croire au centre de l'attention collective, on constate le décalage qui se crée entre son discours et son comportement : elle projette sur les personnes qui l'entourent son propre détachement, son propre rapport égoïste au monde. Une projection qui devient encore plus évidente lors de sa rencontre avec « mon oncle Gérard ». À la fin de la réception qui suit le mariage d'Isabelle, Andrée quitte avec Gérard, l'oncle d'Isabelle, et se rend chez lui prendre un verre. Chacun entreprend de raconter le parcours qu'il a suivi au cours des dernières années jusqu'à aujourd'hui. Andrée, avec l'impression que Gérard est ouvert au récit de sa vie, se raconte sans retenue. Son récit est cependant interrompu par l'arrivée d'Adrien Sicotte. Un peu comme Andrée, Adrien s'ouvre à ses interlocuteurs et raconte ses malheurs – la perte de son emploi après 20 ans de service et les problèmes que cela implique alors qu'il doit continuer à rembourser l'hypothèque, s'occuper de ses trois enfants et s'assurer que sa femme malade ne manque de rien –, récit qui ne semble toutefois pas intéresser Andrée : « Andrée pouvait à peine le regarder. Elle ne savait pas quoi dire, ni où se mettre » (*UPN*, 88). Une fois Adrien reparti, Andrée espère reprendre son propre récit, mais Gérard indique qu'il est temps de la reconduire chez elle : « L'entretien était clairement fini. Soit qu'il avait oublié ce dont ils parlaient avant l'arrivée d'Adrien, soit qu'il ne voulait plus rien savoir. De toute façon, Andrée comprit qu'elle l'avait mal jugé. Gérard s'était montré intéressé uniquement par politesse» (*UPN*, 89). Et au moment de se quitter, «elle lui en voulut et songea qu'elle venait de percevoir en lui l'égoïsme de l'âge. Franchement, si on n'arrivait même plus à s'écouter...» (*UPN*, 89). Pourtant, quelques jours plus tard, alors qu'elle accompagne Gilbert, un employé de l'épicerie de son père, au restaurant, Andrée fait preuve de la même difficulté à écouter l'Autre alors qu'elle se perd dans des réflexions sur elle-même:

> Elle écouta les propos de Gilbert d'une oreille distraite, préoccupée comme elle l'était depuis deux jours, par les contradictions qui la travaillaient [...]. Entre deux soupirs, elle levait les yeux vers Gilbert, qui continuait à parler doucement, étudiant ses joues rebondies et ses cheveux épars, sa bouche lippue et son air de vieux garçon esseulé, et s'efforçait de préciser les circonstances qui l'avaient amenée à prendre, ce soir-là, un repas avec lui. Puis voyant son regard patient, comme une réprimande mêlée d'inquiétude, elle se reprocha sa flagrante impolitesse (*UPN*, 136).

Et lorsqu'elle quitte ses réflexions pour prendre part à la conversation que tente de mener Gilbert avec elle, «Andrée comprit au regard qu'il lui jeta qu'elle l'obligeait à se répéter» (*UPN*, 137).

On le voit, les reproches qu'Andrée fait aux personnes qui l'entourent reflètent sa propre «incohérence», ses contradictions et la fermeture dont elle fait preuve à l'égard d'autrui. En fait, ce qui est au centre de ces reproches, c'est toujours le soi qui se protège par rapport à ses propres craintes: c'est le cas notamment lorsqu'elle critique ses deux frères et décèle chez eux une incapacité à maintenir des liens solides et durables. Or, elle n'agit pas différemment dans sa relation avec Daniel, son ancien amoureux, à qui elle pense toujours: «Elle-même avait forcé la fin pour des raisons qui n'avaient, en fin de compte, rien à voir avec leur amour: elle avait invoqué le terrible malaise des temps qui vouait à l'échec toute tentative d'engagement» (*UPN*, 14). Il y a cependant une différence entre sa rupture avec Daniel et celles de ses frères: alors que les frères ont vécu pleinement leur relation, qu'ils ont été jusqu'au bout de leur aventure et qu'ils assument leur passage à une autre étape de leur existence, Andrée garde de sa relation avec Daniel un sentiment d'incomplétude. Non seulement elle n'assume pas la rupture, mais elle se rend bien compte qu'elle est toujours amoureuse de Daniel et que, finalement, elle n'aura jamais été jusqu'au bout de sa relation (comme elle ne se sera jamais rendue au fameux concours de musique, malgré tous les efforts qu'elle y a consacrés). Ici, si Andrée semble justifiée d'apposer à ses frères l'étiquette d'individualistes, puisque leurs actions sont motivées par leur quête d'un certain bien-être personnel, il est également vrai qu'Andrée fait elle-même preuve d'individualisme. Toutefois, de quel individualisme est-il réellement question ? D'un individualisme « social » – c'est-à-dire qui s'ouvre à la présence et aux besoins des autres individus – ou d'un individualisme négatif, de ce « culte égoïste du soi » que craignent certains critiques de la modernité et qu'Andrée associe au malaise des sociétés modernes ? En fait, il est évident que ces deux conceptions de l'individualisme sont présentes dans le roman de Simone Chaput et c'est dans l'incapacité d'Andrée, d'une part, de différencier les deux et, d'autre part, de concevoir son propre comportement comme étant lui-même individualiste que se trouve le véritable enjeu social du roman : il y a effectivement, ici, une opposition entre un individualisme qui isole et un individualisme qui permet aux individus de s'émanciper en rompant d'anciens liens et en en créant de nouveaux. Cette dernière conception d'un individualisme positif est particulièrement présente dans la séparation vécue par Patrick et Micheline. En effet, lorsque Micheline rencontre Andrée par hasard, cette dernière apprend une vérité qu'elle avait jusque-là refusée et qui pose l'éclatement du couple sous le signe d'un accord mutuel pouvant mener à l'émancipation de chacun. Ceci ne signifie pas pour autant que Micheline n'ait pas souffert de la rupture, mais, contrairement à ce que pensait Andrée, elle en a accepté la réalité et a aussi joué un rôle dans la précipitation de l'éclatement du couple :

> […] il m'emmenait quelque fois à son fameux club – des tournois, des banquets ou des danses, ce genre de choses. Et on rencontrait toujours le

> même monde. Il y avait un gars en particulier qui voulait toujours danser avec moi. Je disais jamais non et, au nez de Patrick, je faisais le flirt. Pour l'agacer, comme de raison, pour le rendre jaloux. Le gars lui-même ne m'intéressait pas. C'était seulement Patrick que je voulais. En tout cas, un soir, j'ai poussé la chose trop loin. Patrick s'est mis en colère puis il m'a plaquée là; il est parti, tout seul, puis moi, avec mon beau danseur, j'suis restée là à boire. J'ai trop bu, le gars m'a ramenée chez lui, puis le reste, tu le sais (*UPN*, 147-148).

Et elle ajoute : « À la fin, tu vois, on a eu ce qu'on voulait tous les deux. Lui, y'a ses bebelles, moi, mon bébé. C'est pas comme ça que j'avais voulu que ça se passe, mais que c'est que tu veux ? » (*UPN*, 148).

La réaction d'Andrée au discours de Micheline est intéressante puisque, plutôt que de reconnaître avoir mal jugé Patrick, elle en vient à ressentir de la « honte pour lui, de ce qu'il sache si peu se différencier de la masse » (*UPN*, 148). Son jugement à l'égard de Micheline n'est guère plus empreint de sympathie :

> Au moment du départ, elle avait posé sa main sur le bras de Micheline dans un geste de quoi ? de sympathie, de consolation, de peur ou de pitié ? D'abord, elle refusa d'admettre que la situation de Micheline ne lui inspirât autre chose que le sentiment d'être, elle-même, sauve. Elle évoqua, pour tenter d'éveiller l'émotion convenable, la débrouillardise de Micheline, la dureté de Patrick, la vision de ce qui aurait pu être. Mais, si par moments elle vibrait d'admiration, d'empathie ou si elle sentait monter en elle une sourde colère, ce qui planait par-dessus tout, c'était l'allégresse qu'elle ressentait de se savoir encore complètement libre d'elle-même. Là où Micheline était ébauche, projet amorcé, Andrée, elle, était entière disponibilité. Aux yeux du monde elle demeurait donc éminemment désirable (*UPN*, 148-149).

Cette disponibilité dont parle Andrée n'est cependant pas tant, comme on le constate lors de la fête où elle se rend immédiatement après sa rencontre avec Micheline, un gage de liberté qu'un isolement à rompre. Aussi, cette fête organisée par Isabelle est-elle un lieu de rencontre pour célibataires désespérés en quête d'une autre âme esseulée. Ici, la solitude des convives, sous le regard d'Andrée, plonge littéralement dans un pathétique déprimant : entre ceux qui sont ivres et les professeurs qui parlent salaire, retraite et pension de vieillesse[15], Andrée se sent oppressée et s'accroche à Gérard dans l'espoir qu'il l'aide à fuir les lieux. Mais ce dernier doit rejoindre sa nouvelle « blonde » et la laisse donc seule au milieu du salon, où « les visages flottaient bleus dans la fumée des cigarettes, les dents noircissaient, et partout on parlait boulot, on parlait autos, on déparlait, on déconnait » (*UPN*, 155). La seule fuite possible est vers la chambre où dort l'enfant du couple Véronique et Sylvain, également invité à la fête. Andrée y trouve cependant Sylvain, qui, regardant son enfant, l'invite à s'approcher. Oubliant la présence de l'enfant, Andrée se méprend sur son geste :

> Comme si elle se trouvait seule avec un homme pour la première fois de sa vie, tous ses sens étaient braqués sur Sylvain. Émue, troublée, elle étouffait presque de le savoir si près. Le bébé sourit dans son sommeil, et Sylvain tendit la main pour toucher Andrée. Elle sentit qu'il la cherchait dans le noir et, se méprenant sur son geste, allait se tourner tout entière vers lui quand Véronique entra et s'approcha du lit (*UPN*, 156).

Aux célibataires, disponibles comme elle, Andrée préfère donc celui qui ne l'est pas. Honteuse de sa méprise, Andrée fuit la fête, se rendant compte « qu'elle ne finirait jamais de vouloir partir » (*UPN*, 157). En fait, ce qui l'étouffe surtout dans cet espace de l'ici, ce n'est pas tant l'enfermement d'abord ressenti au sein d'un communautarisme traditionnel réducteur, mais plutôt la solitude dans laquelle la plonge son égocentrisme et qui se reflète dans chaque individu qu'elle rencontre.

Il y a là un jeu de miroir où le comportement des autres devient en quelque sorte le reflet de la subjectivité du Moi. Andrée se trouve alors isolée, d'une part, par son incompréhension du monde, et, d'autre part, par son propre égoïsme, qu'elle tente d'effacer en le projetant sur son entourage. Autrement dit, l'espace

---

[15] « Elle fut d'abord accostée par un gaillard éméché qui prétendait l'avoir déjà rencontrée. Elle échangea avec lui quelques paroles inintelligibles avant de pouvoir s'enfuir, en évitant de justesse l'hirsute Mario, vers un groupe qui conversait d'un air sérieux. Les hommes portaient des vestes, un d'entre eux fumait la pipe et tous s'entretenaient courtoisement avec une institutrice d'un certain âge. Les présentations terminées, la conversation reprit avec la même gravité [...]. » (*UPN*, 154).

social agit, dans *Un piano dans le noir*, comme un miroir servant de catalyseur à l'individualisme et à la solitude qu'Andrée constate, à la fin, pour elle-même.

Apprendre à repositionner le soi dans son contexte social

Lorsque Andrée apprend le retour du père au magasin, elle comprend que le rôle qu'elle joue dans l'espace collectif n'est toujours qu'accessoire, qu'il ne va pas de soi, c'est-à-dire qu'il n'est viable que s'il s'accorde avec l'expérience vécue dans l'ici et le maintenant. Le travail à l'épicerie lui avait permis de s'oublier pendant quelque temps, mais le retour du père ramène Andrée au cœur même de sa crise identitaire alors qu'elle comprend que le monde qu'elle idéalisait, depuis son retour d'Europe, appartient désormais au passé, que ce passé n'existe plus, qu'elle ne peut plus chercher le confort dans un autre temps idéalisé[16] et que, en fin de compte, elle devra apprendre à se réinventer dans le présent :

> Elle marchait depuis déjà un bon moment le long des sages clôtures blanches, happant au passage le parfum du chèvrefeuille et des pommiers bourgeonnants, frôlant, devant les cours moins bien entretenues, les érables en mal d'espace, perpétuellement étranglés dans les grillages, lorsqu'elle comprit la raison pour laquelle elle n'arrivait pas à définir d'une façon satisfaisante ce que, au juste, elle semblait vouloir. Il s'agissait tout simplement d'une erreur d'ordre grammatical. Si, au présent, rien ne s'accordait, au passé, tout se conjuguait merveilleusement bien. Elle savait toujours – la vision restait cohérente, le but réalisable – ce qu'elle avait toujours voulu. Côté carrière, il n'avait jamais été question d'autre chose, dans sa vie, que de musique. Elle avait voulu jouer, très bien jouer, mieux jouer, en fait, que quiconque. Côté amour, cela n'avait pas été très compliqué non plus : elle avait voulu Dan (*UPN*, 164-165).

Cette réinvention en fonction du présent, Andrée la comprend grâce à Mitch. En effet, si celui-ci est d'abord retourné chez son

---

[16] C'est avec nostalgie qu'Andrée se souvient de ces samedis où son père déposait son tablier et l'amenait manger des frites chez Tim's, le *snack bar* voisin. Moment privilégié entre la fille et le père qui n'existe désormais que dans la mémoire de la jeune fille : « [...] Tim's n'était plus et Andrée n'avait pas faim. Elle avait depuis belle lurette perdu le goût des Orange Crush et les frites ne lui disaient plus rien depuis l'apparition de McCain's » (*UPN*, 162).

père, ce n'était pas pour en devenir le prolongement, mais pour s'engager de nouveau dans une cause qui ne soit pas forcément en opposition avec le père, avec ses origines et ses convictions personnelles. Mitch, contrairement à Andrée, arrive à se réinventer, à habiter le présent :

> Le lendemain, le facteur lui apporta une lettre de Mitch. Il l'avait écrite à Paris, la veille de son départ pour Pointe Géologie. Andrée ironisa qu'il s'agissait d'un exotisme que seul le fils unique d'un banquier suisse pourrait s'offrir. En dépliant les quelques pages qu'il avait couvertes de son écriture large et ronde, Andrée se souvint d'avoir lu quelque part qu'une telle écriture révélait une personnalité qui n'habitait que le présent et pensa que comme définition partielle de l'hédoniste, on ne pouvait guère mieux (*UPN*, 183).

Malgré le ton ironique d'Andrée, elle ne peut tout de même s'empêcher de reconnaître la force de Mitch, qui ne craint pas de s'engager et de se désengager selon la nécessité du présent : « Et puis, se rappelant l'ancien Mitch dissolu, elle admira tout de même sa faculté de s'inventer à mesure » (*UPN*, 184).

C'est d'ailleurs sur cette image d'invention de soi en accord avec le contexte, les liens à tisser, le rapport d'échange avec autrui, et non plus dans un déterminisme identitaire ou dans un repli égoïste sur soi que le roman se clôt. Andrée, qui a trouvé un emploi de pianiste dans un nouveau restaurant, remarque Daniel dans la foule venue à la fête d'ouverture du restaurant où elle jouera. Elle se rend au fond de la salle et attend qu'il vienne la rejoindre. Elle voit, dans cette présence, l'occasion de renouer un lien qu'elle avait pourtant elle-même rompu. Lorsqu'elle se rend compte que Daniel ne la rejoindra pas, elle comprend qu'il est trop tard pour revenir en arrière, que la vie de Daniel a continué sans elle. Elle pénètre alors dans la salle voisine, où se trouve « son piano » et, sans hésiter, s'installe derrière le clavier :

> Andrée joua une première mesure, encore une autre, fidèle à la partition inscrite à même ses nerfs puis, soudain, perdit la suite. Elle laissa échapper le texte, l'abandonna puis s'accrocha aux images qui, en elle, affleuraient. C'était Chopin et ce n'était plus Chopin. C'était elle qui jouait, et ce

n'était plus elle. Une musique, sa musique, s'improvisait au gré de l'inspiration. Sous le couvert de la nuit, dans l'ombre d'une harmonie, son imagination, comme une folle trop longuement enfermée, se livrait aux délices de l'égarement. Et Andrée, l'incitant, l'invitant, lui ouvrant tout grand la porte, l'écoutait lui raconter que rien n'était perdu (*UPN*, 205-206).

L'expression du soi ne passe pas, ici, par la seule partition de musique qu'elle a apprise au préalable, mais repose essentiellement sur sa capacité à investir la partition de sa propre subjectivité et, finalement, à s'y accorder. La fin du roman pose ainsi le personnage dans un dynamisme identitaire, c'est-à-dire qu'Andrée, se retrouvant seule, confrontée à elle-même, fait face à la nécessité de se réinventer dans le temps et l'espace.

Se représenter le monde : le regard de l'individu dans la construction de l'espace collectif

Ce qui semble finalement isoler l'individu de son environnement social, ce n'est donc pas l'affirmation de ses libertés individuelles, l'expression de son autonomie sociale, ni même la quête de son propre bien-être, mais plutôt la manière dont il gère la représentation du soi à travers ses rapports avec autrui. Dans *Un piano dans le noir*, la perception ambiguë qu'Andrée a d'elle-même contribue à dénaturer ses liens avec les personnes de son entourage. Pourtant, la fin du roman laisse entrevoir, dans une éventuelle réinvention de soi, la possibilité pour le personnage d'affirmer son individualité tout en reprenant sa place au sein d'une collectivité désormais définie par sa multiplicité, c'est-à-dire par la reconnaissance de la pluralité d'individus qui en forme le tissu. Cette réinscription du soi dans l'espace social demeure cependant en suspens puisque le roman se termine dans un lieu clos, dans une salle vide où Andrée renoue avec le soi à travers la musique qu'elle joue pour elle-même[17]. Toutefois, le comportement des personnages qui l'en-

---

[17] En fait, ce n'est que dans son roman *Le coulonneux* que Simone Chaput inscrira ses personnages dans une reconstitution du soi dans un rapport d'échanges avec l'Autre qu'ils rencontrent au gré de leur existence. Contrairement à Andrée, qui, prise entre les regards traditionnel et moderne qu'elle porte sur le monde, se contente de juger les comportements de l'Autre

tourent et chez qui elle perçoit une certaine liberté individuelle, qu'elle interprète d'abord de manière négative, laisse croire qu'il y a effectivement une possible reconstruction de l'espace social à travers un respect mutuel de l'autonomie de chacun. Il n'est pas indifférent que cette réinvention de soi se produise dans la salle à manger d'un restaurant, espace de convivialité, dont l'ouverture est imminente.

---

tout en les reproduisant elle-même, les personnages du *Coulonneux* parviennent à rompre avec l'espace traditionnel pour finalement s'ouvrir à l'Autre. Ici, le soi se construit dans l'expérience de l'Autre qu'il rencontre, dans les échanges que rend possible le désengagement du soi d'un rapport culturellement et socialement prédéterminé au monde. Voir Estelle Dansereau, « Pour une réflexion nomade sur la culture : Laure Bouvier et Simone Chaput rencontrent Édouard Glissant », dans André Fauchon (dir.), *L'Ouest : directions et destinations*, Winnipeg, Presses universitaires de Saint-Boniface (PUSB), 2005, p. 189-201 ; Lise Gaboury-Diallo, « Seuils et frontières dans *Le coulonneux* de Simone Chaput », *Cahiers franco-canadiens de l'Ouest*, vol. 17, n°s 1-2, 2005, p. 117-134 et Jimmy Thibeault, « Repenser l'identitaire : le processus de ré-identification dans *Le coulonneux* de Simone Chaput », *Francophonies d'Amérique*, n° 15, 2003, p. 151-166.

BIBLIOGRAPHIE

Boltanski, Luc et Ève Chiapello, *Le nouvel esprit du capitalisme*, Paris, Gallimard, 1999, 843 p.

Chaput, Simone, *Un piano dans le noir*, Saint-Boniface, Éditions du Blé, 1991, 206 p.

Dansereau, Estelle, «Pour une réflexion nomade sur la culture: Laure Bouvier et Simone Chaput rencontrent Édouard Glissant», dans André Fauchon (dir.), *L'Ouest: directions et destinations*, Winnipeg, Presses universitaires de Saint-Boniface (PUSB), 2005, p. 189-201.

Gaboury-Diallo, Lise, «Seuils et frontières dans *Le coulonneux* de Simone Chaput», *Cahiers franco-canadiens de l'Ouest*, vol. 17, n°s 1-2, 2005, p. 117-134.

Irigaray, Luce, *Éthique de la différence sexuelle*, Paris, Éditions de Minuit, 1984.

Kasper, Louise Renée, «Réflexions féministes sur les romans de Simone Chaput», *Cahiers franco-canadiens de l'Ouest*, vol. 4, n° 2, automne 1992, p. 243-260.

Savoie, Paul, «La beauté du déracinement», préface à Simone Chaput, *La vigne amère*, Saint-Boniface, Éditions du Blé, coll. «Blé en poche», 2004 [1989], p. 7-13.

Singly, François de, *Les uns avec les autres. Quand l'individualisme crée du lien*, Paris, Armand Colin, coll. «Individu et société», 2003, 267 p.

Thibeault, Jimmy, «Repenser l'identitaire: le processus de ré-identification dans *Le coulonneux* de Simone Chaput», *Francophonies d'Amérique*, n° 15, 2003, p. 151-166.

NOTICES BIOBIBLIOGRAPHIQUES

Élodie Daniélou

Diplômée de l'Université d'Ottawa, Élodie Daniélou a rédigé une thèse en création littéraire portant sur l'utilisation du mythe dans les contes merveilleux. Elle consacre aujourd'hui ses recherches aux occurrences et significations des mythèmes au sein de la littérature tant franco-canadienne que française et internationale. Elle achève présentement un doctorat à l'Université d'Ottawa, où elle poursuit ses recherches sur les archétypes religieux et mythiques au service de l'anticipation chez Élisabeth Vonarburg.

Lise Gaboury-Diallo

Lise Gaboury-Diallo est professeure titulaire au département d'études françaises, de langues et de littératures de l'Université de Saint-Boniface au Manitoba. Elle est membre du comité de rédaction des *Cahiers franco-canadiens de l'Ouest*. Au fil des ans, elle a publié de nombreux articles et comptes rendus et plusieurs œuvres de création littéraire. Elle a publié 5 titres aux Éditions du Blé à Saint-Boniface, dont 3 recueils de poésie: *subliminales* (1999), *transitions* (2002) et *Poste restante: cartes poétiques du Sénégal* (2005) et 2 recueils de nouvelles: *Lointaines* (2010), qui remporte le Prix littéraire Rue-Deschambault, et *Les enfants de Tantale* (2011). Son texte *Homestead, poèmes du cœur de l'Ouest* (Régina: Éditions de la Nouvelle plume, 2005) remporte le premier des Prix littéraires de Radio-Canada/CBC Literary Awards, catégorie poésie française. Elle publie également *L'endroit et l'envers*, qui paraît dans la Collection «Poètes des cinq continents» (Paris: Éditions l'Harmattan, 2009) et qui remporte le Prix Rue-Deschambault. Elle vient d'être élue présidente du Conseil international d'études francophones.

Nicoletta Dolce

Nicoletta Dolce enseigne au Département de littératures et de langues modernes de l'Université de Montréal. Ses recherches actuelles portent sur la poésie québécoise, haïtienne et italienne des XXe et XXIe siècles. Parallèlement, elle s'intéresse à la problématique de la mémoire *in absentia*, à la question du témoignage et au long poème. Elle a publié des essais et des articles dans divers collectifs au Canada et à l'étranger. Son livre *La porosité au monde : l'écriture de l'intime chez Louise Warren et Paul Chamberland*, (Éditions Nota Bene) a été finaliste au prix Gabrielle-Roy 2012.

Benoit Doyon-Gosselin

Benoit Doyon-Gosselin est professeur agrégé au département des littératures de l'Université Laval. Spécialiste des littératures francophones du Canada, il a fait paraître en 2012 aux Éditions Nota Bene un ouvrage intitulé *Pour une herméneutique de l'espace. L'œuvre romanesque de J.R. Léveillé et France Daigle*. Il est également cochercheur subventionné pour le *Dictionnaire des œuvres littéraires du Québec. Tome IX*. Il a publié des articles dans *Temps zéro*, *Mémoires du livre*, *Voix et images*, *Port-Acadie*, *Raison publique* et dans de nombreux collectifs. Il a dirigé un numéro de la revue *Voix et images* portant sur l'écrivain acadien Herménégilde Chiasson, publié en 2009.

Kathleen Kellett-Betsos

Titulaire d'un doctorat de l'Université de Toronto, Kathleen Kellett-Betsos est professeure agrégée au Département des langues, littératures et cultures à l'Université Ryerson à Toronto, où elle enseigne la littérature et la culture québécoises et franco-canadiennes ainsi que la littérature migrante du Canada. Elle poursuit en ce moment des recherches sur l'espace urbain en littérature franco-canadienne. Elle a publié, entre autres, des articles sur Louise Maheux-Forcier, Anne Hébert, France Daigle, Antonine Maillet, Chrystine Brouillet et Daniel Poliquin dans des ouvrages collectifs et des revues diverses, dont *Québec Studies*, *Etudes en littérature canadienne*, *Voix plurielles*, *@nalyses*, la *Revue internationale d'études canadiennes* et *Tangence*.

Christine Knapp

Christine Knapp est étudiante à l'Université Western Ontario et professeure adjointe à l'Université de Windsor. Elle effectue des recherches surtout dans le domaine de la littérature franco-ontarienne. Sa thèse de doctorat, sous la direction de Marilyn Randall et François Paré, porte sur les enjeux ontologiques dans le théâtre franco-ontarien. Elle s'intéresse aussi à la critique au féminin et à la littérature québécoise. Dans son mémoire de maîtrise, elle a étudié l'espace féminin dans la poésie de Patrice Desbiens. Elle compte parmi ses autres publications des articles sur *Les fées ont soif* de Denise Boucher et sur le théâtre de Michel Ouellette.

Marie-Linda Lord

Marie-Linda Lord, Ph.D. est la toute première vice-rectrice aux affaires étudiantes et internationales de l'Université de Moncton. Elle a été auparavant directrice de l'Institut d'études acadiennes, titulaire de la Chaire de recherche en études acadiennes et professeure titulaire en information-communication à la même université. Avec l'aide de subventions de recherche du CRSH, elle mène des recherches sur les représentations et le discours dans les littératures et les médias de l'Acadie et du Nouveau-Brunswick. Auteure de plus de 30 chapitres et articles savants, elle a publié au cours des quatre dernières années trois livres dont *Paysages imaginaires d'Acadie : un atlas littéraire*, *Lire Antonine Maillet à travers le temps et l'espace* et *La cathédrale Notre-Dame-de-l'Assomption : Monument de la Reconnaissance*, en plus d'avoir publié l'étude intitulée *Un pays, deux bulletins nationaux : le Québec en français – le Canada en anglais. Étude comparative du Téléjournal et The National* qui a fait l'objet d'une couverture médiatique nationale.

Michel Lord

Né à Trois-Rivières (Québec), Michel Lord est professeur titulaire de littérature québécoise au Département d'études françaises de l'Université de Toronto et au Département d'études langagières de l'Université de Toronto Mississauga. Il est directeur adjoint (*Associate Editor*), responsable de la production en français à la revue *University of Toronto Quarterly*, membre du collectif de *XYZ. La revue de la nouvelle* et de *Virages, la nouvelle en revue*, ainsi que membre de la direction et chroniqueur régulier, section nouvelle, à la revue *Lettres québécoises*. Il a, entre autres, publié, chez Nuit blanche éditeur, *En quête du roman gothique québécois (1837-1860). Tradition littéraire et imaginaire romanesque* (1985 [1994]) et *La logique de l'impossible. Aspects du discours fantastique québécois* (1995) et, chez Nota bene, *Brèves implosions narratives. La nouvelle québécoise 1940-2000* (2009).

Beatriz Mangada

Beatriz Mangada est professeure de Langue et civilisation française à l'Université Autonome de Madrid. Son domaine de recherche tourne autour des littératures francophones ; d'une part la littérature franco-canadienne avec de nombreux travaux publiés autour de la romancière Hélène Brodeur, à laquelle elle a consacré sa thèse de doctorat en 2001 ; d'autre part elle centre son intérêt sur la problématique de l'interculturel chez les écrivains marqués par l'expérience de l'exil et de la migration. Elle est l'auteure d'une trentaine de publications, parmi lesquelles : « Marie-Thérèse Humbert », dans Ursula Mathis-Moser et Birgit Mertz-Baumgartner, *Passages et ancrages en France. Dictionnaire des écritures migrantes de langue française (1981-2011)* (Paris, Honoré Champion, 2012, p. 418-420) ; « Voyage au cœur de la Chine : l'exotisme oriental dans les littératures francophones », *Dalhousie French Studies 86* (printemps 2009, p. 105-113) ; et *Hélène Brodeur* (Ottawa, Editions David, 2003).

Johanne Melançon

Johanne Melançon est professeure agrégée au département d'études françaises de l'Université Laurentienne, où elle enseigne la littérature et la chanson franco-ontariennes, de même que la chanson et la littérature québécoises. Ses publications et ses recherches portent sur l'œuvre de poètes, romanciers et dramaturges franco-ontariens, sur l'institution littéraire en Ontario français, de même que sur la chanson québécoise et la chanson franco-ontarienne. Chercheure associée à la Chaire de recherche sur les cultures et les littératures francophones du Canada, elle a codirigé avec Lucie Hotte une *Introduction à la littérature franco-ontarienne* (Prise de parole, 2010), ouvrage qui a reçu une mention au Prix Champlain, et a publié « Identité, engagement et préoccupations sociales dans la chanson franco-ontarienne (1970-2005) » dans *Écouter la chanson*, Archives des lettres canadiennes, tome XIV (Fides, 2009).

Catherine Parayre

Catherine Parayre est professeure associée à l'Université Brock à Ste-Catherine en Ontario. Elle y enseigne la littérature contemporaine, en particulier dans ses rapports avec les arts visuels. Auteure de cinq ouvrages et de nombreux articles, sa recherche porte sur les expressions minoritaires, par exemple au Canada francophone, et sur les arts et la littérature. Rédactrice en chef de *Voix plurielles*, revue de l'Association des professeur-e-s de français des universités et collèges canadiens, elle s'engage localement dans divers projets de création artistique et littéraire.

Vincent L. Schonberger

Vincent L. Schonberger, diplômé des universités Western (M.A.), de Toronto (B.Ed., M.Ed.) et d'Ottawa où il a obtenu son Ph.D., est professeur de français et de littérature au Département de langues de l'Université Lakehead à Thunder Bay. Spécialiste de littérature québécoise, il s'intéresse particulièrement à l'œuvre littéraire de Gabrielle Roy. Il a signé des articles sur Jean-Paul Sartre, sur Gabrielle Roy ainsi que sur la survivance et la propagation du fait français dans le Nord-Ouest de l'Ontario.

Ses recherches les plus récentes portent sur les techniques narratives dans l'œuvre romanesque de Gabrielle Roy et sur la problématique de l'américanomanie et de l'américanophobie dans la littérature québécoise.

Jimmy Thibeault

Jimmy Thibeault est professeur adjoint au Département d'études françaises de l'Université Sainte-Anne où il est titulaire de la Chaire de recherche du Canada en études acadiennes et francophones. Ses travaux portent sur la représentation des enjeux identitaires, individuels et collectifs, dans les espaces culturels francophones du Canada. Il s'intéresse également aux transferts culturels en contexte de migration et de continentalité. Il a publié de nombreux articles savants et chapitres d'ouvrages collectifs abordant ces problématiques. Il a aussi codirigé des dossiers spéciaux de revue, dont *Voix et Images* (2011) avec Jean Morency; *@nalyses* (2011) avec Emir Delic et Lucie Hotte; et *Québec Studies* (2012) avec Jean Morency.

Metka Zupančič

Metka Zupančič est professeure titulaire de français-langues modernes à l'Université d'Alabama (Tuscaloosa, AL, États-Unis) et Chevalier de l'Ordre des Palmes académiques. Ses recherches portent sur le roman contemporain, surtout dans la perspective mythocritique. Elle a récemment fait paraître *Les écrivaines contemporaines et les mythes. Le remembrement au féminin* (Paris, Karthala, 2013), qui comporte des essais sur dix auteurs de la francophonie au sens large, dont Andrée Christensen. Elle a dirigé plusieurs ouvrages collectifs en anglais et en français et signé deux monographies, *Lectures de Claude Simon* (Toronto, GREF, 2001) et *Hélène Cixous : la texture mythique et alchimique* (Birmingham, AL, Summa, 2007).

TABLE DES MATIÈRES

Remerciements 5
Introduction : Quand elles écrivent... 7
    Johanne Melançon

Écrire au féminin 13
Quand elle écrit : l'émergence de voix féminines au Canada français 15
    Lise Gaboury-Diallo

Écrire au féminin en Acadie 47
L'« arrivée en ville » de l'avenir féminin de l'Acadie dans *Les confessions
de Jeanne de Valois* d'Antonine Maillet 49
    Marie-Linda Lord
Le tournant spatio-référentiel dans l'œuvre romanesque de France Daigle 65
    Benoit Doyon-Gosselin

Écrire au féminin en Ontario français 85
Hélène Brodeur : étude du temps et de l'espace
    dans *Les Chroniques du Nouvel-Ontario* 87
    Beatriz Mangada
Altérité et dialogisme chez Marguerite Andersen 105
    Michel Lord
Les crus de l'Esplanade de Marguerite Andersen : « Le règne de l'ersatz ! » 121
    Catherine Parayre
Bleu sur blanc : une écriture au plus près de soi 141
    Johanne Melançon

Le mythe dans le conte féminin d'Anne Claire 161
    Élodie Daniélou

La mort et ses doubles dans la fiction d'Andrée Christensen 183
    Kathleen Kellett-Betsos

Andrée Christensen, aux dimensions exaltées, alchimiques,
    cosmiques, face à la mort 203
    Metka Zupančič

Tatouages et testaments et *Poils lisses* de Tina Charlebois :
    stratégies de résistance 225
    Nicoletta Dolce

La poésie de Tina Charlebois et le « complexe je-tu » 241
    Christine Knapp

Écrire au féminin dans l'Ouest 261

Flottement de l'instance narrative et focalisation multiple
    dans les récits homo-autodiégétiques de Gabrielle Roy 263
    Vincent L. Schonberger

Reconfigurer la place du soi dans l'espace social : l'individualisme
    et le rapport à l'Autre dans *Un piano dans le noir* de Simone Chaput 285
    Jimmy Thibeault

Notices biobibliographiques 309

Achevé d'imprimer
en juillet deux mille treize sur les presses
de l'Imprimerie Gauvin, à Gatineau (Québec).